가장 외로운 선택

청년 자살,
무엇이 그들을 죽음으로 내몰았는가

가장 외로운 선택

김현수 이현정 장숙랑 이기연 주지영 박건우 지음

북하우스

"청년을 구하라!" 책을 읽는데 이 작전명 같은 말이 가장 먼저 떠올랐습니다. 시혜적으로 들릴 수도 있겠지만, 동료 시민인 청년들을 구하는 일은 사회가 반드시 해야 할 일이기 때문입니다.

저는 지난 6년간 보건복지위원회에서 활동하며 정신건강, 자살 문제에 깊은 관심을 두게 되었습니다. 가정 폭력, 성폭력 상담 현장에서 20여 년간 몸담으며 정서적 학대와 트라우마가 개인의 삶에 미치는 영향을 누구보다 잘 알고 있었으니, 어쩌면 필연적일지도 모르겠습니다.

외상이나 골절처럼 눈에 보이지는 않지만, 정신건강은 당사자와 그 가족에게 미치는 영향이 상당합니다. 누군가는 주의 깊게 들여다보고, 개선해야 한다고 생각했습니다. 지금이야 코로나 19를 계기로 정신건강과 자살에 대한 사회적 관심이 높아졌지만, 5년 전만 해도 늘 우선순위에서 밀리는 의제였습니다.

경제 선진국이라는 말이 무색하게도 'OECD 국가 중 자살률 1위'라는 불명예스러운 성적표를 받았기에, 자살 문제는 대한민국이 꼭 해결해야 할 최우선 과제라고 생각했습니다. 극단적 상황에 내몰린 국민들을 한 명이라도 더 구해야 한다는 사명으로 이 의제를 다뤘습니다.

그러던 중 제가 '청년 자살 문제'에 관심을 갖게 된 건 한 통의 전화 때문이었습니다.

"의원님, 코로나 19 이후 청년들의 자살, 특히나 여성 청년들의 자살 문제가 심상치 않습니다."

이 책의 공동 저자인 서울시 코비드19 심리지원단 단장, 김현수 교수님이었습니다. 이 전화 한 통을 계기로 2020년 9월, 긴급 간담회를 열어 함께 문제를 공론화했습니다. 김현수 교수님과는 제가 한국여성의전화에서 활동할 당시 가정폭력 문제에 대해 자문을 주고받은 깊은 인연이 있었습니다.

코로나 19로 고용률이 낮아지고, 특히 대면 서비스업에 종사하던 청년 여성들이 많은 직장을 잃었습니다. 계속되는 사회적 거리두기에 누군가와 정서적 교류를 맺는 것도 어려워지고, 언제 끝날지 모르는 감염병 사태의 막막함은 청년들의 불안감을 가중했습니다.

노동이 위태로워지니, 안정된 주거 환경도, 사회적 관계도 무너졌습니다. 특히 가부장적 성별 분업과 성차별 등으로 억눌려 있던 청년 여성들에게 팬데믹이 만들어낸 사회·문화·경제적 불평등 상황이 더

해져 상황을 더 악화시켰다는 분석도 나왔습니다.

'한 아이를 키우려면 온 마을이 필요하다'는 말처럼, '한 명의 청년이 성장하기 위해선 온 나라의 관심이 필요한 시기'가 아닐까 합니다.

이 책을 읽으며 기성세대로서의 반성도 많이 했습니다. 저는 가볍게 넘겼던 "라떼는 말이야"라는 농담이 청년 세대에게는 큰 부담과 짐을 안겨주고 있다는 지적에 가슴이 아팠습니다. 그만큼 저도 청년 세대와의 격차가 상당하다는 것이겠죠. 고민하고 개선해야 할 지점입니다.

얼마 전 대통령 선거가 있었습니다. 이번 선거는 역대 선거 중 '청년'이 많이 회자되었습니다. 선거 결과와 별개로 우리 정치가 청년들의 삶과 목소리에 제대로 귀 기울였는가 후회와 반성을 하게 되었습니다. 성별 갈라치기, 갈등과 분열에 대응하는 데 에너지를 쏟느라 정작 중요한 청년들의 목소리를 놓친 것은 아닐까 하고요.

현세대 청년들은 과열 경쟁과 물질만능주의 사회에서 쳇바퀴 돌듯 살아왔습니다. 취업도, 연애도, 친구관계도, 가족관계도 뭐 하나 계획한 대로 되지 않고, 무엇도 담보할 수 없는 막막한 상황에서 개인의 탓으로 돌리며 자기혐오에 빠지는 경우가 다수입니다.

벗어나기 위해 자신을 던지는 청년들의 발걸음을 우리 사회가 함께 멈추게 해야 합니다. 청년들이 과감하게 도전할 수 있는, 실패하더라도 다시 일어설 수 있는 사회가 필요합니다. 현실 자체가 절망스러운데, "더 잘해", "이겨내" 하는 채찍질은 이젠 그만둘 때가 되었습니다.

이 책은 저와 같은 기성세대를 반성하게 하고, 청년 세대에겐 공감과 위로를 전달합니다. 또한 모든 세대가 함께 서로를 이해하고, 나아갈 방향을 제시합니다.

날이 갈수록 심해지는 무한경쟁, 1인 가구 증가 등 가구 구성의 변화, 비혼·동거 등 결혼에 대한 인식 변화, 딩크족과 같은 임신·출산에 대한 인식 변화 등 시대적 변화에 발맞춰 법과 제도, 정책이 뒷받침되어야 합니다. 이 책에서도 많은 해법을 다루고 있습니다.

청년 세대들이 '어려선 마음고생, 커가면서는 외로움에 시달리다가, 고독사로 죽는 첫 세대'가 되지 않도록 국회에서도 더욱 노력하겠습니다.

– **정춘숙**(20·21대 국회의원[경기 용인시병], 전 한국여성의전화 상임대표)

자살. 한 인간에게는 가장 처절한 절망의 절규이지만, 그 사회와 이웃에게는 경종의 메시지입니다. 대한민국에서는 오늘도 수많은 이들을 절벽의 끝으로 밀어내는 거대한 힘이 작동합니다. 끝내 어떤 이들은 그 절벽의 끝에서 먼저 뛰어내리고 맙니다. 그러나 그 거대한 구조적 힘이 만들어낸 '사회적 타살'을 우리는 개인의 선택인 '자살'로 덮어버리고 있지는 않은지요? 이 책을 읽는 데 두세 시간이 걸렸다면, 그동안 대한민국 국민 중 세 사람은 스스로 세상과 인연의 끈을 놓고 말았습니다. 그 열 배, 스무 배의 사람들은 끈을 놓을까 말까를 고민하고 있었습니다.

이 책은 그들 가운데 절반이 청년이라는 사실을 알려주는 것에만 그치지 않습니다. 과연 그 청년들이 어떤 힘에 밀려 절벽으로 가고 있으며 마침내 어떤 계기로 뛰어내리는지를 수많은 청년들의 육성으로부터 밝혀주고 있다는 점에서 생생합니다. 나아가 우리가 그들의 '선택 아닌 선택'을 막을 길이 무엇인지 그 실마리까지 보여준다는 점에서 공허하지 않습니다.

찬란한 성공의 대한민국에서 희망의 삶을 살지 못하는 청년들의 삶, 그리고 마침내 빚어지는 청년들의 죽음을 정면으로 직시케 하는 이 책에서 희망의 부활을 봅니다.

– **이태수**(한국보건사회연구원 원장)

청년 자살을 “가장 외로운 선택”이라 부르기로 한 이 책을 힘껏 지지하고 싶습니다. 이제껏 청년 자살을 “가장 이기적인 선택”이라 말하는 많은 사람들을 만나왔고, 그럴 때마다 내 일이 아님에도 상처받고 분노했습니다. 다음 순간 생각했습니다. 자살 위기에 처한 사람들을 누구보다 알아주는 사람이 되겠다고, 그들의 편이 되겠다고. 이 책은 같은 마음을 먹고 편들기를 자처한 어른들의 책입니다.

청년 자살은 청년들만의 문제가 아닌 “여러 세대에 걸친 재난”이 드러나는 하나의 결과일 뿐입니다. 자꾸만 청년이 자살하는 곳에선 어떤 세대도 온전히 행복할 수 없습니다. 가족 구성원으로, 친구로, 동료 시민으로, 또 같은 인간으로 우리는 모두 연결된 존재이기 때문입니다. 이 일은 다름 아닌 바로 당신의 일입니다.

그것을 알고 정신건강의학자, 인류학자, 보건학자, 사회복지학자, 상담사, 사회역학자가 자신들이 가진 언어를 모았습니다. 이 책을 통해 타인의 고통에 책임 있게 반응하는 일이 무엇인지를 배웁니다. 모든 세대에게 읽혔으면 하나, 특히 정책을 집행하고 결정하는 사람들의 필독서가 되었으면 합니다.

– **하미나**(논픽션 작가, 『미쳐있고 괴상하며 오만하고 똑똑한 여자들』의 저자)

아직 살아보지 못한 자들의 죽음

'청년 없는 나라'의 입구에 선 우리 사회 청년 자살에 관한 보고서

김현수
(명지병원 정신건강의학과 임상교수,
서울시 자살예방센터 센터장, 코비드19 심리지원단 단장)

현대 한국 사회 청년들의 고통은 어디에서 오는 것일까요? 여러 시각과 관점이 있겠지만, 진료실에서 청년들과 주고받은 상담의 재료들에 기반하여, 정신과 의사로서 청년 문제를 초단순화하여 진단한다고 하면, '기성세대와 현 사회의 공감 실패'가 청년 절망의 큰 원인인 것으로 보입니다. 이를 다른 용어로 표현하면 '기성세대의 병적 나르시시즘, 제도와 정책의 청년에 대한 몰이해'가 청년 세대들에게 고통을 가져다주는 원천이라고 말할 수 있다는 뜻입니다.

"조부모 세대는 전쟁과 궁핍을 이겨내면서 국가의 초석을 만든 세대이고, 부모 세대는 독재를 이겨내면서 국가의 품격을 만든 세대이다. 이들의 근면과 개척 정신, 역경을 극복하고자 하는 의지와 자립,

불요불굴의 혼이 오늘날의 한국을 만들어냈다. 지구상에서 유일하게 원조를 받던 나라에서 원조하는 유일한 나라가 되었다. 원더풀!"

사실이지만, 그래서 온갖 고생을 하면서 살아온 조부모 세대, 부모 세대는 강력한 트라우마 세대이고, 이들의 기준은 여전히 전쟁, 독재 그리고 각박한 경쟁의 삶에 기초합니다.

"죽을힘을 다해… 목숨을 바칠 각오로… 젖 먹던 힘을 짜내어… 촌음을 아끼며…."

이런 성마르고 잔혹한 단어들은 기성세대의 내면을 여전히 채찍질하고 있는데, '한없이 좋아진 세상에서 부모가 벌어다 준 돈으로 젊은이들이 술이나 먹고, 여행이나 다니면서 철없이 지내는 것이 마음에 들 리'가 없습니다. 이런 잘나디잘난 어른들 밑에서 더 잘난 인간이 되기란 쉽지 않습니다. 더 독종이 되는 일은 인간 말종이 되는 길 외는 없을지도 모릅니다.

이 부모 세대들은 고생과 트라우마의 시대를 온몸으로 관통해오면서 받은 무수한 상처와 병리들을 몸과 마음에 지니고 있습니다. 전쟁 같은 삶을 살아오면서, 이들에겐 보통의 삶이 갖추어야 하는 많은 면면들이 결여되어 있습니다. 그 수많은 중요한 것 중 하나가 가족들과의 대화, 그리고 자녀와의 깊은 애정, 이해 같은 것들입니다. 그들은 자녀들에게 좋은 어른, 부모가 되는 일에는 그리 성공하지 못했습니다.

애정을 대신한 물질의 증여, 부모 노릇 못한 대신 부모 찬스 제공, 대물림과 세습을 하지만, 자녀에게 깊이 존경받지는 못했거나 못하고 있습니다.

그래서 자녀들에게 불효자라는 멍에를 씌우고 죄책감을 남길 수는 있지만, 가까이서 친밀감을 느끼며 함께 시간을 즐겁게 지낼 수 있는 존재는 아닙니다. 대화를 나누면 나눌수록 더 힘든, 가까워지기 어려운 존재입니다.

"라떼는 말이야~"의 밈은 개그나 유머를 훨씬 넘어서는 더 부정적이고 슬픈 행동과 연결되어 있습니다. 이해 불가와 접근 금지의 밈이지요. 그리고 재수 없음까지.

과거 청소년정책연구원에서 한국, 미국, 일본, 중국, 이 네 나라의 부모와 청소년의 관계에 대해 조사했는데, 자녀의 이야기를 가장 들어주지 않으면서 자기 이야기만 쏟아내며, 모든 대화를 기승전-공부 방식의 대화를 고집하고 있는 부모는 우리나라 부모들이 압도적이었습니다. 그럴 만한 시대가 끝났음에도 불구하고.

우리 사회의 많은 어른들은 청소년·청년 이야기를 듣지 않습니다. 우리는 여전히 청소년, 청년들에게 해야 할 잔소리가 너무 많으며, 청년들에게서 마음에 드는 구석이 그리 많지 않고, 차라리 내가 해버리는 것이 나을 것 같다는 이야기를 서슴없이 할 뿐 아니라, 청년들이 살아가고, 서 있고, 뿌리 내릴 자리를 그냥 없애버립니다. 그리고 실제로 자리를 내주지도 않습니다.

청년들의 죽음 중 질병, 사고를 제외하면 자살자 수가 절반에 가깝습니다. 이렇게 자살이 늘어난 이유는 살기 힘든 이 세상에서 부모 혹은 가까운 친구조차도 자신의 고통을 이해해주지 못하거나 공감해주지 않는 스몰 트라우마(Small Trauma, 이해받지 못함으로 인해 나타나는 대인관계적 트라우마)의 누적이 결국 더 이상 살아갈 힘을 만들어내지 못하겠다는, 삶의 의미가 없다는 빅 트라우마(Big Trauma, 삶의 중단으로까지 나아가는 트라우마)로 이어져서입니다. 삶의 앵커링(anchoring, 닻 내리기, 믿을 구석, 비빌 언덕)이 상실되기 때문입니다.

명절이면 정례 브리핑을 하듯이 청년들은 으레 부모에게 취업, 결혼, 출산에 관해 성과를 보고해야 합니다. 그렇지 않으면 이와 관련된 스트레스로 인해 만나기가 어렵다며 거리를 두는 '회사형 가족' 산하의 청년들이 많습니다. 하고 싶지 않은 공부를 억지로 해서 부모 소원을 들어줬으니, 이제 이후의 삶은 내 마음대로 살며 부모를 멀리하겠다는 '생이별형' 청년들도 많이 있고, 워낙 기대에 못 미쳐 가족에게 추방당한 채 아무 지원도 받지 못하고 아르바이트를 전전하는 '방출형 청년'들도 주변에 적지 않습니다. 이 '방출형' 청년들은 부모는 있으나 별 도움이 되지 않는데, 그 부모 때문에 복지 지원을 받지 못하는 경우가 꽤 많습니다.

겉만 화려하지 속은 비어 있는 청년들은 도움 요청도 쉽지 않은 상태입니다. 나르시시스트투성이인 중년 어른들은 청춘을 믿고 도전해보라며 자기 시대의 주문을 지금의 청년들에게 알려주곤 하는데, 열정의 부족이 가장 큰 원인이라고 하니 청년들은 답답하고, 살맛이 나지 않는다고 고백합니다. 그래서 '자기계발'이라는 형태의 자기 착취, 제 살 파먹기가 끝나면 세상과 이별할 수밖에 없는 처지에 이른다고 합니다.

일본 사회학자 후루이치 노리토시는 일본 사회가 "세대별로 단절되어 있고, 제각각이다. 전전세대와 전후세대 그리고 불황 이후 세대의 불협, 불화, 불이해가 일본 사회의 큰 사회적 문제를 낳았다"라고 했는데, 우리도 그런 세대적 단절의 동굴에 깊숙이 걸어 들어가고 있다고 생각합니다.

청년들의 말을 듣고, 이해하려 노력하고, 기회를 만들고 새로운 자리를 만들어주어야 합니다. 사회 전체가 청년들의 말에 귀를 기울이면, 청년들은 와서 다시 삶을 외칠 것입니다. 그리고 죽음은 줄어들 것입니다. 잔소리를 멈추고 오해와 편견을 거두고, '청년 대공감 운동'과 함께 청년들에게 실수할 기회와 도전할 자리를 과감히 만들어 주어야 합니다.

이 책은 서울시 자살예방센터의 청년 자살에 관한 토론회, 국회의원들과의 세미나 등을 함께 해온, 자살 분야 연구의 여러 선후배 동료 학자들이 참여해서 만들어졌습니다. 각자의 지점에서 바라본 청년 자살에 대하여 진심 어린 마음을 담아 쓴 글들입니다.

부디 청년들의 목소리가 세상에 들리도록 보탬이 되는 확성기가 되거나, 우리 사회가 청년들의 내면을 볼 수 있는 렌즈가 되거나, 담 넘어 남의 집의 이야기처럼 여기는 사람들에게 담을 뛰어넘을 수 있는 디딤돌이 되었으면 합니다.

이 글들을 좋은 책으로 재탄생시켜주신 북하우스 김정순 사장님과 허영수 님께 감사의 말씀을 전하며, 훌륭한 연구자이며 실천가이신 이현정 교수님, 장숙랑 교수님, 이기연 교수님, 박건우 선생님, 주지영 서울시 자살예방센터 부센터장님께 깊은 감사의 마음을 전합니다. 더불어 청년 자살예방사업을 현장에서 함께하고 있는 서울시 자살예방센터의 이경영 상임팀장, 윤미나 전략사업팀장, 김유경 선생님께 감사드리며, 이 사업을 지지하고 지원해주시는 서울시 시민건강국의 박유미 국장과 서울시 보건의료정책과 여러 팀원들께 감사드립니다. 청년 자살예방사업에 대해 관심을 가지고 지원을 해주신 정춘숙 국회의원, 강민정 국회의원, 서윤기 서울시 의원 그리고 권수정 국회의원께도 감사드립니다.

청년을 위한 나라는 없는 것일까요?

이현정
(서울대학교 인류학과 교수)

청년 문제에 관해 이야기하면 사람들이 말합니다. “그게 왜 국가와 사회가 해야 할 일인가요?”, “그건 당사자나 부모의 몫이지 않은가요?” 청년기본법에 따르면, 한국 사회에서 청년은 19세 이상 34세 이하의 성인을 뜻합니다. 사람들은 자신이 살아왔던 시대를 떠올리며, 자신의 청년 시기를 지금의 청년 시기와 일치시키는 오류를 쉽게 범합니다. 우리보다 물질적으로 풍요롭고, 우리보다 많이 배웠으니, 그들은 더 잘 사는 게 당연하지 않느냐고 생각합니다. 그렇지 못하다면, 그건 오로지 그들 개개인이 약해빠졌거나 게으르거나 무능력해서 그런 게 아니냐고 단정 짓습니다.

그렇지만, 오늘날의 청년은 경험에서도, 처한 환경에서도 윗세대와 아주 다릅니다. 연령대가 같다고 해서 똑같은 집단이 아닙니다. 단적으로, 인구의 10%가 채 대학을 가지 못했던 시대와 인구의 4분의 3이 대학을 가는 시대에 대학 졸업장이 동일한 의미를 가질 수 없습니다. 해마다 경제성장률이 10%가 넘고 서로서로 일할 사람을 데려가려던 시대와 하루가 멀다고 일자리가 줄어드는 시대에 취직이 같은 시도가 될 수 없습니다.

사실 잘 생각해보면, 우리가 갖는 청년에 관한 관심이란 기껏해야 자식이나 조카 정도에 한정되어 있습니다. 매일같이 그들과 부대끼면 부대끼기 때문에, 명절에나 만나는 사이라면 그런 까닭에, 객관적으로 그들의 마음과 생활을 자세히 들여다볼 일이 별로 없습니다. 그런데, 조금만 거리를 두고 생각해보면, 참 불쌍한 친구들입니다. 부모들이야 그들을 위해서 그랬다고 하지만, 초중고 내내 대학 입시만을 바라보고 학원과 학교를 왔다 갔다 하며 살아온 이들은 '꿈'이나 '학창 시절의 추억'을 딱히 가져볼 기회가 없습니다. 대학을 가더라도, '낭만'은 고사하고 경쟁만이 더 심각할 뿐입니다, 과제는 넘쳐나지만, 그 공부가 취직에 딱히 도움이 되지도 않기에 따로 스펙을 쌓아야 합니다. 아르바이트(알바)를 하더라도 학비와 생활비를 충당한다는 건 이제 상상할 수가 없으며, 상당수의 학생에게 학자금 대출은 고스란히 빚으로 남습니다.

졸업 후엔 더 끔찍합니다. 취업 재수생, 삼수생이 쌓여가는데 일자리는 늘 제자리입니다. 정규직 전환이 보장되지 않는 인턴 자리 하나에 100여 명이 몰려 경쟁합니다. 실패도 한두 번이라야 경험이지, 수백 번 원서를 내고 면접을 봐도 안 되면 '나는 쓰레기'라는 생각을 하게 됩니다. 대학도 나왔겠다, 사지 멀쩡하겠다, 뭐가 문제냐고 주변 어른들이 말해봤자, 답답함과 분노만 쌓일 뿐입니다. 뭐라도 해야겠다 싶어서 배달 알바, 편의점 알바를 시작해보지만, 이러한 하루 벌이의 삶을 통해서는 저축을 하고 집을 구하고 가족을 꾸리는 일은 불가능합니다. '내 생은 이렇게 끝나는 건가' 하고 자포자기의 심정이 됩니다. 참으로, 자괴감과 좌절, 부끄러움, 자기 혐오를 느끼지 않는 청년이 거의 없다고 해도 과언이 아닙니다.

온통 경쟁과 물질주의 가치관 속에서 바쁘게 살다 보니, 주변에 좋은 친구를 두기도 쉽지 않습니다. 중고등학교 시절엔 학원 다니느라, 대학에서는 취업 준비하느라, 친구와의 연락이라는 게 그저 핸드폰 문자거나 SNS를 통한 소통이 대부분입니다. 온라인 소통이 주가 되니, 서로의 삶과 생각에 대해 깊이 있는 대화를 나누고 다른 조건의 사람들을 공감·배려할 수 있는 능력은 현저히 떨어질 수밖에 없습니다. 점점 홀로 자신의 불행과 고통에만 집중하게 됩니다. 같이 놀려고 해도 놀 사람을 찾기도 쉽지 않고, 나가서 영화 한 편 보거나 술 한잔하려 해도 적지 않은 돈이 드니, 그저 방 안이나 피시방에서 게임을 하거나 다른 사람의 인스타그램을 보면서 시간을 보냅니다. 그러다 보면 점점 더 우울해집니다. 누구와 이야기라도 나누고 싶지만, 친구와 이야기하자니 괜히 우울감만 전염시키는 것 같고, 그렇다고 세대와 경험이 다른 부모가 이해해줄 리가 만무합니다.

청년의 시선에서, 세상이 바뀔 가능성은 절대 없어 보입니다. 윗세대와 달리 오늘날의 청년은 '어떻게든 노력하며 살다 보면, 세상이 나아지겠지'라는 희망을 품기가 어렵습니다. 70대가 넘은 사람들이 국회의원의 상당수를 차지하고 있는 고령화된 한국 정치에서, 표 계산을 넘어선 청년의 목소리에 대한 고민은 거의 없습니다. 심지어 윗세대가 내놓는 제안 중에는 청년을 비난하거나 부담만 더하는 내용이 적지 않습니다. 청년 1인 가구가 문제라는 기사들은, 어째서 청년이 1인 가구를 구성할 수밖에 없는가에 대해서는 말하지 않으면서, 청년들이 결혼하거나 아이를 낳지 않아 연금 기금 마련에 문제가 있을 것이라고 지적합니다. 저출산의 문제가 젊은 여성의 과도한 권리 주장과 국가를 생각하지 않는 이기심 때문이라고 비판하면서도, 막상 선거 때면 청년 여성은 보이지도 않는 존재가 되어 시민 자격을 박탈당하고 맙니다. 오늘날 청년은 기성세대가 만들고 만들어가는 사회에 대해 극도의 불신과 염증을 느끼고 있습니다.

물론 자살은 극소수의 사람이 선택하는 행위입니다. 또한, 자살의 이유는 다양하여, 아무리 가난하고 힘든 환경이라도 살아가는 사람들이 있으며, 거꾸로 편안한 환경 속에서도 목숨을 저버리는 사람들이 있습니다. 개인적인 요인도 관련이 있습니다. 그렇지만, 만일 적지 않은 청년이 삶의 기쁨과 의욕을 갖지 못하고, 다수가 미래에 대한 불안과 공포로 고통받으며, 자살률이 증가하는 추세라면, 우리는 과연 지금 세상이 이들에게 어떠한 면에서 살 만하지 못한 곳인지,

나아가 어떻게 해야 상황을 개선할 수 있을지 함께 고민할 수 있어야 합니다. 인간은 다른 동물과 달라서 '삶의 의미'를 느끼지 못하면 살아가기가 어렵습니다. 그리고 '삶의 의미'는 누구나 태어나면서 당연히 가지고 태어나는 것이 아니라, 주변 사람들과 살아가는 환경 속에서 서서히 자연스럽게 만들어집니다. 그들이 죽겠다고 외치고 있는데, 죽을 때까지 기다릴 수는 없습니다. 좋은 사회일수록, 다음 세대에게 더 살 만한 세상을, 의미 있는 삶의 공간을 마련해주는 곳임을 우리는 잊지 말아야 합니다.

이 책에서는 서로 다른 분야에서 청년 자살을 연구해온 사람들이 그간의 연구 결과물을 함께 나누어보았습니다. 청년 자살 현황과 외국 사례를 소개하는 글도 있고, 면담을 통해 청년의 마음을 들여다보는 글도 있고, 청년 자살을 세대론적으로 통찰해본 글도 있고, 청년 자살 및 복지 현실에 관해 통계 자료를 분석한 글도 있습니다. 또 서울시 자살예방센터에서 수집한 생생한 상담 자료 분석도 있습니다. 상황을 개선하기 위한 구체적인 정책에 관해 좀 더 논의할 수 있었다면 좋았겠지만, 아무래도 정책을 전문적으로 다루는 사람들이 아니다 보니 아쉬운 점이 많은 게 사실입니다. 그렇지만, 이 책이 조금이나마 '청년을 위한 나라'를 만드는 데 도움이 될 수 있었으면 좋겠습니다.

차례

1장

청년 죽음, 둘 중 하나가 스스로 죽는다

김현수

명지병원 정신건강의학과 임상교수,
서울시 자살예방센터 센터장,
코비드19 심리지원단 단장

명지병원 정신건강의학과 임상교수. 정신보건, 자살 예방, 지역사회 트라우마 회복 등의 분야에서 20여 년 일해왔다. 서울 강서구 정신건강복지센터 센터장, 경기도 광역 정신건강복지센터 센터장, 보건복지부 중앙심리부검센터 센터장을 지냈다. 2014년 세월호 참사 당시 안산정신건강트라우마센터 센터장을 맡기도 했다.

2002년 청소년 치유형 대안학교 '프레네스쿨(성장학교) 별'을 설립, 지금까지 운영하고 있으며, 이 활동으로 2004년 청소년보호위원회에서 주는 청소년보호대상을 수상했다. 2021년에는 교보재단에서 주는 참교육대상을 수상했다. 청년들의 학교, 경계인 청년지원센터 등 청년들의 공동체도 운영하고 있다.

현재 서울시 자살예방센터 센터장, 서울시 코비드19 심리지원단 단장을 맡아 자살 예방과 심리방역 작업에 힘쓰고 있다.

지은 책으로는 『코로나로 아이들이 잃은 것들』, 『요즘 아이들 학급 집단 심리의 비밀』, 『요즘 아이들 마음고생의 비밀』, 『무기력의 비밀』, 『중2병의 비밀』, 『교실 심리』, 『공부 상처』, 『선생님, 오늘도 무사히』 등이 있다.

청년들의 삶이 여러 면에서 위기입니다. 청년들의 위기가 현실이 됐는데, '화려한 청춘'이라는 전형적 이미지에 홀려 우리 사회가 청년을 제대로 돕지 못하는 것은 아닌지 자문해야 합니다. 청년 자신들도 이런 패러다임에 갇혀 도움을 청하는 데 어려움을 겪습니다. 청년의 부모들이 언제든지 도와줄 수 있다는 사회적 시각도 청년에 대한 도움을 어렵게 합니다. 하지만 도와줄 가족조차 없는 청년들이 뜻밖에 많습니다. 현대 사회에 들어와 가족의 규모는 아주 작아졌으며, 그 작은 가족마저도 붕괴된 경우가 허다합니다.

더욱이 청년들에 관한 복지야말로 사회복지의 사각지대입니다. 그 절망적 현실이 중첩되고, 장기화된 결과로 최근 간병 살인과 같은 사회병리를 우리는 지금 목도하고 있습니다.•

전부는 아니지만 적지 않은 청년의 현실은 결코 달콤하지 않고 아주 쓰며, 삶은 각박하기만 합니다. 그래서 청년들의 현실과 자살의 진실을 전달하기 위해 몇 가지의 글을 옴니버스 형식으로 모아서 전하고자 합니다.

세계의 청년들은 아프다

세계 청년 정신건강의 현실은 꽤 암울합니다. 청년의 상징인 '자립'은 많은 나라의 청년들에게서 멀어졌고, '정체성 유예'는 더 길고 심해졌으며, 직업 결정, 파트너 결정은 더 힘들어졌습니다. 안정적인 직업을 갖는 때는 더 늦어지고, 전통적인 의미의 결혼에도 큰 변화가 생긴, 사회적·문화적 전환의 시기입니다.••

청년 1인 가구는 어느 나라나 증가하고 있고, 노마드(일정한 거주지 없이 떠돌며 사는 유목적 인구) 인구는 나라마다 차이는 있지만 늘고 있는 추세입니다. 고립과 외로움이 청년의 지배적 정서가 되고 있습니다.••• 이것이 지금 청년들이 마주한 삶의 환경이자 현실의 출발점입니다.

• '‘부친 간병살인’ 22세 청년, 당신은 돌을 던질 수 있습니까', 노컷뉴스, 2021년 11월 11일. https://www.nocutnews.co.kr/news/5655148
•• 리처드 세터스텐, 바바라 E. 레이, 『20대 독립은 끝났다』, 이경남 옮김, 에코의서재.
••• '“나홀로는 외롭다” 1인 가구 정책, 해외 선진국은 어떨까', 머니투데이, 2021년 9월 9일. https://news.mt.co.kr/mtview.php?no=2021090813485596005

악화일로로 치닫는 청년들의 정신건강

북미, 유럽, 아시아 모두 청년 정신건강의 상태는 계속 악화되고 있습니다. 코로나 시기에 접어들어 더욱 악화되었으며, 그 어느 때보다 심각합니다. 최근 몇 년간 자살 증가율은 높은 편이며, 우울증 유병률의 증가율도 높은 편입니다.• 자해도 마찬가지입니다. 어느 나라나 대부분 증가하고 있습니다.

아시아의 경우, 청년의 문제가 만성적으로 심각한 곳은 단연 일본입니다. 청년 문제의 백화점처럼, 등교 거부에서부터 시작해서 히키코모리, 그리고 최근에 급증하고 있는 청년 자살 문제까지 다양한 스펙트럼을 보이고 있습니다.•• 사실 우리나라도 현재 심각한 상태로 진입했다고 봐야 합니다.

세계은행, OECD, UN 등의 국제기구에서 보고하는 청년 문제의 상당 부분은 현재 청년들의 정신건강(Mental Health) 문제와 관련되어 있습니다. 20세기 후반에 일어난 신자유주의의 등장, 복지주의의 후퇴는 변화하는 사회구조, 즉 줄어든 양질의 일자리뿐 아니라, 인공지능, 로봇 등에 의해 밀려난 아르바이트 자리까지 맞물려 청년들의 현실을 더욱 암울하게 만들었습니다. 반면, 정신건강을 개선하는 사회 치유구조의 조직과 건설, 지원에는 효과적 변화가 일어나지 않

• 'The impact of COVID-19 on the mental health of adolescents and youth'. U Report. https://www.unicef.org/lac/en/impact-covid-19-mental-health-adolescents-and-youth

•• 'Japanese kids suffer near worst mental health among richest nations', kyodonews, 2022년 9월 3일. https://english.kyodonews.net/news/2020/09/0ff519e1aff9-japanese-kids-suffer-near-worst-mental-health-among-richest-nations.html

왔습니다. 공동체는 해체되고 양극화는 심해졌습니다. 더 외롭고, 더 분노하게 되는 일들은 늘어나고, 관계는 더 빈약해졌습니다.

세계보건기구는 과거부터 현재까지 전통적인 청년들의 정신건강 위기를 흔히 아래와 같은 5가지 문제들로 표현해왔습니다.(우리나라는 세계적인 양상과는 다소 다른 양상을 보입니다.)

전통적인 청년 정신건강의 5가지 아젠다•

1) 약물, 알코올 중독의 급격한 증가
2) 자해 및 자살의 증가
3) 조기 정신증의 증가
4) 니트(NEET, 진학이나 취업을 하지 않고 직업 훈련도 받지 않는 이들) 및 사회공포증, 사회적 위축의 증가
5) 십대 임신 및 불안정한 동거 생활의 증가

전통적인 정신건강 정책이 크게 효과를 거두지 못하고 있다

위에 언급한 5가지 정신건강 이슈는 계속 악화되고 있고, 여러 나라 정부의 청년 정신건강 정책은 실패하고 있습니다. 전통적인 정신건강 정책, 즉 진료 및 상담 확대, 지역사회 정신보건 및 재활사업 등을 실시하고 있지만, 이런 사업들을 효과적이라고 보는 나라는 많지 않습니다. 북미와 유럽, 일본에서의 전통적인 의료적 모델, 지역사회

• https://www.who.int/news-room/fact-sheets/detail/adolescent-mental-health

모델이 보이고 있는 효과들은 두드러지지 않습니다.

이 와중에 가장 새로운 개념으로 두각을 나타내면서 여러 나라에 영감을 주고 리더십을 발휘하는 나라는 1990년대 이후의 호주였습니다.● 청소년기 후기부터 청년기 초기의 '조기 정신증(early psychosis)' 주목, '조기 개입(early intervention)' 정책 추진, 정신건강에 대한 문해력(literacy)을 높이기 위한 한 방편으로 국민들의 참여를 유도하는 '정신건강 응급활동(Mental Health First Aid)' 도입, 그리고 학생들의 교육 과정에 정신건강 교육을 적용하는 '마음이 문제야(Mind Matters)'라는 프로그램 신설 등 호주는 국제 사회에 다양한 방안을 제안한 바 있습니다. 체계적인 국가정신보건계획을 세워 2000년부터 운영했고, 지금까지 여러 분야에서의 혁신을 지속하고 있습니다.

우리나라도 호주의 영향을 받아, 현재 청년 정신건강 정책의 일환으로 복지부에서 MindLink라는 시범사업을 수행하는 중입니다.

청년 정신건강 정책의 실패 : 통념의 오해

우리나라는 애석하게도, 뒤늦게 시작한 MindLink와 서울시에서 청년수당을 받고 있는 청년들에게 상담을 제공하는 일종의 바우처 성격의 마음건강 지원 사업을 제외하고는, 청년들을 위한 일관되고

● https://www.koreascience.or.kr/article/JAKO201521159149197.pdf

체계적인 정신건강 정책은 거의 없다시피 했습니다.

아마 우리나라는 OECD 국가 중 청년들의 위기를 간과한 몇 안 되는 정부 중 하나일 겁니다. 유럽연합이 청년들에게 여행비를 지원할 만큼 고민의 범위를 섬세하게 확대하는 동안 우리는 청년들을 위한 정책을 거의 준비하지 못했습니다. 교육, 고용, 주거에 대한 정책이 최근 10년을 전후해서 생겨났지만 아주 일부에 국한되었고, 특히 청년들을 위한 복지 정책은 거의 없었습니다. 청년들은 가난하지도 않고, 삶의 위기에 빠질 상황도 없다고 보았던 것일까요? 아니면 청년들의 가난과 삶의 위기는 너무도 당연한 것이고, 이것을 이겨내는 것 또한 너무 당연한 것이라 여긴 것일까요?

그간 정부는 청년 이슈가 시작된 이래 아주 최근까지 주거와 일자리 분야에서 비효과적인 정책으로 일관했습니다. 이 결과가 청년들의 마음에 큰 그늘을 만들고 사회적 불신을 만들기도 했다는 생각을 갖게 합니다. 문제를 일부라도 해결해서, 희망의 서광이 비치도록 해야 하는데, 현재 여권, 야권 할 것 없이 별로 성공적이지 못했습니다. 그 결과 청년들은 각자도생의 쓰디쓴 삶, 각박하고 관용 없고 차디찬 사회적 현실을 받아들이면서 큰 내적 고통을 겪으며 지내고 있는 것입니다.

'청년기본법'은 지난 2014년에야 첫 법안이 제출되었습니다. 청년 문제가 본격적으로 대두된 시기를 88만 원 세대가 출현했던 2007년이라고 할 때, 거기서도 한참이나 지난 때입니다. 그때까지, 정치인과 사회단체의 노력은 청년들의 기대에 부응하지 못했고, 이 장기적인 시간을 거쳐오는 동안 청년들 상당수가 사회적 기대에서 등을 돌린 것으로도 보입니다. 문재인 정부 시기에 뒤늦게나마 청년기본법 제정이 본격화되고 실제로 제정되긴 했으나, 청년들의 반응이 뜨겁다고 보기는 어렵습니다.

이번에 제정된 청년기본법은 청년의 참여, 청년 발전계획의 수립, 청년들의 분야별 정책 대안에 대한 다양한 방안 등의 내용을 담고 있기는 합니다. 하지만 청년 정책을 주도적으로 펼칠 주무 부처의 모호함, 산만하게 퍼진 청년 정책의 비효율성 등으로 인해 법 집행의 실효성에 대해 낙관하는 사람을 찾기가 어렵습니다.

청년 대상의 여러 정책과 서비스를 실행하기 위해서는 부처 간의 협력, 개념의 조정, 실무적 합의 등등이 필요한데, 과연 효과적인 도움이 가능할지는 여전히 미지수입니다. 일단 청년의 개념에서부터, 연령대가 합의될 것인지도 걱정입니다. 지금 법에서 정의한 연령은 19세에서 34세입니다. 현재 유럽연합, 미국, 일본, 호주, 모두 청년의 연령대가 조금씩 다릅니다. 청년을 19세에서 39세까지로 규정하는 나라들도 있습니다. 무엇보다 여러 부처가 각각 추진하던 취업, 교육, 주거 지원, 금융 지원에 대한 정책을 어떻게 청년 중심으로 재구성해서 실효성을 거둘지, 이에 대한 뚜렷한 비전이 보이지 않아 안타까울 뿐입니다.

특히 청년의 마음 혹은 정신건강에 대한 정책들은 심리 지원을 하겠다는 언급, 청년 정신건강의 위기를 조사하겠다는 방침 정도에 불과합니다. 현재 청년 정신건강 정책은 서로 조우하지 못하고 완전히

청년기본법의 주요 내용

청년기본법은 청년의 권리와 책무를 직접적으로 언급하여 국가와 지방자치단체의 청년에 대한 책무를 정하고, 청년 정책의 수립·조정 및 청년 지원 등에 관한 사항을 규정하고 있다. 청년이 기존의 정책 결정 과정에서 소외되었으며, 청년의 문제를 당사자인 청년들의 목소리를 정책에 반영하는 것을 통해 해결하자는 것이 기본적인 취지이다. 따라서 정책 결정 과정에 청년의 참여 비율을 의무적으로 할당하거나, 위원회(청년정책위원회, 청년정책조정위원회)를 두어 청년의 정치참여를 활성화하는 것을 주요 내용으로 담고 있다. 5년마다 청년 정책에 관한 기본계획을 수립하여 시행하고, 효율적인 청년 정책을 수립하기 위한 청년 대상 실태조사와 청년 정책 연구, 청년 정책 책임관 지정 운영 등을 의무화하고 있다. 이 외에도 청년 고용 촉진 및 일자리의 질 향상, 창업 지원, 능력개발 지원, 주거 지원, 복지 증진, 문화 활동 및 국제협력 지원 등 청년의 권익증진을 위한 대책 마련을 의무규정으로 하고 있다.

법 조항	세부 내용
청년의 정의 (제3조)	"청년"이란 19세 이상 34세 이하인 사람을 말한다. 다만, 다른 법령과 조례에서 청년에 대한 연령을 다르게 적용하는 경우에는 그에 따를 수 있다.
국가와 지방자치 단체의 책무(제4조)	국가와 지방자치단체는 청년 발전에 필요한 법적·제도적 장치를 마련하여 시행하여야 한다.
청년 정책 기본계획 수립(제8조)	국무총리는 5년마다 청년 정책에 관한 기본계획을 수립·시행하여야 한다.
청년 실태조사 (제11조)	정부는 기본계획 등 효율적인 청년 정책을 수립하기 위하여 청년의 고용·주거·교육·문화 등에 대한 실태를 조사하여 공표하여야 한다.
청년 정책 연구사업 (제12조)	국무총리는 종합적이고 체계적인 청년 정책의 수립·시행 및 지원을 위한 연구 사업을 수행하여야 한다.
청년정책조정위원회 (제13조)	청년 정책에 관한 주요 사항을 심의·조정하기 위하여 국무총리 소속으로 청년정책조정위원회를 둔다.
정책 결정 과정에 청년참여 확대(제15조)	관계 중앙행정기관의 장 및 시·도지사는 청년 정책 결정 과정의 자문·심의 등의 절차에 청년을 참여시키거나 그 의견을 수렴하여야 한다.
청년 정책 책임관 지정 (제16조)	관계 중앙행정기관의 장 및 시·도지사는 그 기관의 청년 정책을 효율적으로 수립·시행하기 위하여 소속 공무원 중에서 청년 정책 책임관을 지정하여야 하고, 필요한 경우 청년 정책에 관한 전문 인력을 둘 수 있다.

뒷자리에 있는 상태이며, 실패가 반복될 가능성이 높아 보입니다. 실패와 시행착오를 반복해온 입시 정책, 출생 장려 정책과 똑같이 이번도 동일한 오류를 겪지 않을까 하는 어두운 생각을 버릴 수가 없습니다.

헛다리 짚고 반복 실패하는 청년 정책의 오류

청년에 대한 통념적 오해를 인식상으로, 또 정책적으로 어떻게 극복할 것인가 하는 것이 가장 중요한 관건입니다. 청년 정책의 핵심 대상을 '건강하게 지내면서 대학을 잘 졸업했는데 현재 일자리를 갖지 못하는 별문제가 없는 청년'으로 여기는 정책들이 가장 대표적인 통념의 오류를 보여줍니다.

1) 대상의 오류

청년 정책이 입시 정책의 오류를 반복하는 것과 같다는 비판이 큽니다. 입시 정책은 서울 및 수도권 소재의 대학에 진학하는 30%의 학생들을 중심으로 하는 정책이 주류를 이루었고, 이는 70%를 차지하는 비서울, 지방대 진학 학생, 비진학 청년들을 무기력화했습니다. 마찬가지로 실제로 가장 청년 정책을 필요로 하는 청년들은 지방대졸, 고졸, 독거, 비숙련, 비정규직, 여성들인데, 이 대상은 흔히 청년 정책의 대상에서 소외되는 경우가 많습니다.

청년 정책의 대부분이 취업과 일자리 중심의 정책이면서, 동시에 중장기 정책의 양질성 정책이 아니라 단기성, 선심성 정책이다 보니

이 정책에 대한 호응을 이끌어내기 어렵고, 청년들의 지속적인 취업을 위한 특정한 연계망이나 인적 네트워크가 형성되기 어렵습니다.

2) 인식의 오류

청년에 대한 인식론적 오해는 대표적으로 청년이 강하고 약하지 않다는 인식에 기초해 이들에 대한 지원에 인색해지는 것에서 볼 수 있습니다. 그래서 지원의 종류, 대상에서 제외되는 것입니다. 즉 청년은 흔히 배제의 대상으로 우선 언급되곤 합니다. 생계, 복지, 주거, 긴급 지원 등에서 청년들은 과거 지원에서 제외되는 연령대인 경우가 많았으며, 부모의 지위에 따라 제외되는 경우도 많았습니다.

또한 대도시에서 사람들이 흔히 1인 독거가구 하면 50대 남성을 떠올리고는 그에 대한 지원 계획을 짜지만 실제로 가장 많은 1인 독거가구는 20대 여성입니다. 선입견, 편견이 아니라 실제 자료에 근거해서 정책을 펼칠 필요가 있고 청년에 대한 인식 개선이 시급합니다.

3) 접근의 오류

청년들에 대한 자살 예방 정책은 청년들과의 만남 접점, 즉 핫스팟을 만들어내지 못해 어려움을 겪는 중입니다. 핫라인에 전화를 거는 젊은이들이 소수 있지만 이들과의 상담을 효과적으로 하기란 대단히 어렵습니다. 또한 생명지킴이를 확대하는 과정에서도 젊은이들을 연결하는 프로그램은 성공하지 못하는 경우가 많습니다. 청년 자살 예방 정책을 성공적으로 하는 나라들이 많지 않습니다. 청년 세대들이 접근할 수 있는 문화 코드와 정책 코드의 불일치는 오래된 관료제만큼이나 역사가 깁니다. 이 불일치가 얼마나 빨리 해소될 수 있을지도 불투명합니다.

일본에서는 자살 예방 정책에 대한 청년층의 호응이 거의 없다가, 2019년 메신저 '라인'에서의 오픈 채팅이 폭발적으로 반응을 보여 큰 화제가 되었습니다. 호주에서도 e-youth라는 애플리케이션을 만들었는데 이런 모바일 기반 접근에서 반응이 더 크다고 합니다. 우리나라의 경우, 청소년을 상담하기 위해 교육부에서 '다들어줄개'라는 모바일 상담센터를 도입한 후에 상담 건수가 급격히 증가하였다고 합니다.[●] 효과성은 아직 논의하기는 어렵지만 접근성은 이전의 전통적 핫라인보다는 훨씬 높은 결과를 보여주고 있습니다.

최근 들어 이렇게 문화적·기술적 변화를 적절히 활용하고, 전통적 상담을 뛰어넘는 방법을 수용하는 것이 관건이 되고 있습니다.

4) 가치의 갈등

생명 존중 가치관에 대한 세대 간의 갈등은 시간이 갈수록 더 커지고 있습니다. 기성세대는 생명을 경시하는 풍조가 젊은이들에게 더 크게 나타난다며 현 청년 세대들을 비판합니다. 기성세대에게서 이런 비판적 관점이 생기는 이유는 무엇일까요?

이는 지금의 삶이 '어렵지 않다'라고 보는 기성세대의 태도 때문

● 서울시 자살예방센터, 자살예방 국제심포지엄 자료집(2020).

입니다. 기성세대의 시각으로 보면 현재의 젊은 세대들이 '지금의 삶이 너무 어렵다, 부모 세대의 삶보다 더 어렵다'라고 주장하는 것을 받아들이기 힘들고, 이렇게 관점의 차이가 클수록 가정 내 갈등이 크고, 자녀들의 내적 고통도 큽니다.

과거에는 '빈곤'과의 싸움이었다면, 지금은 '인정'과의 싸움입니다. 과거가 '신체적 고통', '배고픔', '생존'의 문제에서 고통을 경험했다면, 지금은 '내적 고통', '외로움', '삶의 의미'와 같은 마음의 문제에서 더 큰 고통을 경험합니다. 그래서 이런 시대적 고통의 변화를 이해하지 못하는 어른들의 문제가 오히려 큰 이슈가 되어야 합니다.

기성세대는 청년의 고통에 충분히 공감하지 못하고 있고, 청년들은 공감받는다는 느낌을 가지지 못하고 있습니다. 그런데 더욱 청년들을 어렵게 하는 것은 이 모든 청년들의 심리적 고통이 사회적 구조와 산업구조의 영향이라는 사회적 이해보다 개인의 노력, 개별 가족의 능력 부족으로 간주되다 보니, 더 자신을 착취하고 자신에 대한 심리적 증오와 애증 속에 살아가야 한다는 점입니다.

기성세대는 독재 시대를 비난하고, 가난하고 못난 부모님을 비판하며 업적을 쌓아 여러 효능감과 성취감을 가질 수 있었지만, 지금의 청년 세대는 잘 살게 되었고 민주화된 사회를 만든 부모를 비판할 수도 없는 상태입니다. 맨손으로 자수성가한 사업자 부모들 앞에서, 지금의 청년들은 개인의 노력과 능력을 증명해야 하는, 그러기 위해 친구를 짓밟고 올라서야 하는 아주 각박한 경쟁 사회, 새로운 유형의 잔혹한 생존 게임의 사회를 살아가는 중입니다.

지금의 청년들이 겪는 또 다른 유형의 큰 어려움은 사회적으로 공유되지 못하고 있습니다. 어리광으로 치부되거나 나약함으로 평가되기도 합니다. 몇 년 전 삿포로에서 일본의 사회복지학과 교수인 무카이야치 이쿠요시 교수와 나눈 대화가 큰 영감을 준 바 있어 인용을 해보고자 합니다.

"온갖 죽음과 수치감 속에 너무 많이 고생하며 살아남은 어른들과 전후의 처참한 상황을 복구했던 어른들이 일본을 세계 두 번째 경제 강국으로 부흥시킨 후부터 문제가 시작되었습니다. 그 엄청난 숫자의 어른들이 모두 한결같이 일본 청년 세대의 고통을 이해하는 데 어려움을 겪었고, 그 어른들은 모두 청년들을 혼내고 있었습니다. 그래서 많은 일본 청년들은 외국으로 나가고 싶어 하거나 무기력해지거나 은둔하거나 아예 부모와 다른 세계, 철저하게 작고 자신이 누릴 수 있는 자신만의 세계에 집착하는 쪽으로 바뀐 것 같습니다. 개인화되고, 파편화되기도 하고 말입니다. 그 과정에서 일본은 세대 간의 통합, 세대 간의 계승과 발전에서 완전히 실패한 것 같습니다. 지금 그 실패가 일본 무기력의 큰 원인이라고 저는 생각합니다. 한국도 비슷한 길을 걷지 않을까 우려가 됩니다."

이 갈등에 대한 이해 없이, 청년 고통의 공감 없이 접근하는 정책은 오류로 가득합니다. 잘난 어른들의 독선적 잔소리, 훈계, 성공의 비결, 경험 등이 새로운 청년 세대에게 독이 되고 있다는 것, 그 갈등의 축적이 젊은이를 무력화하고 결국 무기력한 세대로 남게 만들며 그 끝의 한 축이 자살의 증가와 같은 사회병리와 궤를 같이 한다는 것을 우리는 이해할 필요가 있습니다.

5) 주도성의 오류

청년 정책에서 청년들이 주도하는 비율이 너무 낮습니다. 너무나 많은 청년 정책이 어른들에 의해 재단되고 결정됩니다. 청년 자율성, 청년 주도성이 더 확장되고 실패가 보장되고 실험이 권장되어야 합니다. 관료들에 의한 성과주의와 청년 당사자를 향한 불신주의로 인해 청년 주도성이 현저히 부족합니다.

여전히 권좌에 있는 어른들이 청년들을 불신하며 장기간 정치, 기업, 교육 등 온갖 분야에서 주도성을 발휘하고 있고, 청년의 자리는 없습니다. 청년들이 시행착오를 통하여 리더십을 발휘하고 팀워크를 경험하며 자신들의 성취를 자랑할 기회가 없습니다.

지금의 청년 세대
어려선 마음고생, 커가면서는 외로움에 시달리다가, 고독사로 죽는 첫 세대

현재의 청년들이 어떻게 마음고생을 하고 있는지 아이들과 청년들의 내러티브를 모아서 정리를 해봤습니다.

청년들의 마음고생론●

이 내러티브들은 청년 세대가 부모 세대와는 다른 방식으로 힘들어하고 고생하며, 박탈과 결핍을 경험하는 방식도 다르다는 것을 보여주고 있습니다. 몸의 고생에서 마음의 고생으로 고생 방식이 바뀌어가고 있고, 경쟁은 훨씬 더 일찍 시작되었습니다. 무엇보다 더 큰 문제는 고생의 성취나 결과가 보장되지 않는다는 것입니다. 마음고생을 죽도록 해서 20대가 되어도 부모 세대가 이룩한 것을 이루지 못하고, 부모보다 더 낮은 대우를 받으며 인생을 출발해야 합니다.

첫째, 태아 시절부터 고생합니다. 태교로 영어를 듣기도 하고 수학을 풀기도 하면서 태어납니다.

둘째, 영·유아 시절에도 고생합니다. 평균 3세부터 사교육을 시작합니다. 영·유아기 시절부터 자신의 재능을 일찍 발견당하기 위해 애

● 김현수, 『요즘 아이들 마음고생의 비밀』, 해냄.

써야 합니다.

셋째, 여전히 아빠는 바쁘고 놀아주지 않는데, 엄마라도 바빠지면 형제도 없는 탓에 소위 전문가의 손에서 혹은 전문 놀이기관에서 외롭게 자신의 인생을 스스로 보살펴야 합니다. 어떤 아이는 자신은 돌 때부터 자수성가했다고 말합니다. 일찍부터 맛본 외로움이라는 정서적 고생에 대해 부모들은 도통 이해를 하지 못합니다.

넷째, 유치원에 다니면서 '예쁘다, 잘한다, 재능 있다'라는 말을 듣고 싶어 하는 부모 및 친척들을 위해 뼈 빠지게 여기저기를 다닙니다. 피아노부터 수영까지, 영어 유치원부터 예체능계까지 뛰면서 최선을 다해 특별히 귀여움 받는 아이가 되기 위해 고생합니다. 특별한 아이가 아니어서 부모가 실망할까 봐 마음고생을 많이 합니다.

다섯째, 초등학교에 입학한 후 정말 공부를 많이 합니다. 놀이는 금기입니다. 통계가 말해주듯이 대학생들보다 더 많은 시간을 공부를 하며 보냅니다. 야망이 큰 부모를 만났다고 하면 초등학교 때 이미 중학교 수학, 때로는 고등학교 수학까지 진도를 나가야 합니다. 초등학교를 마칠 때면 세상에서 할 고생의 절반 이상을 다한 것처럼 느껴진다고 합니다.

여섯째, 중학교에서부터 진로를 정해서는 그에 맞는 트랙에 들어가야 하는데, 그렇지 못하면 이제 세상을 구하는 일은 할 수가 없고 동네나 지켜야 한다고 구박을 받습니다. 이때부터는 성질을 부리는 수밖에 없습니다. 부모와의 사춘기 전쟁도 정말 큰 고통 중의 고통입니다. 갱년기 부모들과 치르는 사춘기 전쟁에서 인생의 상당한 에너지를 소진합니다.

일곱째, 고등학교를 무기력하게 다니는 것도 고생입니다. 꿈 고문을 엄청 당하면서 다닙니다. 꿈이 뭐냐고 묻기 전에 꿈꿀 수 있는 세상이나 만들어주기를 바란다고 항변합니다.

여덟째, 어떻게 대학을 가긴 갔는데, 비싼 등록금과 취업을 위한 성적관리 때문에 대학생활이 또 전쟁입니다. 막상 졸업 후 취업 자리도 별로 없다고 합니다. 50대 취업률이 20대 취업률보다 더 높은 사회라고 합니다. N포 세대라고 불립니다. 그렇다고 이 포기의 비극적 심정을 시대가 공감해주지는 않습니다.

아홉째, 다 컸습니다만, 소위 말하는 '어른'이 될 수 없습니다. 결혼할 집 한 칸도 엄두를 낼 수 없습니다. 부모 세대도 죽도록 고생해서 대도시에 집 한 칸을 마련했는데, 요즘 젊은이들이 도시에 집 한 채를 장만하려면 부모 세대보다 더 많은 시간 동안 돈을 벌어야 합니다. 몸은 어른이지만 여전히 사회에서는 아이입니다.

'다 컸지만, 어른이 되지 못한다'는 이 내러티브 속에는 수많은 의미가 함축되어 있습니다. 생물학적 본능마저 억압하는, 20대 연애 본능의 감소는 청년 문화의 큰 고통과 현실을 적나라하게 반영하고 있습니다.

더 처절한 표현 중 '1인분 인생'이라는 표현도 있습니다. 자신은 그 누구도 책임지지 않고 살고 싶다고 고백하는 친구들, 자신을 책임지는 것도 벅차다고 말하는 친구들이 부지기수입니다. 이런 문화가 청년들의 삶 속에 넓게 펼쳐진 지 이제 꽤 오래되어가고 있습니다.

청년 고통의 키워드:

초경쟁 사회에 출생해서, 능력주의 사회, 저성장 사회에서 자라고,

부모 세대보다 더 가난한 첫 세대로 청년기에 들어서서,

척박하고 차가운 사회에서 고독생으로 발을 딛고 있다가,

고독사하는 세대

88만 원 세대로 시작하여, 헬조선 그리고 이생망에 이르면서 N포 세대를 경유하여 사회와 절연되고 단절된 생활을 하는 은둔형 외톨이가 증가하고 있습니다.

고독생(生)으로 살다가 고독사로 죽는 20대와 30대의 삶은 처절하고 허망하고 낙담에 찬, 가장 비극적인 삶입니다.

이미 학창 시절부터 겪은 힘든 삶으로 인하여 사회에 나가 살아갈 힘을 잃었다며 은둔을 시작하는 경우를 포함하여, 힘들고 각박한 사회에서 다양한 이유로 은둔하는 외톨이가 늘어나고 있습니다. 연구자에 따르면 청소년·청년 인구층에서 적으면 13만 명, 많으면 30여 만 명에 이른다고 합니다.● 하지만 이런 청년들에 대한 개념, 지원, 접근 방안과 연계망에 대한 대책은 거의 없으니, 부모들의 개별적 지원 외에는 다른 도움 없이 장기간 방치되는 경우가 허다합니다. 이 장기간의 방치가 개입의 어려움을 축적합니다. 이 기간 동안 도움의 적기를 놓치고 사회적 부담을 높여서 호미로 막을 수 있는 것을 가래로도 막지 못하게 되는 경우가 발생합니다.

● https://www.khan.co.kr/national/national-general/article/202109080600001

은둔형 외톨이의 삶이 장기화되면서 부모가 죽거나 혹은 부모가 병이 들어 요양원에 들어가게 되면 고독생이 됩니다. 아무도 보살핌을 주지 않는 단절된 상태에서 본인이 외부와의 인연을 끊고 지내다 보니 고독사의 위험이 높아지는 겁니다. 20대와 30대에서의 고독사는 계속 증가 추세에 있습니다.• 특히 남성의 고독사가 증가하고 있습니다. 이 고독사를 소극적 자살이라고 해야 하는지, 혹은 사회적 돌봄의 결핍으로 인한 방치사, 사회적 타살이라고 해야 하는지 의견이 엇갈립니다. 사실 고독사의 개념은 아직 확립되지 않은 상태입니다. 일본과 우리나라 등지에서 활용되는 개념이지 세계적으로 활용되는 보편적 개념이라고 할 수는 없습니다. 사회적 돌봄의 부재, 가족과의 극단적 관계 단절, 복지제도 신청주의의 한계 등 여러 문제가 총체적으로 얽혀 나타나는 가장 극단적인 사회적 불행입니다. 그리고 더 불행한 것은 이를 적극적으로 개선하려는 사회적 움직임조차 없이 마치 그 고독사를 숙명으로 받아들이는 분위기입니다. 관련된 도서, 관련된 드라마가 히트를 쳤건만 사회적 움직임은 크게 없고 '고독사 예방법'이라는 힘없는 법안의 제정만 있을 뿐입니다. 한 청년의 죽음을 향해 보이는 사회의 무기력한 반응 자체가 청년들에게 더 무기력을 안기는 것이 아닌가 우려됩니다. 지금의 청년들은 가장 외롭고 우울한 죽음의 시대를 살아내는 초기 세대가 아닌가 합니다.

• https://www.joongang.co.kr/article/25002288#home

청년의 가장 흔한 사망 원인 1위, 자살

청년 죽음, 둘 중 하나는 자살로 죽는다, 나머지 청년 중 하나는 4일마다 일하다 죽는다.

최근 몇 년간 청년들의 자살은 실업률의 증가를 비롯해, 1인 가구 등 사회적 연결망의 감소, 주관적 희망과 행복의 감소로 증가 추세에 있었습니다. 거기다 코로나 19로 인해 더 강력한 직격탄을 맞았고 이로 인해 20~30대 청년의 자살은 크게 증가했습니다.

1차적인 요인으로 취업난과 실업 증가로 인한 경제적 요인이 작용했고, 2차적인 요인으로 코로나로 인한 사회적 관계의 단절 등이 작용한 것으로 보입니다. 특히 취약성이 큰 청년들이 직접적인 영향을 받아, 2020년 20대 청년들은 자살률이 가장 높게 증가한 연령층이 되었습니다.

우리나라 청년의 죽음, 둘 중 하나는 스스로 죽는다

통계청에서 발표한 '2020년 사망원인통계'에 의하면 2020년 20대 사망자 수 2,706명 가운데 고의적 자해(자살)로 인한 사망은 1,471명이었습니다. 이는 전체의 54.3%에 달하는 숫자입니다. 즉 20대 사망자 2명 중 1명은 스스로 목숨을 끊었다는 것을 의미합니다. 엄밀히 말하면 그보다 조금 많습니다.

이미 2019년에도 20대 사망자 중 절반은 자살로 목숨을 잃었습니다. 2019년도에는 1,306명이었습니다. 2020년 들어 12.6%가 증가한 것입니다.

2020년 우리나라 전체 자살사망자 수는 총 1만 3,195명이었습니다. 이는 전년 대비 604명(-4.4%)이 감소한 것입니다. 일평균 자살사망자 수는 35.1명으로 2019년(37.8명)보다 줄어든 것으로 나타났으며, 인구 10만 명당 자살사망자 수는 25.7명으로 2019년 26.9명 대비 1.2명 감소했습니다.

자살률(인구 10만 명당 명) 감소를 보인 연령층은 40대 이상이었습니다. 30대 이하에서는 오히려 증가했습니다. 특히 20대의 자살률이 전년 대비 12.8%로 가장 많이 증가했고, 10대는 9.4%, 30대는 0.7%의 증가율을 보였습니다. 70대와 60대는 자살률이 전년 대비 각각 16%와 10.7% 감소한 것으로 나타났습니다.

20대는 자살률뿐 아니라 우울증도 크게 증가한 것으로 나타났습니다. 의료보험공단에 따르면 20대 우울증 환자는 2016년 6만 4,497명에서 2020년 14만 6,977명으로 두 배 이상 급증한 것으로 집계됐습니다.

30대에서도 사망자 4,759명 가운데 1,874명이 자살로 사망해서, 자살사망자가 거의 두 명 중 한 명꼴에 가깝습니다.

청년들의 죽음에 둔감한 사회

20대~30대 청년 자살률이 특별히 높은 이유는 이미 소개되었듯이 코로나로 인한 직접적인 경제적 어려움과 사회적 거리두기의 영향으로 가중된 어려움이 청년을 더욱 힘들게 해서이고, 이에 더해 스트레스를 감당할 여력의 결핍, 유동자금의 부족, 사회자본의 취약성 등 복잡한 요인들이 작용한 것으로 분석되고 있습니다.

코로나 초기부터 20~30대 청년들의 곤란을 보여주는 징후가 곳곳에서 터져 나왔지만, 사회의 안일함이 생명을 저버렸습니다. 더 적극적인 청년보호 정책을 펴지 못한 정부의 무감각함이 안타깝습니다. 더불어 청년들의 어려움을 나타내는 지표가 반드시 정신건강 지표가 아니더라도 다양한 경제 지표, 주거 관련 지표를 통해서 나타날 수 있기에 이런 지표에도 민감하게 반응할 필요가 있었습니다. 자살사고, 우울, 불안과 같은 정신건강 지표 이외에도 카드 연체율, 주거 빈곤율과 같은 지표도 청년 자살과 연관된 중요 지표로 적극 고려하고 대처할 필요가 있습니다. 그런 점에서 부처 간 협력과 민관 협력의 중요성을 놓친 것이 아쉽습니다. 초기에 청년 보호를 위해 과감한 투자를 하지 않은 기재부는 청년을 죽이는 정책을 편 것과 다름없다는 것을 관료들은 반드시 알아야 할 것입니다.

(약간 다른 이야기이지만, 청년들의 산재 사망자 발생은 1년에 80건 정도입니다. 자살로 죽고, 산재로 죽고, 사고로 죽는 등 청년들의 안타까운 죽음으로 가득 찬 나라가 한국입니다.)

청년부터 먼저 버리기

코로나 시기, 청년들의 자살 위기가 더 높아진 이유

코로나 바이러스가 칼끝을 겨눈 취약층은 알고 보니 20대 청년들이었습니다. 2020년 상반기에 보고된 여러 통계들의 결론은 20대 청년의 자살 및 자살 시도의 증가입니다.

코로나 여파라고 할 수 있는 3~4월의 자살은 전해보다 60%가 늘었고, 전국적으로도 20대의 자살이 늘었는데 특히 서울은 가장 많이 늘어났습니다.

20대 청년들의 자살이 늘어나는 이유가 뭘까요? 20대 청춘의 삶을 힘들게 하고, 인생의 꽃인 이 시기에 죽음의 유혹을 견디지 못한 채 극단의 선택을 하게 만드는 뼈아픈 상황은 무엇일까요?

코로나 확산, 가장 빨리 해고된 알바 청년들

코로나로 인한 경제 여파가 가장 위협적인 영향력을 발휘한 곳은 바로 알바 중인 청년들이었습니다. 이미 몇 개의 금융기관과 경제 연구소에서 20대 청년들의 경제적 곤란함을 알린 바 있습니다. 나라살림연구소의 보고에 따르면, 20대들의 현금서비스 이용률과 연체율은 3월부터 늘어나서 전 연령대에서 가장 많은 현금서비스를 이용하고 있고, 대출 연체액도 증가하고 있는 것으로 나타났습니다.

고용 관련 통계에서도 코로나 바이러스로 직격탄을 맞은 세대는 20대 청년 세대였습니다. 2020년 기준, 20대 연령층에서는 3월부터

2020년 3월 기준 연령별 소비 및 연체 전월 대비 증가율

연령	카드 이용 금액	카드 현금서비스 이용액	대출 연체 건수	대출 연체 금액
20대	-9.2%	1.6%	2.7%	4.3%
30대	-11.8%	0.1%	1.0%	3.8%
40대	-12.8%	-0.5%	0.7%	2.0%
50대	-13.3%	-0.2%	0.5%	0.6%
60대	-15.7%	0.2%	0.3%	0%
70대	-15%	1.3%	-0.1%	-0.1%

* 출처: 나라살림연구소, 「3월 연령별 신용카드 사용 및 대출 연체 분석」(2020).

실업률의 증가와 고용률의 감소가 나타나고 있었습니다. 코로나 바이러스가 잘라낸 일자리는 다름 아닌 20대 청년들의 일자리였습니다. 경제적 어려움과 관련된 많은 지표들이 50대와 20대가 동시에 나빠지는 현상을 보였는데, 50대 중소상공인들의 경우가 폐업 혹은 사

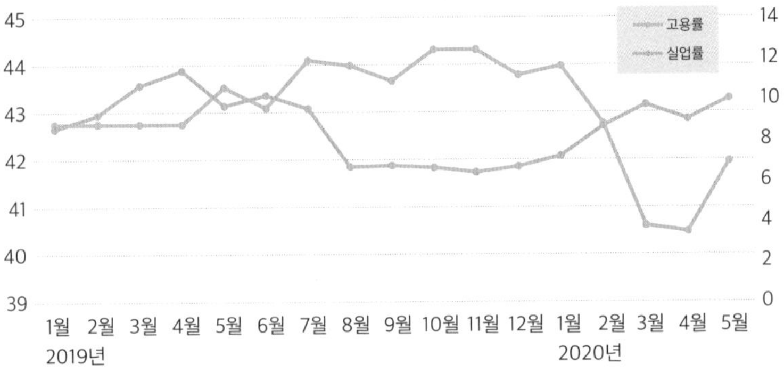

청년 실업률과 고용률

* 출처: 통계청, 「경제활동인구조사」.

고용보조지표(Labor Underutilization Indicator)주1)

(단위: %, 천 명)

		고용 보조지표1	시간 관련 추가 취업 가능자	고용 보조지표2	잠재경제 활동인구	고용 보조지표3 (확장실업률)주2)
전체	'19. 5월	6.8	783	9.5	1,721	12.1
	'20. 5월	8.8	1,205	10.5	1,866	14.5
청년층 (15~29세)	'19. 5월	12.6	116	22.0	676	24.2
	'20. 5월	14.2	168	22.9	693	26.3

주 1) Labor Underutilization Indicator는 '노동저활용지표'로 직역됨.
주 2) '고용보조지표3'은 실업률을 보완하는 보조지표로서 가장 포괄 범위가 넓어 '확장실업률'로 지칭함.
* 출처: 통계청, 「경제활동인구조사」.

업 규모를 축소하는 것이라면, 20대 청년들의 경우는 비정규직 혹은 알바 생들이 일자리를 잃는 것이었습니다. 이 시기에 가장 궁핍한 빈곤을 경험하고 있는 것은 수입원이 사라진 도시의 20대 청년 빈곤층들이었습니다.

그리고 2019년 5월보다 2020년 5월에 청년층의 실업자가 더 많은 것을 볼 수 있습니다. 청년 실업자의 증가는 청년의 삶을 한층 위태롭게 했습니다. 청년들은 일자리가 사라지면서 삶의 자리도 없어졌습니다.

코로나 시기에 불어닥친 청년 주거 위기

코로나 시기, 청년들의 자살 위기가 높아진 두 번째 이유는 20대 청년 1인 가구들의 주거 위기입니다. 서울 1인 가구 중 가장 높은 비율을 차지하는 것은 20대 청년들입니다. 그리고 남성과 여성 중 여성의 비율이 더 높습니다. 1인 가구의 현황은 20대가 가장 많으며, 30대, 40대로 연령이 올라갈수록 감소 추세를 보입니다.

2015년 조사에서 1인 청년 가구의 전국 주거빈곤율은 22.6%인 데 비해, 서울의 1인 청년 가구의 주거빈곤율은 37.2%로 전국보다 더 높은 상태였습니다.• 지금이 그때보다 더 어려워졌으니, 주거빈곤은 더 늘었다고 보아야 할 겁니다. 주거 위기는 금융 위기만큼 치명적입니다.

우리는 빈곤에 대한 가장 극적인 표현으로 '거리에 나앉았다'라는 말을 씁니다. 경제적 위기는 주거의 위기로 이어져, 청년 빈곤층들은 아주 불안정하고 불편한 주거에서 자신을 유지하는 중입니다. 취업 준비를 하면서 알바를 하고, 주로 고시원, 반지하, 옥탑방에

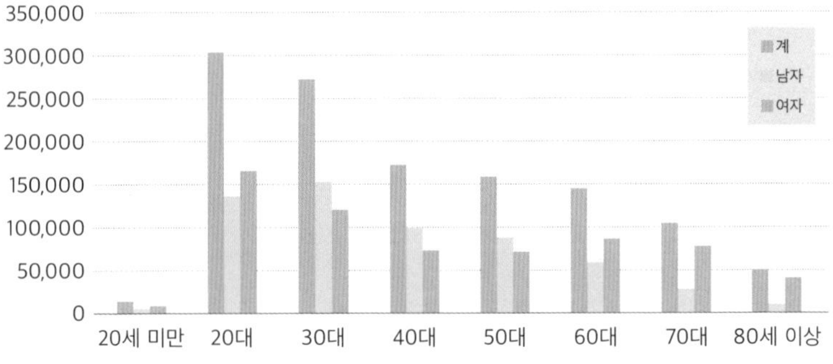

성별·연령별 1인 가구 현황

• '[실효성 없는 청년주거복지] 갈 곳 없는 2030. 청년을 위한 주거복지는 없다', 이코노미스트, 1536호(http://jmagazine.joins.com/economist/view/330125).

살아온 청년들입니다. 지금 이들의 삶이 붕괴되고 있으며, 아르바이트가 끊기면서 주거는 이제 거리의 한쪽 구석, 피시방의 한 칸이 되고 있습니다.

사회적 거리두기가 가져온 관계의 위기

청년들의 자살 위기가 높아진 세 번째 이유는 경제 위기, 주거 위기에 이어 찾아오는 심리적 위축, 은둔, 세상으로부터의 퇴각, 즉 관계의 위기, 사회적 자본의 위기입니다. 이들의 불안정은 사회적 활동의 위축과 관계망의 축소로 이어집니다. NEET, 은둔형 외톨이의 주 연령층도 20대 청년들입니다. 특히 2020년에 시행된 고강도 사회적 거리두기는 청년들에게 더 직격탄이 되어 생활의 주기를 파괴하고 생활의 감각을 잃게 했습니다.

카페가 문을 닫아 일자리를 잃는 한편 만남의 자리도 잃었습니다. 온라인으로 사람을 만나긴 하지만 온라인의 자리에서 생활 리듬을 잃은 채 헤어 나오기 힘든 사람들이 많았습니다.

외로움의 위기는 청년들에게 특히 크게 작용합니다. 외로움은 온라인에 더 집착하게 하고 페이스북, 인스타그램에 민감하게 만들며 극단적 반응을 보이게 한다는 연구도 있습니다. 친구를 돈 주고 사는 사이트도 생기게 되었습니다. 대신 친구를 실제로 사귀는 능력은 감퇴하고 사람을 만나는 것을 더 힘들어하게 만들기도 합니다. 최근 코로나 이후에 외로움을 더 크게 느끼는 집단이 청년 집단이라는 연구가 보고되기도 했습니다. 이 외로움이 정서적 우울도 악화시키고 비관적 인지도 증폭시킵니다. 하루 종일 느끼는 외로움은 담배 15개비를 태우는 효과와 같다는 연구 결과도 발표된 바 있습니다.• 이 관계의 결핍, 외로움의 악화는 극단적 선택과 연결되는 다리 역할을 합니다.

극단적 선택 이외에도 지금 이들의 고독사도 증가 추세입니다. 20대 사망 중 고독사 또한 가장 비극적인 결과 중 하나입니다. 자살과 고독사의 경계에서 지내는 20대 청년들에게 세상은 너무나 힘든 무대입니다.

코로나로 인한 희망의 상실, 절망의 위기

네 번째 이유는 희망 위기입니다. 코로나 바이러스로 인해 취업 시험과 자격 시험이 사라졌고, 이 시험을 치르지 못하면서 온갖 기회들이 연기되거나 공중에 붕 떴습니다. 기회가 없어지면서 희망도 없어졌습니다. 희망이 없으므로 살 이유들이 사라졌고요. 유학 갈 기회도, 해외 연수도, 해외 봉사도 취소되면서 부모에게서 벗어나지 못한 채로 지내야 했습니다.

알바를 알아보고 면접을 보았으나 대부분 떨어졌습니다. 최근에는 알바 자리도 잘 나지 않습니다. 결국 집에서 컴퓨터나 하고 지내야 하는 상태의 청년들이 미래를 바라보는 관점은 낙관적이지 않습니다. 취향이나 성격과 상관없이 공무원 시험을 준비하는 시늉을 하면서 집

• 노리나 허츠, 『고립의 시대』, 홍정인 옮김, 웅진지식하우스.

에서 시간을 죽이고 세월을 버텨야 하는데 이것이 쉽지 않습니다.

이들은 세상에 떠도는 포스트 코로나 담론을 더 듣고 싶지 않다고 합니다. 어차피 코로나 전이나 후나 모두 힘들 거니까 듣고 싶지 않다고 합니다. 주식이나 코인 이야기는 유튜브를 통해서 조금 듣고, 부동산 이야기는 희망이 없으므로 잘 듣지 않는다고 합니다.

이 네 가지의 위기는 치명적입니다. '건강한 육체로 이겨내지 못할 것이 무엇이냐'는 꼰대 발언은 가장 지겹게 듣는 녹음방송 같은 잔소리일 겁니다.

코로나 바이러스 국면에 접어들어, 각 국가나 사회가 버리고 가는 계층이 있다면 누구인가요? 그런 질문을 한다면, 20대 청년들은 자신들이라고 생각합니다. 국가의 정책을 보면 그렇게 느낀다고 합니다. 지금 청년 빈곤층은 버려지고 있다는 주관적 느낌을 강하게 받고 있습니다. 부모의 도움을 받을 수 없는, 아빠 찬스, 엄마 찬스라고는 하나도 없는, 사회의 도움도 받을 수 없는 20대 외로운 청년들에게 지금 자립과 자존은 사치입니다. 그런 20대 청년들에게 가닿는 국가의 정책은 없습니다.

그들은 현재 다른 차원에서 자수성가하고 있습니다. 지금의 60대에서 70대가 과거에 시장과 공장에서 일하면서 자수성가했다면, 이들은 온라인, 사이버 공간, 유튜브에서 자수성가하고 있을지도 모릅니다.

시장을 이루는 공간과 방식만 달라졌을 뿐이지 새벽시장에 나가는 것도 같고, 힘들게 막노동(?)을 하는 것도 비슷합니다. 어른들은 일이라고 부르고, 지금의 청년들은 중독이라고 부른다는 차이만 있을는지도 모릅니다.

2020년 봄, 감염 재난 이후 4~5개월이 지나면서 가장 취약한 계층은 20대 청년임이 밝혀졌고, 2021년 그들의 죽음이 숫자로 증명되었습니다. 정규직 회사 근처에 가닿기도 어려운 이들이 많았습니다. 1인 가구들이 밀집한 서울 변두리 주거 빈곤 지역에서 희망의 부재를 처절히 경험한 채로 극단적 선택의 유혹을 견뎌내고 있는 청년들이 지금도 즐비합니다. 그리고 그들 중 일부가 이번 코로나로 인한 스트레스나 어려움으로 목숨을 끊고 이미 사라져버렸으며, 지금도 죽음의 행진은 계속되고 있습니다.

20대 여성들의 위기 증가

20대 여성은 어떤 어려움을 특별히 더 겪었기에
자살 시도, 자살 증가율이 가장 높은가?

서울시 자살예방상담센터의 1577-0199 위기상담 전화를 자주 찾는 두 연령대는 20대 여성과 50대 남성입니다. 코로나로 인한 어려움이 큰 계층은 청년 중 20대 여성, 중장년 중 50대 남성입니다. 그 중 20대 여성은 정신적 어려움을 더 많이 호소합니다. 그리고 자살 시도율이 높습니다.

성별, 연령별 상담 건수

구분	10	20	30	40	50	60	70	80	90	총계
남	122	1,083	1,347	1,471	1,581	1,428	141	36	2	7,211
여	151	2,199	1,546	1,182	782	497	122	25	2	6,506
계	273	3,282	2,893	2,653	2,363	1,925	263	61	4	13,717

20~30대의 상담 인입이 높으며, 특히 20대 여성의 인입량이 많다.

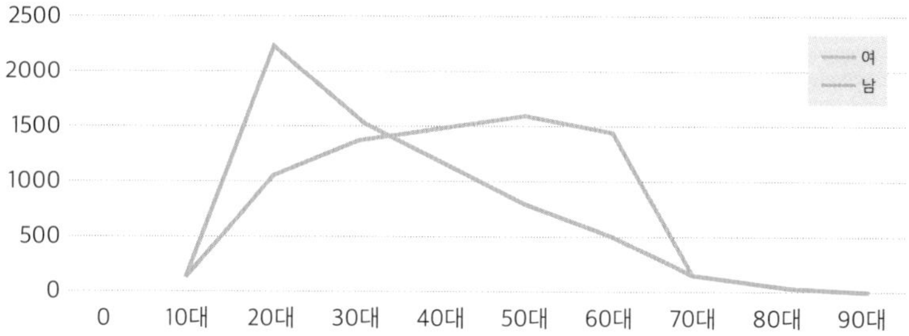

1577-0199 자료

＊출처: 보건복지부 정신건강사례관리시스템(MHIS).

성별·상담 이유별 상담 건수

구분	가정 불화	경제적 문제	기타	사별 문제	알코올	외로움/고독	육체적 질방	이성 문제	정신적 문제	직장 문제	친구/동료 문제	학교 성적/진로	학대 폭력	계
남	32	60	44	23	15	8	3	41	96	21	3	4	3	353
여	85	12	58	24	3	5	5	65	252	28	15	23	15	590
계	117	72	102	47	18	13	8	106	348	49	18	27	18	943

전체 상담의 31.5%가 정신적 문제로 상담이 진행되었으며, 가정 불화(15.1%), 경제적 문제(12%)순으로 나타났다. 20~30대의 주요 문제는 정신적 문제(36.9%)가 가장 높았으며, 가정 불화, 이성 문제순으로 나타났다.

* 출처: 보건복지부 정신건강사례관리시스템(MHIS).

전화 상담에서의 특징

"우울, 불안, 자살 등 심리정서 문제가 사회구조적 문제가 아니라 개인의 문제로 환원"

20대 청년들의 우울 및 불안, 자살률 등 마음건강의 수준이 악화되고 있는 이면을 들여다보면 심리정서 문제를 사회구조적인 측면에서 바라보는 것이 아니라, 지극히 개인적인 문제나 알아서 책임질 능력의 문제로 바라보는 특징을 보인다.

● **수치심, 낮은 자존감 호소**: "가족, 애인, 친구 등 타인에게 자신이 제 역할을 하지 못하는" "나만 뒤처지는" 측면에 대한 비난을 듣고 창피해진 존재로서 자살 충동 호소, 성정체성 혼란, 외모 비관, 세대 격차 호소.

● **취업 불안감**: 퇴사 및 권고사직 후 막막함, 취업 준비 기간의 지연에 따른 우울감 호소.

● **정신질환의 문제**: 초발, 조기 정신증 등 진단 이후의 낙인과 혼란스러움, 정신질환 증상의 고통 호소, 정신과 치료에 대해 반대하는 가족과의 갈등 문제, 성장과정에서의 트라우마 미해결과 자해 및 자살 시도 등 계속 이어져온 정신건강적 이슈.

● **경제적인 문제**: 연체료, 부채, 대학 졸업 후 학비 상환, 벌금 체납, 아르바이트 체불 등.

● **외로움 호소**: 전적인 "자기기대, 자기책임", 그냥 취업이 아니라 원하는 수준의 취업에 대한 부담감을 느낌, 속마음을 털어놓을 곳이 없음, 믿어주는 사람이 없음, 부모의 끊임없는 잔소리 스트레스, 학업 및 취업 준비로 서울에서 생활하는 1인 가구의 외로움 호소, 코로나로 인해 귀국 후 진로 불안정함을 호소하는 유학생 등.

● **범죄 노출**: 성범죄, 보호관찰, 도박 빚 등 책임지기 어려운 상황에서의 회피.

● **주거 불안정**: 교도소 퇴소, 정신과 퇴원 후 일정한 거주지가 없는 상태, 고시원 및 오피스텔 퇴거 위기.

● **자살 유가족**: 부모 및 형제의 자살 사망에 따른 트라우마 호소.

20대 여성들의 자해와 자살 시도

2020년 응급실에 내원한 자살 시도자들의 실태에 대한 보건복지부의 자료에 의하면 20대 여성의 자살 시도는 압도적으로 높습니다.•

응급실을 찾은 자살 시도자 5명 중 1명이 20대 여성인 셈인데, 2019년에 비하면 33.5% 늘어난 것이라고 합니다. 20대 남자의 자살 시도자도 대폭 늘어났다고 합니다.

아래 도표만 보아도 20대 청년들의 고통이 얼마나 심각한지를 알 수 있습니다. 이 정도만으로 정부가 20대 청년들에 대한 정신적 응급 상태를 선포하고 특별한 개입을 선언할 수도 있다고 봅니다. 우리 정부가 아직 그런 조치를 내릴 줄을 모를 뿐입니다. 지금까지 그런 정책과 안목, 실행을 해본 관료나 정치가가 존재하지 않았습니다.

2020년 응급실 내원 자살 시도자 현황

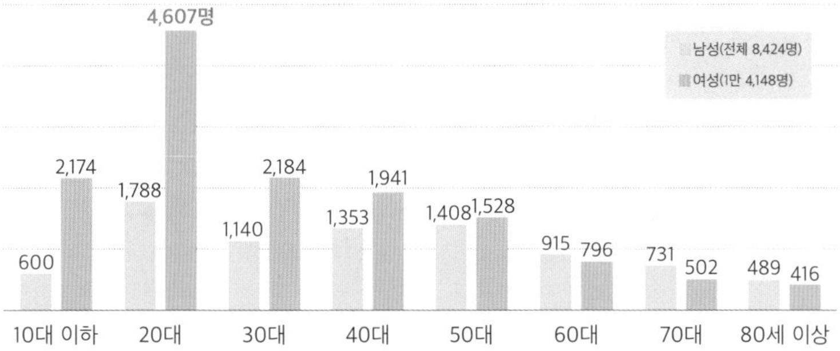

* 출처: 보건복지부, 응급실 기반 자살 시도자 사후관리사업 사후 관리시스템.

• https://www.hani.co.kr/arti/society/women/993645.html

20대 여성들의 위기 인식은 어디서 오는가?

20대 여성들의 위기 인식에 대하여, 여러 간담회와 토론회, 그리고 20대 여성 당사자들과의 포커스 미팅 등을 통해 정리를 해보았습니다. 더 심층적인 자살 행동의 경로가 있지만, 일단 자살 행동의 배경이 되는 심리적 환경은 아래의 4가지 요소로 구성된다는 것을 알았습니다.

1) 내가 원하는 사회가 아니다

한국교육개발원의 박경호 연구팀은 「종단연구를 통해 본 초기 성인기 생활과 성과에 대한 성별에 따른 인식 차이」 보고서에 따르면, 2005년부터 추적한 6000여 명 패널에 대한 종단연구 결과 한국의 20~27세 여성은 남성보다 자아와 삶에 대해 부정적으로 인식하고 자살 충동도 큰 것으로 조사되었습니다.•

연구진은 자아 개념, 삶의 만족도, 시간 활용 측면을 종합적으로 분석해본 결과 여성이 남성보다 삶의 만족도가 떨어졌고, 스트레스도 높았는데, 이유는 부모, 학교에서 여성에게 부과한 기대가 획일적이고 이에 따라 더 많은 개인이 내적 갈등을 경험하고 있기 때문으로 보인다고 분석했습니다.

시간의 배분과 활용도 여성의 기대와 달리 남성에 비해 가족, 집안일에 더 많은 시간을 의무적으로 더 쏟아야 했고, 외모, 행동에 대한

• https://www.hankyung.com/society/article/202006298642Y

사회에서의 가부장적 기대에 실망이 큰 것으로 나타났습니다. 연구진은 여성들의 만족도를 높이려면 우리 사회의 교육 수준에 걸맞은 양성평등과 가사분담, 사회적 역할분담이 중요하다고 제안했습니다. 20대 여성들은 지금의 어른들이나 사회가 바라는 것과는 다른 방식의 삶을 살기를 원하는 것입니다. 더 합리적이고 자아실현적이고 시가(媤家) 중심적이지 않은 삶을 말입니다. 가사분담이 되고, 양육분담이 되고, 경력단절이 되지 않으면서 자신의 삶을 추구하면서 살아갈 수 있는, 서구적이고 개인적인 삶을 추구하는 경향이 남성보다 더 높다고 할 수 있습니다.

2) 일을 제대로 배울 수가 없다

젊은 여성들, 특히 비숙련, 비정규직, 빈곤 여성을 위한 새로운 직업개발 코스가 필요합니다. 현재 여성인력개발센터는 이런 여성들에게 적합하지 않습니다. 특히 젊은 여성이 가기 어렵습니다. 그리고 청년을 표방하는 기관은 문화적으로 너무 이질적입니다. 모든 문화코드가 대학생에 맞추어져 있습니다.

젊은 여성이 문화적·직업적 훈련을 할 수 있는, 다양성에 기반을 둔 직업 훈련 플랫폼이 필요합니다. 스펙트럼이 다양할 필요가 있고, 전문화될 필요가 있습니다.

또 20대 여성들은 현재 배움을 제공하는 여러 학습장이 남성 중심인 경우가 많고, 일부 학습장은 마초 문화가 팽배해 적응이 어렵다고 호소하기도 합니다.

3) 안심하고 살기 어렵고, 안전 비용이 너무 높다

여성이 안심하고 살기가 어렵습니다. 여성이 안전하게 생활하며 살 수 있는 여성 안전 공동주택이 더 많아지고, 여성이 안심할 수 있는 통행로가 더 많아져야 합니다. 디지털 및 인터넷 성폭력 등이 강력히 처벌되고 성폭력 및 성추행 등에 대한 양형을 무겁게 하는 등 현실적으로 양형돼야 합니다. 주취 폭력 및 주취 문화에 대한 사회적 조정이 이루어져 더 안전한 사회가 돼야 합니다. 데이트 폭력 및 가정 폭력에 대한 대응도 엄격해지고, 스토킹 관련 법안이 효과적으로 발휘되기를 바랍니다. 사회가 안전하지 않으므로 여성들의 안전 비용이 올라갑니다. 여성은 안전하기 위해 집을 구할 때도 더 많은 비용을 들이게 됩니다. 이런 사실들이 사회적으로 더 알려져야 합니다.

4) 미래를 살아갈 희망이 밝아 보이지 않는다

20대 여성들은 자신이 바라는 삶을 사는 롤모델을 찾기가 어렵습니다. 엄마의 삶은 당연히 아니고, 또 주변 선배들의 삶도 아닙니다. 보다 혁신적인 삶을 사는 모델을 보고 싶어 합니다. 동년배들끼리 연대하면서 새로운 삶과 생활의 모델을 만들고 싶고, 결혼이나 육아는 환경이나 조건이 잘 만들어지면 하고 싶고요. 그런데 그런 희망이 잘 보이지 않습니다. 아니면 희생하는 삶을 살아야 하는데 그것은 너무 싫습니다. 그러느니 차라리 죽는 것이 낫겠다, 혹은 다른 곳에 가서 사는 것이 나을지도 모르겠다, 생각하는 것입니다. 하지만 이 모든 방식이 어려운 데다, 사는 것이 그저 힘들기만 해서 특별한 의미가 없게 되는 것입니다.

20대 여성의 삶의 희망은 어떻게 찾아올까?

사랑하는 부모님으로부터 온갖 애정과 존중을 받고 자라다가 사회 공간에 나가서 충격을 받은 여성들의 이야기를 자주 듣곤 합니다. 여성을 존중하지 않고 무참히 짓밟는 가부장적 직장이 여전히 많습니다. 그러기 위해서는 성평등 문화가 우리 사회에 더 안착이 되어야 할 것입니다. OECD 국가들을 비교한 자료들은 여전히 우리가 그런 부분에서 뒤처지는 것을 보여주고 있습니다. 남성 중심의 가부장 문화가 지닌 비합리적 요소들이 더 많이 개선될 필요가 있습니다.

여성의 안전에 대한 정책도 훨씬 현실적으로 개선되고, 성폭력에서의 양형을 포함한 사법 분야에서의 개혁도 다양하게 이뤄져야 할 것입니다. 그리고 젊은 여성에 대한 공공적 지원 또한 필요합니다. 모든 공공분야 서비스에서 배제된 부분이 바로 청년 부분이었습니다. 공공 분야에서 청년 여성들의 취향에 맞는 서비스를 제공할 필요가 있습니다.

이런 여러 개선책들이 사회 속에 스며들어서 여성들도 행복을 꿈꿀 수 있다는 확신이 젊은 여성들의 마음속에 더 자주 집을 지어야 합니다. 그래야 여러 문제가 해결될 수 있을 겁니다.

어떻게 해야 청년들을 더 살릴 수 있을까?

그럼 어떻게 해야 청년들의 생명을 더 살릴 수 있을까요? 특히 자살로 인해 생명을 잃는 것으로부터 말입니다.

먼저 제도적인 부분을 건조하게 언급하고, 이어서 심리사회적 제안을 조금 언급하겠습니다.

청년의 생명을 살리는 제도적 접근들 검토해보기

증가하는 청년들의 자살을 줄이면서 청년들이 삶의 희망에 조금이라도 다가가게끔 해답을 제시한 다른 나라 사례나, 다른 나라의 청년 활동가나 청년 멘토들이 제시한 노하우 사례가 없는 건 아닙니다.

우선 젊은이 대상의 정신건강사업을 가장 잘하는 그룹으로 알려진 호주 멜버른 의과대학의 패트릭 맥고리(Patrick McGorry) 교수팀의 8가지 핵심 원칙을 소개하겠습니다. 그리고 서울시 자살예방센터에서 여러 그룹과 만나 정책간담회를 진행하면서 수립한 원칙을 소개하겠습니다. 더불어 많은 외국 전문가들이 청년 자살 예방을 위해 우리나라에 권고한 것들을 정리해서 전해보겠습니다.

1) 청년 자살 예방과 정신건강을 위한 8가지 핵심 원칙

패트릭 맥고리 교수팀은 오랜 시간 청소년과 청년을 위한 센터를 이끌고 정신건강과 자살 예방을 위해 일해왔습니다. 이들 팀에서는 청년의 정신건강과 자살 예방을 위해 다음의 8가지 원칙을 제시했습

니다.•

1. 빠르고 쉽고, 가능한 접근(Rapid, easy and affordable access)
2. 청년 특성화된 돌봄(Youth-specific care)
3. 캠페인, 개입, 통합(Awareness, engagement and integration)
4. 조기 개입(Early intervention)
5. 청년 당사자의 참여(Youth partnership)
6. 청년 가족들의 참여와 지지(Family engagement and support)
7. 지속적인 연계와 향상(Continuous improvement)
8. 학교에서부터의 꾸준한 정신건강 교육과 예방(Prevention)

맥고리 그룹에서 가장 강조하는 것은 청년 세대의 특성에 맞는 접근과 돌봄입니다. 그래야 청년 세대가 실제로 이용할 수 있고 적극적으로 활용하고 참여할 수 있는 정신건강 서비스가 될 수 있다는 말입니다.

전통적인 보건소, 의원, 병원의 모델로 청년에 접근하는 것에는 분명한 한계가 있습니다. 애플리케이션에 기반을 두어서 다양한 방식으로 변신한 모바일 상담소, 편리하게 이용할 수 있는 상담 버스, 도심 한복판에 차려진 카페형 상담소 등 청년들의 문화와 손쉽게 결

• A Global Framework for Youth Mental Health: Investing in Future Mental Capital for Individuals, Communities and Economies(2020). the World Economic Forum.

합되는 상담 방식이 더 효과적입니다. 이메일, 카드 뉴스, 웹 기반 인지 치료 등의 활용, 스피치 활용, 동료 상담가 및 동료 지지자들의 활용 그리고 무엇보다 청년 당사자의 경험담 활용이 중요한 트렌드입니다.

사회복지 문제와 더불어 주거, 금융, 인접 라이프 문제를 연관지어 연쇄적인 삶의 문제를 다룰 수 있도록 하는 것도 중요한 이슈입니다. 청년들 삶의 문제는 하나하나가 분리되어 있지 않고 모두 연결되어 있습니다. 이 문제를 각각의 부처를 찾아다니며 해결하다가 답이 보이지 않아 차라리 죽어버리겠다는 청년들이 많았습니다.

여전히 부처 중심의 사업이 많습니다. 하루바삐 사람 중심의 사업으로 바뀌어서 그 청년의 어려움, 특히 한꺼번에 생긴 여러 어려움을 하나하나씩 해결해줄 수 있는 사람, 과정, 제도가 필요합니다.

2) 서울시 자살예방센터의 제안과 실험들

서울시 자살예방센터에서는 청년 정책간담회를 의료기관, 비의료기관, 청년단체들, 청년 당사자들과 함께 여러 차례 다양하게 개최했고, 청년에게 필요한 자살예방사업에 대해 제안하고 실천을 추진하는 한편, 국제심포지엄을 통해서 다른 나라에서의 청년 자살 예방 정책을 살펴보고 의견도 수렴했습니다.

기본적으로 2020년 청년 자살예방사업을 위해 제안한 것들•은 다음과 같습니다.

① 청년 자살예방사업 조례 정하기

청년 자살예방사업을 위한 법적 근거가 필요합니다. 그렇기 때문에 일단 의회를 통해 조례를 정하는 것이 필요합니다.

② 청년 자살 예방을 위한 청년 당사자 연대회의 구성

청년 자살예방사업의 기획과 운영을 위하여 청년 당사자들의 의견, 주도성, 그리고 유능함을 살릴 수 있는 기회를 주기 위해 청년 당사자들의 참여가 반드시 필요합니다.

③ 청년 자살 예방을 위한 게이트키퍼(생명지킴이) 양성

청년 자살 예방을 위해 해야 할 가장 기본적인 활동은 자살 사고, 자살 징후를 외면하지 않고 주변 청년들에 대한 관심과 책임을 높이는 것입니다. 다수의 게이트키퍼가 양성되는 것이 필요합니다.

④ 청년 자살 예방을 위한 정보 플랫폼 및 온라인 상담망 구성

청년의 접근성을 높이고, 참여를 활성화하기 위해 청년들의 방식을 살려 플랫폼을 만들고, 상담망을 구성하는 것이 필요합니다.

이것이 잘 되지 않으면 엉뚱한 일만 하게 될 가능성이 높습니다. 즉 청년이 없는 곳에 가서 청년 이야기를 잔뜩 하고 오는 그런 상황이 될 가능성 말입니다.

● 서울시 자살예방센터 국제 심포지엄 자료집(2020).

⑤ 청년 1인 가구 지원센터와 연대회의

1인 가구 중 가장 다수를 이루고 있는 청년 세대의 문제와 위기를 잘 이해하고, 1인 가구들의 외로움, 무연고성, 그리고 도움을 요청하지 않는 특성을 파악하여 이와 연결된 도움을 주는 것이 필요합니다.

⑥ 20대 여성 특별 지원 연대회의—시스터스 키퍼스(서울시 자살예방센터의 여성 자살 예방 자조 모임 이름) 운영과 지원

우리나라에서 특별히 압도적으로 높은 자해와 자살 시도, 그리고 증가된 자살률을 보이고 있는 20대 여성 자살에 대해 관심을 갖는 한편 자조 모임에 대한 운영과 지원이 필요합니다.

⑦ 청년 우울증 아카데미 및 연관 교육

청년들의 우울과 자살에 대한 문제의식을 공유하려면 다양한 교육의 기회를 만드는 것이 필요합니다.

2021년에는 청년 자살예방사업의 홍보와 외연의 확대를 위해 청년 정신건강 박람회를 개최한 바 있습니다.

1) 청년 당사자들의 유튜브 라이브 방송
2) 방송국과 함께 하는 청년 당사자 단체들의 활동 소개 방송 및 우울 및 자살 예방 오픈 활동 소개
3) 전문가들의 큐레이팅과 함께한 청년 대중을 대상으로 하는 콘

텐츠 제공 및 소개, 그리고 교육

4) 우울 및 자살 예방을 위한 청년 당사자 조직 지원

5) 우울 및 자살 예방 교육 및 캠페인

6) 청년들을 대상으로 한 온라인 플랫폼에서의 상담

3) 청년의 생명을 살리기 위한 여러 국제 전문가들의 권고

여러 국제 전문가들은 다음 사항을 적극적으로 권고했습니다.

① 학교에서 정신건강 교육을 교육과정으로 실시하라

그간 국제 심포지엄을 통해 만난 WHO, 영국, 미국, 스웨덴의 전문가들은 중고등학교, 대학교 등에서의 지속적인 정신건강 교육을 권했습니다.

여러 국제 전문가들은 공통적으로, 중고등학교에서 시행되는 정신건강 교육, 자살 예방 교육은 생명 존중 교육의 일환으로 꼭 해야 하는 여러 의무 교육 중 하나이며, 21세기 청소년·청년들의 정신건강은 학교 및 사회의 가장 중요한 아젠다 중 하나라는 사회적 인식에 모두가 빨리 도달하기를 바란다고 했습니다. 그 지점에 얼마나 빨리 우리가 도달할 수 있느냐가 관건입니다.

청소년기에 시작되어 청년기에 이르는 자살, 자해 문제는 지금 가장 중심적인 이슈여야 합니다. 자살, 자해와 관련된 문제는 불안, 우울, 공포, 부담, 트라우마 등 아주 복잡한 원인과 관련되어 있습니다. 정신건강 문제에 대해서 알고 이야기하고 나누고 발견하고 배우고

서로 도움을 줄 수 있는 능력이나 역량을 스스로에게 또 또래들에게 갖추게 하는 것이 필요합니다.

여러 정신건강 문제의 문해력을 높이기 위한 보건 교육이자 심리 교육으로서의 정신건강 교육이 학교에서 시작되는 것이 중요합니다. 매 학기마다 일정한 교육과정으로 실시하는 것이 필요합니다.

- 외국 프로그램들•로는 호주의 Mind Matters와 같은 프로그램 그리고 유럽연합의 SEYLE(Saving and Empowering Young Lives in Europe) 중 YAM(Youth Aware Mental Health Program, 청소년 정신건강 인식 프로그램)을 추천하고 있습니다. 이런 프로그램은 추후에 자살률 개선에도 크게 기여하는 것으로 입증되었습니다.
- 미국의 사회정서 학습(Socioemotional Learning)과 같은 교육과정이 초등학교부터 고등학교까지 시행되는 것을 추천하고 있습니다.

② 청소년층, 청년층에서 게이트키퍼(gate-keeper)를 양성하라

현재 자살과 관련된 가장 기본적인 교육은 게이트키퍼 교육입니다. 법적 용어로는 '생명지킴이'라고 부릅니다. 생명지킴이는 정부나 지방자치단체에서 개발한 인증 프로그램을 이수한 자로서, 자살의 경고 신호나 징후를 알고 도움을 요청할 수 있는 존재입니다.

• https://www.hangyo.com/news/article.html?no=78369

자살을 아이들에게 이야기하는 것을 피하지 않고, 또래들의 자살 사고, 자살 징후, 경고 사인을 파악하는 것을 가르칩니다. 그리고 도움을 요청하는 방법도 알려줍니다.

고등학교, 대학교 수업을 활용하여 게이트키퍼 교육을 실시하고, 게이트키퍼를 통하여 자살과 연관된 위험을 조기에 파악하고 도움을 받을 수 있도록 연계하는 과정을 만드는 것이 필요합니다.

다양한 교육적 접근 방안을 고려하고, 청년 세대의 문화적 코드에 비추어, 영상 교육이나 일러스트 등을 활용한 교육도 필요할 것입니다.

③ 아동기 트라우마 고위험군을 포함한 고위험군에게 아동수당을 포함한 실질적 지원을 과감하게 지원하라

아동기 부정적 경험(ACE, Adverse Childhood Experiences)이 미치는 여파에 대해서는 미국에서는 상당한 합의를 이룬 것 같습니다. 그래서 외상공감적 접근(Trauma informed care-education) 등과 같은 서비스도 50개 주 중 30여 개 주 이상에서 실시하고 있고, 유럽 등지에서도 보편화되어가고 있습니다.

우리도 이런 검사나 조사에서 고위험군일 경우, 아주 적극적인 검사와 치료 지원을 실행하고 충분한 기간 동안 지원해주는 것이 필요합니다.

미국 연방 질병청은, 이 그룹의 아동 청소년이 치유되지 않고 청년이 되었을 때 임신, 약물, 실직을 반복하면서 자살할 확률이 몇십 배로 올라간다고 보고한 바 있습니다.

적당히 지원하다 드롭 아웃되는 상태로 종결하는 것이 아니라 꾸준한 관심을 가지고 지원하고, 학생의 전학이나 이주 뒤에도 체계적으로 지원해, 안정된 마음으로 청년이 되도록 뒷받침해주는 것이 필요합니다. 이 과정을 정부나 지방자치단체에서 지속적으로 하는 것이 청년 자살 예방에도 역시 중요하게 작동합니다.

④ 이 모든 것은 예산과 실행 주체를 필요로 한다

정부가 만일 청년들의 자살 예방을 위해 조금이라도 무엇을 제대로 하고 싶다면, 청년이 되기 전부터 다음 3가지를 예산을 들여서 꾸준히 꼭 해야 합니다. 청년 자살 예방은 청년기에 시작해서 될 일은 아닙니다.

1) 학교에서 반드시 정신건강 교육을 실시하는 대전환을 할 것
2) 적어도 고등학교, 대학교에서는 게이트키퍼 교육을 하고 활동을 지속하고 운영할 것
3) 트라우마에 민감한 교육의 분위기를 조성하고 실시하며 힘든 아동 청소년에 대해 책임감을 갖고 사회가 끈질기게 치유할 것

이에 관한 예산을 현실적으로 준비하고 실행 주체를 법적으로 정해서 강한 의지로 실행해야 할 것입니다.

청년 자살에 관한 개인심리학 가설적 접근

청년들의 자살에 대한 심리 부검을 따로 할 수 있다면 청년 자살에 대한 원인과 심리, 그리고 미세한 심리 기전을 더 정확한 근거에 기반해 이야기할 수 있을 것입니다. 청년 자살의 사회적 영향에 대해 여러 측면에서 언급했는데, 사회적 제도의 지원과 함께 개인 차원에서의 심리인식, 자기해석 및 자기돌봄의 태도에 대해서도 제안을 드려봅니다. 제도적 접근과 함께 이런 개인심리적 접근이 병행되어야 의미가 있을 것입니다. 이 개인적 접근은 그러므로 부분적으로 작동할 것입니다. 이를 먼저 분명히 밝혀둡니다. 하지만 현재 그런 자료가 없는 상황에서 제가 자살 시도의 경험이 있는 청년들과의 인터뷰, 위기에 처한 20대 청년들과의 인터뷰, 사회적 위기와 관련된 데이터 등을 종합하고 자해하는 청소년들과의 인터뷰에 기반해 가설적 접근을 해본다면, 다음과 같습니다.

첫째, 자신에 대한 극단적 잔혹성
둘째, 문제의 유아적 개인화
셋째, 사회적 무시에 대한 과장된 두려움
넷째, 현실적 어려움과 외로움, 무연고성
다섯째, 부정적, 비관적 악순환에 대한 예측—절망

첫째, '자신에 대한 극단적 잔혹성', '자신에 대한 불관용(용서 없음)', '자기 증오' 등과 관련된 부분입니다.

우리 청소년·청년들은 자신을 미워하고 증오하고 마음에 들어 하지 않는 비율이 높습니다. 더 완벽해지고 더 성취하고 더 높은 지위에 올라가고 더 인정받으려고 하는 아이들이 많습니다. 그리고 그 좌절이 자해, 자살로 이어지는 경우가 허다합니다.

이 자기 증오(self-hate)가 만들어지는 과정은 그 씨앗이 부모로부터 기원하는 경우가 대부분이고, 청소년기에 자신이 키우며, 청년기가 되면 자신의 것으로 착각하기 쉬운 데다 어떤 경우 자신의 것이 되어 버리기도 합니다. 이 강력한 자기 증오가 자신을 살해하는 힘으로 작용합니다.

이에 대한 해독제는 자기 공감(Self-compassion)입니다. 자기 증오에서 자기 공감으로의 과정은 쉽지 않고 아주 오랜 시간을 들여야 하는 작업입니다. 많은 치료자들이 현대인의 우울과 무기력, 자살 예방 임상 프로그램을 자기 공감, 자기 연민과 연관지어 설명하고 있으며, 자기 공감에 이르는 프로그램을 소개하고 진행하고 있습니다.

둘째, 청년들의 자살 증가는 '문제의 개인화'와 깊은 관련이 있다고 봅니다. '문제의 사회화'가 필요한 대목에서도 문제를 모두 자기 문제로, 즉 자기와 연관시키고, 자신의 문제로 가져오고, 자신의 능력으로 가져오고, 자신의 경계 안으로, 자기 능력의 영역 안으로 가져옵니다. 신자유주의 이데올로기의 세뇌 결과라고 해야 할까요?

사회구조의 문제, 불가능 영역의 문제로 설명하는 것을 용납하지 않고 개인의 '신화적 능력'의 문제, '가능' 영역의 문제로 설명하려고 하며, 그것이 그렇게 되지 않으면 실패로 생각하고, 실패를 운명화하면서 남은 것은 죽음밖에 없게 되었다고 이야기하곤 합니다. 영화에서처럼 다음 생애가 있는 것이 아닌데, 마치 다음 생에서는 더 능력 있는 인간으로 태어나기를 바란다는 유서를 쓰기도 합니다.

이에 대한 해독제는 '인식의 전환'입니다. 자기 착취의 인식에서 깨어나야 합니다. 전능감에 기초한 유아적 환상에서 벗어나야 합니다. 영웅 환상, 구제 환상의 마취에서 풀려나야 합니다. 사회화, 구조화해서 인식하고, 불가능한 것을 수용하고 자신의 작지만 소중한 능력으로부터 출발해서 삶의 현실에 새롭게 자긍심을 느끼는 방법을 배워야 합니다.

'5년 전 10억 빚이 있었는데, 지금 100억을 모았다. 죽었다 깨어나니 그렇게 되었다. 너도 할 수 있다.' 이런 내용의 책을 순진하게 믿고, 이 책의 내용을 실천하는 청년들에게 이런 기적이 모두에게 가능한 것은 아님을 부드럽게 받아들이도록 해주는 다정한 도움이 필요합니다.

셋째, 청년들의 자살 증가는 성공에 대한 물질만능주의, 사회적 비교 의식, 체면을 강조하는 집단주의 문화로부터 생겨난 조롱과 멸시, 혐오 등과 관련이 깊습니다. '도움을 요청하느니 차라리 죽는 편이 낫다'는 마음은 어리석기도 하지만 강력한 마음입니다.

타인의 시선은 그렇게 사람들을 멸절시키고 자살로 강렬하게 이끄는 큰 요인이 되기에 집단 속에서 발생한 자살은 사회적 타살의 성격이 크다고도 보입니다.

부모의 기대를 채워줄 자녀는 자신밖에 없고, 부모는 자신에게 올인 했고, 취업은 어렵고, 경쟁을 뚫기는 불가능하고, 이런 가까운 이들의 기대에 찬 시선이 화살로 변해 자신의 마음을 여러 번 관통하면, 그러다 보면, 버티고 버티다 자살을 생각하게 된다고 합니다.

이때 도움을 요청하면 되는데, 도움을 청하지 못합니다. 도움을 청하면 기대가 깨지고, 타인에게 자신의 실체가 드러나면 다 같이 죽게 되는 것 같은 기분이 든다고 합니다. 차라리 혼자 죽으면 주변은 살릴 수 있는 기분이구요.

타인의 시선에서 벗어나는 것이야말로 중요한 독립이고 자립입니다. 그런데 여기에서 벗어나지 못하면 그 고통이 자살 생각을 이끄는 요인으로 작동할 정도로 때로는 강력하게 작용합니다.

도움을 요청했을 때 받을 사회적 무시와 타인의 시선에 대한 지나치게 과장된 두려움이 결국 죽음에 이르게 하는 것입니다.

이에 대한 해독제는 말 그대로 '자기 독립'이고 '회복'이고 '자신의 온전한 자립'입니다. 있는 그대로 자신을 바라보고 건강한 경계를 세우고 연결하고, 연대하는 것이 필요합니다. 그리고 도움을 요청하는 것에 대한 편견과 선입견이 제거되어야 합니다.

넷째, 최근 코로나 시기에 나타난 청년들의 자살은 현실적 어려움, 외로움, 무연고성과 깊은 관련이 있습니다. 보호종료아동을 비롯해, 치매를 앓는 조부모하고 살고 있던 아이들, 중증 장애 부모 밑에서 성장한 장애 청년, 빈곤 청년들의 자살은 무지, 빈곤, 복지와 돌봄의 결핍과 깊은 연관이 있었습니다. 또한 살아 있어봐야 짐만 된다는 부정적 우울감, 또 만성화되고 장기화된 외로움, 현실적 삶의 견디기 힘듦과 고통 등 토마스 조이너가 말한 3가지 자살 조건(주변에 짐만 된다는 기분, 고통이 너무 길고 힘들다는 생각, 받아주는 사람이 아무도 없다는 기분)과 깊은 관련이 있는 것으로 보입니다. 그야말로 삶에 지친 청년들의 슬픈 자살들입니다.

그 해독제는 사실 도움입니다. 현실적 도움 그 자체, 즉 금융, 주거, 복지, 일자리에 대한 지원이 해독제입니다. 또 사회적 연고, 즉 함께 인연을 맺고 살아주는 공동체의 연계가 생명을 이어가도록 하는 중요 지원입니다. 최근 영국에서 이뤄진 사회적 처방, 예컨대 사람들과 연결되거나 함께 운동하거나 함께 활동을 하는 사회적 처방 같은 것도 중요한 대안이자 해독제가 될 것입니다.

다섯째, 끝으로 자살을 시도한 많은 청년들이 이생망, 다포 세대, 장고 끝 악수 등 불행과 고통으로 가득 찬 삶이 반복되는 경험에 예민해진 경우가 많았습니다. 자기 삶의 시나리오는 연속적으로 부정적이고 비관적인 일들이 일어날 것이라는 예측으로 가득 채워졌다고 말하곤 하였습니다.

마틴 셀리그만이 말한 '학습된 무조감(Learned Helplessness)' 상태에서 절망의 경험을 하고, 아무것도 하지 않으며 지내는 상태를 지속하다 자살을 실행하는 경우가 많았습니다.

이런 경우의 해독제는 '행동 활성화'라고 부르는, 작지만 의미 있는 일을 지속하는 것이었습니다. '아무것도 하지 않는 상태'에서 '사소한 것을 하면서 축적되는 변화'를 긍정적이고 낙관적으로 해석하도록 돕는 일이 필요합니다. 이 또한 쉽지는 않지만 그 경험이 일정하게 있어야 그래도 변화가 일어날 환경 자체가 구축됩니다. 이때의 냉소와 자조, 비협조를 견뎌내는 것이 참 어렵지만, 그래도 견뎌내는 것이 필요합니다.

자기 공감
사회적 인식으로의 전환
자기 수용과 함께 도움을 요청하기
공동체 활동과 사회적 처방
행동 활성화

청년 자살의 예방과 개입은 사실 개인 치유적 차원에서는 해결하기 어렵습니다. 사회적 캠페인, 제도적 지원, 법적 변화가 필요합니다.

심층 심리사회적 접근이라 해서 그것이 개인의 심리적 결단만을 요구하는 것은 절대로 아닙니다. 사회적 변화와 지원, 지금은 이것이 어찌 보면 더 필요한 시기라는 것을 강조하고 싶습니다.

2장

여성 청년 자살에 관한 인류학 보고서

이현정

서울대학교 인류학과 교수

서울대학교 인류학과 교수. 의료인류학자로서 중국과 한국의 자살, 우울증, 재난 트라우마와 같은 정신질환 및 사회적 고통의 지역적 맥락과 사회문화적 관련성을 파악하는 연구를 진행해왔다. 또한, 국가, 의료전문가 및 NGO의 개입 방식이 사회의 정신건강에 미치는 영향을 연구해왔다. 저서로는 『펑롱현 사람들』, 『아프면 보이는 것들』(공저), 『세월호가 묻고 사회과학이 답하다』(공저), 『고잔동 일기』(공저) 등이 있다.

20대 여성의 자살이 늘었다

"얘들아 우리 죽지 말자."

"같이 열심히 살아남아요!"

"여성을 위한 국가는 과연 어디 있을까요?"

"90년대생 여성들의 자살률이 저렇게 높은데, 정부는 '90년대생들이 혼인적령기가 되면서 출산율이 늘어날 거다'는 꽃밭 같은 소리나 하고 있죠."

"가부장제 사회에서 어릴 때부터 겪은 여성 혐오적 문화와 차별이 하나둘 쌓이면서 무기력을 일찍이 학습하고, 커서는 유리천장 노동시장에 크게 좌절하고 자살로 이어지는 거 같아요. 여성의 삶은 자살로 이끄는 요소들로 가득합니다."

코로나 19 이후 스스로 목숨을 끊는 20대 여성들이 늘고 있다는 〈한겨레〉 젠더 미디어 '슬랩'의 '조용한 학살이 다시 시작됐다' 유튜브 콘텐츠에 달린 2800여 개 댓글 중 일부입니다.

'슬랩'에 따르면, 2020년 상반기 20대 여성 자살 시도자는 3,005명으로 전년 대비 32.1%가 증가했습니다. 그리고 20대 여성 자살사망자는 296명으로 전년 대비 43%가 증가했고요.

한국 사회를 살아가는 20대는 1990년대생들로 1997년 외환위기를 어릴 적부터 겪으며 성장해온 사람들입니다. 일찍이 극심한 생존 경쟁과 실패의 불안을 겪으며 자라온 사람들이라고 할 수 있지요. 또

2020년 한국 월별 자살사망자 전년 대비 증감률

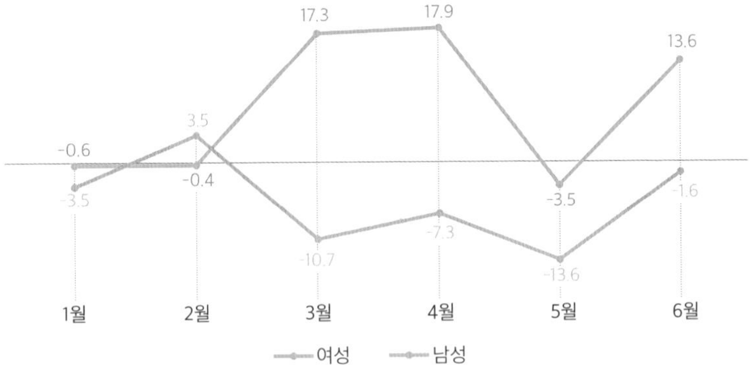

* 출처: 중앙자살예방센터. https://www.donga.com/news/Society/article/all/20200910/102875737/1

한, 여성들이 남성보다 훨씬 더 많은 수가 대학에 진학한 세대이지만, 동시에 가장 심각하게 청년 실업 및 취업 위기를 경험하고 있습니다. 그리고 2016년 '강남역 살인사건'이나 2018년 'N번방 사건'과 같은 젠더 폭력의 문제를 직접 겪어온 세대이기도 하죠.

한국 사회의 평균 수명을 고려한다면, 이들은 앞으로 노동하고 사회에 기여할 수 있는 시간이 짧게는 수십 년에서부터 길게는 반세기에 이릅니다. 따라서 이들의 자살은 단지 개인적인 불행을 넘어 사회적으로 커다란 손실입니다. 더군다나 만약 아직 삶을 제대로 꽃피워보지도 못한 이들이 피치 못할 사정으로 인해 원치 않는 죽음을 선택하고 있는 것이라면, 당장 사회가 관심을 가지고 해결해야 할 시급한 문제가 아닐 수 없습니다. 도대체 이들은 한국 사회에서 어떠한 상황 속에 처해 있길래, 또 자신의 삶에 관해 어떠한 생각을 하고 있길래 자신의 생명을 버리고 있는 것일까요? 우리는 먼저 그것에 대해 이해를 할 필요가 있습니다.

따라서 이번 장에서는 먼저 간단히 자살에 관한 기본적인 이해를 한 뒤, 여성 청년들이 직접 들려주는 생생한 목소리를 통해서 이들이 경험하고 있는 한국 사회의 현실이 어떠한지를 함께 공유하는 시간을 가져보도록 하겠습니다. 그러고서 어째서 이들이 특히 코로나 19 시기에 자살을 생각하게 되는지 그 구체적인 배경과 상황들에 관해 함께 살펴보고자 합니다.

사회적 문제이자 인간적인 행위인 자살

"그 사람 왜 자살로 죽었대요?" 이렇게 질문하기는 쉽지만, 자살의 원인을 제대로 파악하기란 전혀 쉽지 않습니다. 우선, 자살의 요인에는 사회적 요인과 개인적 요인, 두 가지가 모두 관여하고 있다는 사실을 알 필요가 있습니다.

1898년에 발간된 뒤르켐의 『자살론』으로부터 시작하여 현재까지 이루어진 자살에 관한 연구에 따르면, 자살은 개인의 심리적인 문제일 뿐 아니라 사회적인 문제입니다. 먼저, 자살은 개인의 심리적인 문제입니다. 이룰 수 없는 사랑 때문이든, 가족 문제나 주변의 괴롭힘 때문이든, 경제적 사정 때문이든, 가까운 사람을 잃었기 때문이든, 정치적인 책임 때문이든, 혹은 전쟁이나 사고 때문이든, 개인은 때때로 매우 심각한 심리적인 곤란을 겪을 수 있습니다. 이처럼 개인적인 이유는 매우 다양할 수 있습니다. 그리고 그 문제를 도저히 해결할 길이 없다고 느끼게 될 때, 어떤 이들은 삶을 지속하기보다 자살을 선택하기도 합니다.

그러나 동시에 자살은 사회적인 문제입니다. 한 사회의 자살률은 10만 명 중에 몇 명이 자살하는지를 측정합니다. 예컨대 2020년 한국의 자살률은 25.7명입니다. 인구 대비 10만 명 중에 25.7명이 자살을 선택했다는 거죠. 그런데 자살률은 각 사회의 특성에 따라 차이를 보입니다. 일찍이 뒤르켐은 유럽 각국의 자살률을 분석하여, 개신교도가 많이 거주하고 개인주의적 성향이 강한 북유럽 국가가 가톨

릭 신자가 많고 가족주의적 경향을 보이는 남유럽 국가보다 자살률이 높다는 것을 보여주었습니다. 또한, 급격한 도시화와 산업화를 겪는 지역은 농촌 사회보다 자살률이 높다고 하였습니다. 후자의 특징은 도덕적인 혼란을 의미하는 '아노미 현상'이라고 알려졌지요. 이처럼 자살은 그 사회가 지니는 성격에 따라서 자살률이 높기도 하고 낮기도 합니다.

그런데 자살의 사회적인 성격과 더불어 또 한 가지 강조할 점은, 자살은 인간 외의 다른 동물에게서 발견되지 않는 매우 '인간적인' 행위라는 사실입니다. 인간을 제외한 동물 중에서 자살하는 경우는 없습니다. 진화론적 관점에서 보더라도, 모든 생명체는 자신의 생명을 존속하고 발전시키려는 경향성을 가지고 있지요. 따라서 생명을 중단시키는 행위인 자살은 역방향의 어긋난 행위입니다. 그렇다면 인간은 어째서 이처럼 자신의 생명을 해하는 역방향의 행동을 하는 것일까요?

막스 베버라는 독일의 사회학자는 다음과 같이 이야기합니다. 인간의 행위란 단순히 유전자 수준에서 행해지는 명령의 수행이나 생화학적 반응을 넘어선다고요. 인간의 인식과 행위 반응에는 다름 아닌 '의미 부여'의 과정이 포함되어 있기 때문이죠. 다시 말해, 설령 자신의 생명이 위험에 빠진다고 하더라도, 인간은 의미를 추구하는 동물이기 때문에 더 중요한 의미를 추구하기 위해 자신의 생명을 위험에 빠트릴 수도 있다는 겁니다. 따라서 자살을 이해하기 위해서는 과연 그 사람에게 주변 사회가 삶에 대해 어떠한 의미를 지니도록 허락했는지(혹은 허락하지 않았는지) 살펴볼 필요가 있습니다.

오늘날 급증하고 있는 여성 청년의 자살을 이해하는 데도 위의 두 가지 요소—자살의 사회적인 성격과 인간적인 특성—는 마찬가지로 유효합니다. 즉, 한국 사회에서 여성 청년 자살의 증가는, 한편으로 오늘날 한국 사회가 젊은 여성의 자살을 촉진하는 어떠한 독특한 성격을 가진다는 것을 함축하고 있습니다. 다른 한편으로, 젊은 여성들에게 오늘날의 한국 사회는 점점 더 살아가는 의미를 부여하기가 어렵다는 사실이 내포되어 있죠. 그렇다면 도대체 무엇이 우리 사회에 문제인 것일까요? 우리 사회는 어째서 젊은 여성들에게 "죽는 것이 사는 것보다 낫다"는 생각을 가지도록 만드는 것일까요?

여성 자살이 단순히 베르테르 효과라고요?

20대 여성 자살 증가에 대한 보도 및 사회적 관심의 증가는 의미가 있지만, 두 가지의 반응에 대해서는 비판적으로 바라볼 필요가 있습니다. 한 가지는 "베르테르 효과로 인한 것 아냐? 설리와 구하라가 죽은 다음에, 다들 따라 하는 거지"라는 반응이고, 또 하나는 "요즘 20대들은 너무 마음이 약해 빠졌어. 돌도 씹어 먹을 나이에 뭐가 그렇게 힘들다고 하는 건지"라는 반응입니다. 이 두 가지의 해석은 실제로 자살 시도를 하는 행위자들의 마음이나 상황에 대한 몰이해에 근거하고 있기에 비판되어야 합니다.

2019년 설리와 구하라, 두 명의 여성 연예인의 자살은 20대 여성의 자살 증가와 관련하여 두 가지 방향에서 고찰해볼 수 있습니다. 먼저, 연예인의 자살이 일반 여성의 자살에 실제로 영향을 미쳤을 가능성입니다. 괴테의 『젊은 베르테르의 슬픔』의 주인공 이름을 따온 '베르테르 효과'라고 하는 이것은 언론에서도 많이 다루어져왔습니다. 실제로 연예인이나 정치인처럼 유명인의 자살이 일반 대중에게 영향을 미친다는 연구가 꽤 존재하고, 설리와 구하라의 자살로 인한 영향 요인을 완전히 무시할 수는 없습니다.

그러나 이러한 요인을 오늘날 여성 청년 자살의 핵심적인 요인으로 파악하는 데는 문제점이 있습니다. 무엇보다 오늘날 여성 청년 자살을 '베르테르 효과'라고 설명하기는 어렵습니다. 그 까닭은, 2019년에 발생한 설리와 구하라 두 사람의 자살이 1년이 넘도록 장기적으로 영향을 미칠 가능성은 아주 낮기 때문입니다. 이미 대중들의 마음속에 설리와 구하라의 죽음이 잊히는 상황에서, 여성 청년의 자살이 그들 연예인에 의한 영향이라고 보기에는 무리가 있습니다. 나아가 '베르테르 효과'라는 설명은 자살하는 사람들을 유명인을 무작정 따라 하는 존재로 평면화시켜버린다는 문제점이 있습니다. 즉, 이러한 관점은 죽음을 선택하는 사람들을 주체성이라고는 없는 존재로 간주해버리고, 이 문제에 대한 사회적인 관심을 등한시하게 합니다.

거꾸로 우리는 설리와 구하라가 오늘날 20대 여성들이 겪는 문제를 비슷하게 경험했을 가능성에 대해서 생각해볼 수 있습니다. 설리와 구하라는 연예인으로서 자신들의 사생활이 만방에 공개되고 숱한 악플 공세에 노출됨으로써 매우 심각한 정신적 고통을 느꼈습니다. 특히 과거 및 현재의 연애 관계에 대한 주변의 단정적 발언, 그리고 신체적인 특징이나 성적 표현 방식에 대한 일방적인 비난을 계속 감수해야 했습니다. 어떤 면에서, 이들은 한국 사회의 20대 여성이 경험하는 '성적 대상화' 및 '여성 혐오와 관련된 악플'에 노출되어 있었다고 볼 수 있는 것입니다.

이제 여성 청년들의 이야기를 직접 들어볼 시간이 된 것 같습니다. 어째서 이들은 코로나 19 시기를 지내며 더 많이 죽음을 선택할 수밖에 없었을까요? 20대 여성들은 코로나 19 시기에 어떠한 경험을 하고 있었고 무엇이 심리적 고통의 원인으로 작동하고 있었던 것일까요? 물론 이미 세상을 떠난 그들에게 직접 이야기를 들어볼 수 있었다면 더 좋았을 테고, 살아있는 여성 청년들의 이야기가 실제로 자살을 선택한 사람들의 마음을 온전히 대변하지 못할지도 모릅니다. 그렇지만 개인적인 특수성을 넘어 사회적으로 공유된 특성이 원인일 수 있었을 것이라는 가정 아래, 이 장에서는 여성 청년들의 생각과 고통의 지점을 차근차근 살펴보도록 하겠습니다.

만성적인 우울, 자책, 그리고 '죽고 싶다'는 마음

저는 2020년 9월부터 2개월 동안 여성 청년의 자살 증가 현상과 관련하여, 그 주된 위험 요인을 파악하고자 인류학적 면담 연구를 수행했습니다. 20대 여성을 대상으로 포커스 그룹 면담을 진행하였으며, 추가로 트위터, 페이스북, 카카오톡 오픈채팅방을 중심으로 코로나 19 시기 여성 청년들의 개인 경험을 모았습니다. 또한, 20대부터 30대 초반에 이르는 여성들을 모집하여, 코로나 19 시기의 일상 경험과 이들이 생각하는 여성 청년 자살에 관한 의견을 물었습니다. 제가 모집했던 사람들은 연령 외에는 어떠한 조건을 달지 않았기 때문에, 경제적 수준이나 학력, 가족 구성 등등이 혼재되어 있었습니다. 또한, 우울증 진단이나 자살 시도 여부에 관해서도 사전 조사는 하지 않았습니다.

그런데 놀랍게도, 제가 만났던 수십 명의 젊은 여성 중 절반 이상이 현재 우울을 경험하고 있거나 가까운 과거에 경험한 적이 있었습니다. 경험하는 우울의 정도는 병원에서 진단을 받을 정도의 임상적 수준인 경우도 있었고, 그렇지 않기도 했습니다. 예컨대, 이들 중에는 현재 우울증 치료를 위해 약물 복용을 하는 여성도 있었고, 학교 상담센터나 개인 정신과에서 상담을 받는 여성도 있었습니다. 병원이나 상담센터에 다니지 않는 사람들도, 늘 우울한 기분에 사로잡혀 있다고 말하였습니다. 여성 청년의 절반이 우울하다고? 다들 임상적 수준의 우울증은 아니라고 하더라도 어떻게 이처럼 우울을 광범위하게 경험할 수 있는지, 저는 매우 놀랍고 의아했습니다.

면담 결과를 먼저 간단히 말씀드리자면, 이들의 우울감은 엄밀히 말해 코로나 19와 직접 연관되어 있지는 않았습니다. 그보다는 오히려 고등학교 졸업 이후 현실 사회를 직면하게 되면서 느끼게 된 여러 측면에서의 무력감과 절망이 공통적인 원인으로 나타났습니다. 반면, 코로나 19라는 상황은 이들이 가지고 있던 우울감을 강화시키는 계기이자 일종의 트리거로 작동하고 있었습니다. 특히 여성은 남성에 비해 친구와의 대화를 통해서 스트레스를 푸는 경우가 많은데, 코로나 19는 사람과 만남을 어렵게 만들고 혼자 있는 시간을 늘리면서 우울감을 발생시킬 가능성을 높여주었습니다.

> 저는 그래도 일주일에 한두 번 정도는 주말마다 친구들하고 만나서 얘기하는 걸 좋아하고 카페에서 수다 떠는 걸로 스트레스를 푸는 사람이어서 그렇게 일주일에 한두 번씩은 약속을 꼭 잡았었는데 그러지를 못 하고 한 달 정도를 약속 없이 지내곤 하니까 스트레스를 푸는 방법이… 거의 저에게 유일한 방법이 없어진 거예요. 그래서 그것 때문에 우울했었던 것도 있고… [중략] 저는 자취를 해서 혼자 있기 때문에 정말 집에 있으면 말을 안 해요. 그래서 어… 되게 기분이… 정말 마음대로 컨트롤이 잘 안 되는 걸 [느꼈어요].

무력감과 절망의 원인은 여러 가지로 나타났지만, 무엇보다 남녀 차별과 가부장적 사회문화 속에서 자신들이 하나의 인격체로 존중받지 못한다는 점, 즉 언제 어디에서나 자신처럼 젊은 여성이란 폭력과 비난의 대상이 될 수 있다는 인식이 이들이 경험하는 우울과 절망의 가장 보편적인 항목으로 나타났습니다.

이들의 일상은 SNS나 메신저 사용과 떼려야 뗄 수 없었는데, 미디어에서 보도되는 여성 혐오나 폭력 사건들 및 각종 댓글, 그리고 주변 사람들로부터 다루어지는 방식이 그러한 부정적인 인식에 영향을 주고 있었습니다. 외모나 차림새가 쉽사리 타인의 평가 대상이 되고, 젊은 여성이라는 점으로 인해 그저 '성적 대상'으로 취급받으며, 데이트 상대로부터 섹스 비디오가 찍히거나 유출될 수 있는 위험이 존재하고, 그 외에도 상점이나 길거리에서 일반 성인 취급을 받지 못하고 큰소리로 호통을 들어야 하거나 성추행의 대상이 된다는 점도 공통으로 언급되었습니다.

또한, 20대 여성이 경험하는 무력감과 절망은, 청소년 시절을 쉴 틈 없이 경쟁 속에 참고 노력하며 보냈지만, 고등학교를 졸업하고 난 다음에 그러한 노력에 대한 보상이 없으며 장래는 암담하다는 인식과 관련되어 있었습니다. 중고등학교를 다닐 때는 남녀가 평등하다고 배우고, 실제로 여학생이 남학생보다 더 공부를 잘하거나 인정을 받는 경우도 많았지만, 막상 사회에 나와 보니 남녀 차별이 너무 심하다는 것을 몸으로 체험한다고 고백하고 있었습니다. 취직을 하려고 해도 젊은 여성이 갈 곳이라고는 계약직이거나 서비스 업종이었고, 그조차도 많이 뽑지 않는 현실에서 미래를 암담하다고 느끼고 있었습니다.

이러한 고통을 주변 사람과 나누고 싶지만, 주변 사람이 언제 자신에게 공격이나 비난을 할지 모르는 사람들이라는 부정적인 인식도 있었습니다. 그런데 이처럼 주변적인 위험 요인에 대해서 인지하면서도, 동시에 이들은 모든 불행을 '자기 탓'으로 돌리는 태도를 지니고 있었습니다. 즉, 온라인상에서나 텔레비전에서 접할 수 있는, 같은 상황 속에서도 '여전히 잘 사는 것처럼 보이는' 주변의 타자들과의 비교의식이 강했고, 단지 자신만이 건강하지도 잘 살지도 못한다는 점이 자책으로 이어지는 경향을 보였습니다.

상당수의 경우에 우울증 경험은 이미 중고등학교 시절에 경쟁 구도와 심리적 압박, 그리고 갈등적인 가족과 친구 관계와 관련되어 있었는데, 특히 중고등학교 시절 왕따를 경험한 경우에는 설령 현재 사회적 관계가 회복되었다고 하더라도 집단에서의 소외를 다시 경험할 수도 있다는 근원적인 불안이 나타났습니다. 한 친구의 이야기를 들어보도록 하죠.

사실… 어릴 때부터 지금까지 한… 횟수로는 잘 못 따지겠는데 10년? 10년 이상? 오히려 죽고 싶다는 생각을 안 한 적을 꼽는 게 더 빠를 거 같아요. 그 정도로 거의 숨 쉬듯이 생각을 했기 때문에. 그런데 그게 정말 극단적이고 폭력적인 생각이 아니라… 어느 순간 제 존재를 조금 사라지게 하고 싶다는 욕망이 큰 거예요. 저는 살면서 항상 저울질을 했었는데 살아가면서 제가 느끼는 약간의 소소한 재미나 행복들을 한쪽에 놓고, '이게 그런데 내가 계속 살아가는 이유가 될 수 있을까?' 하고 무게를 계속 쟀던 거 같아요. 그런데 얼마 전에도 그렇고, 제 주위 사람들 중에도 그런 고민을 갖고 있는 사람이 많은데 한 친구는 실제로 자살 시도를 했고, 거의 성공… 제가 성공이라는 단어를 쓰는 데 불편함을 느끼시는 분들이 많을 거예요. 그래서 그 친구는 입원을 했어요. 지금 병원에서 나와 가지고 잘 지내고 있고. 그런데 그 소식을 들었을 때 보통은 정말 걱정을 먼저 할 텐데 이상하게 저는 '저 친구는 먼저 편해질까?'라는 생각이 먼저 드는 거예요.

"죽고 싶은 마음을 가져본 적이 있느냐?"라는 질문에 대해, 면담한 여성 청년들은 "어떻게 죽고 싶지 않을 수가 있어요?"라고 제게 되레 되물었습니다. 이러한 세상에서 '죽고 싶지 않다'라고 생각하는 것이 더 신기하다는 것이었습니다. 이들은 죽고 싶지만, 단지 자살이 쉽게 선택할 수 없는 커다란 용기와 결단이 필요한 행위이기 때문에 그것을 선택하기는 어려웠다고 하였습니다. 그저 하루하루를 '의미가 없지만' 버티고 있다는 것이었습니다.

'소확행(소소하지만 확실한 행복)'이라는 용어가 한국 사회에 유행하듯, 삶의 근본적인 의미를 찾을 수 없는 이들에게 기쁨과 즐거움이란 일상 속에서 느끼는 아주 작은 것들이었습니다. 예컨대, 사고 싶은 물건을 마침내 사게 되었다든지, 맛있는 음료를 마셨다든지, 그날 읽었던 책에서 마음에 드는 구절을 발견했다든지 하는 것들이지요. 반면, 인생을 근본적으로 바라보면 이들에게 삶이란 너무나 암울하고 희망이 없는 것으로 인식되고 있었습니다. 자기 존재에 대한 의미를 발견하기가 힘들다는 것이었죠.

저는 되게 오랫동안 다른 사람한테 제가 얼마나 필요한지를 제 가치라고 생각했던 것 같아요. 그게 가장 심했을 때가 고등학교 1학년이었는데 저에게서 다른 사람 시선을 빼고도 제가 어느 정도 남아 있어야 하는데 그게 하나도 없었을 때였단 말이에요. 그때는 제가 가족을 너무너무 사랑했는데 가족들한테도 그렇고, 주변 사람들한테도 그렇고 제가 너무 필요가 없는 사람인 거 같은 거예요. 그래서 그때 좀… '왜 살지?'라는 질문을 많이 했던 거 같아요. 사실 그 질문에 답이 없잖아요. 그냥 태어났으니까 사는 건데… '왜 살지?'라는 질문이 드는 거부터가 저는 건강하지 않은 거라고 생각하거든요. 그런… 생각을 매일 하고, 자해하는 상상을 하고….

이처럼 자해나 자살 상상은 제가 만나본 20대 여성 중 많은 이들에게 공통적인 경험으로 나타나고 있었습니다. 이미 이들은 중고등학교 시절부터 '죽고 싶다'는 생각을 한 적이 있었고, 그러한 생각은 학교를 졸업할 때까지, 심지어 대학에 들어오거나 취직을 하거나 결혼을 하고 나서도 계속되었습니다. 직접 자해나 자살을 하지 못하지만, 꿈에서나 상상 속에서 실행하면서 대리 만족을 느낀다고 말하기도 하였습니다.

중고등학교 때 '죽고 싶다'는 생각을 하는 경험은 대체로 타인들에 의한 자기 평가와 관련되어 있었습니다. 왕따 경험을 한 사람들의 경우, 주변 친구들에게서 소외되고 '이상한 존재'로 낙인찍힌다든지, 또는 가족과 친척, 학교 선생님으로부터 평가의 시선을 받았다든지 하는 경험이 트라우마처럼 남아 있었습니다. 대체로 청소년기부터 타인의 기대에 스스로를 억지로 맞춰야 했던 삶이 몸에 배어 있는 이들은, 그러한 삶이 계속되어왔고 앞으로도 평생 지속되어야 한다는 것에 대해 피로감을 느끼고 있었습니다. 나를 자유롭게 하는 삶이 아니기에, 삶은 그 자체로 고통스러울 뿐 아니라 의미가 없는 것으로 여겨졌습니다.

그냥 일반적으로 말로 "죽고 싶어" 얘기하는 게 아니라 정말 티피컬하게 자살 생각을 처음 해본 거는 초등학교 6학년 때, 열세 살 때. 그때는 거의 1년 내내 일단 왕따 문제로 힘들었던 거고, 진짜… 조금… 그때의 제 모습과 지금 제 모습이 저도 신기할 정도로 많이 달라요. 정말 많이 달라요. 그때는 엄마도 정말 기억에 남는 게… 지금도 생각하니까 눈물이 나는데 엄마가 막 울면서 너는 왜 웃지를 않냐고 그랬었거든요. 그런데 그게 제 마음대로 잘 안 되는 걸 어떡해요. 근데 그때는 어… 진짜 6학년 때는 아침에 눈 뜨면 학교 가기 싫은 거예요. '아, 죽고 싶다' 하고 눈 뜨고 하루 종일 '어떻게 죽지?' 하고 잘 때는 '아, 오늘도 못 죽었다' 하고.

저는 실제로 자해나 자살 시도를 한 적이 있고요. 고등학교 1, 2학년 때 많이 그랬고 저뿐만 아니라 제 친구들 중에서도 자해나 자살 시도를 한 친구들이 굉장히 많아요. 여러 가지 이유가 있긴 한데 가장 큰 이슈는 관계에서 마지막 트리거가 발동되면 자해나 자살 시도를 많이 하는 편이고요. 자해나 자살 시도를 하면 굉장히 큰 쾌감을 느껴요. 그래서 중독성이 생겨서 처음 시작하면 끊지를 못하는데… 카운슬링 센터에 되게 반감을 가지고 있거나, 저도 그렇고… 신뢰를 할 사람이 없고, 저도 그렇기 때문에… 저는 정신과나 심리 상담을 딱히 고등학교 내내는 받지 않았어요. 예전엔 받았는데… 뭐 근데 자살이라는 게 아시다시피 초중고 겪으면서 대학 진학까지 엄청나게 경쟁적으로 살게 되기 때문에 어쩔 수 없이 겪게 되는… 하나의 과정이라고 생각하지만 그 정도가 서로 다른 거 같아요.

오늘날 자해나 자살 시도는 특히 20대 여성에게 하나의 '문화'처럼 광범위하게 나타나고 있었습니다. 트위터에는 자신이 복용하는 알약이라든지 손목을 그어 피가 흐르는 사진을 올리며 자신의 우울함과 죽고 싶음을 호소하는 영상과 사진들이 즐비합니다. 이들은 어떻게든 자신의 만성적인 우울감에서 벗어나려고 발버둥치지만, 알려진 여러 방법을 사용해도 특별한 변화가 없다는 것을 발견하며, 계속 반복적으로 침체되고 '정상적으로' 살아가지 못하는 자기 자신을 자책하고 자조하고 있었습니다. 이처럼 심리적인 우울과 자책으로 고통받는 젊은 여성들이 상당하다는 것은, 이미 우울이 개인적인 문제를 넘어서고 있으며 사회적인 문제가 되고 있다는 것을 뜻하고 있다고 할 수 있지요.

혼자서 진짜… 심적으로 약간 아프고 그래요. 그런데 계속 손목을 막 그어요. 이걸 이렇게 이야기해도 되는지 모르겠는데 그런 식으로 찌르고, 피 나고, 그런 상상을 엄청 하고… 나중에 가니까 수능 임박해서 제일 저 스스로 피폐해졌다고 느꼈을 때가 있었는데 손목을 그었는데 더 이상 피가 안 났던 때가 있었어요. 그때 진짜… 어… 눈물 날 거 같아요. 생각하니깐… 그때 제일 힘들다고 느꼈었고.

손목을 긋거나 다른 방법으로 자기의 몸에 직접 고통을 주는 행위는 당연히 건강하지 못한 행위입니다. 그러나 이들은 극심한 고통을 통해서만이 자기 자신이 살아 있다는 인식을 할 수 있고, 또한 마음대로 살 수 없는 현실 세계에서 적어도 자해를 통해 자기의 몸에 대해서만큼은 자신이 무언가를 할 수 있다는 인식을 가질 수 있었다고 고백했습니다. 이들은 스스로에 대한 자존감이 상당히 낮았는데, 그것은 세상에서 자신을 그대로 인정해주거나 '사람'처럼 대우해주지 않는다고 생각하기 때문이었습니다.

한편, 면담한 20대 여성 청년 중에는 학교나 사회에서 자살 예방 교육을 받아본 경험이 있는 사람들이 대부분이었습니다. 이들은 자살 예방 교육을 비롯하여 국가에서 이들을 위해 시행하는 정책이나 제도에 대해서는 전반적으로 부정적으로 평가하고 있었습니다. 이들의 우울감이나 자살 생각은 근본적으로 오래된 절망감과 '삶에 대한 의미 없음'에서 출발한 것인데, 자살 예방 정책은 자살 그 자체에만 초점을 맞추고 있기 때문에 도움이 되지 않는다고 이구동성으로 말하였습니다.

이들의 이야기는 여성 청년들의 자살 생각이 예외적인 극소수의 사람들이 선택하는 병리적인 문제를 넘어서서, 인간으로서 자신의 존재와 삶에 의미를 부여하는 것이 근원적으로 막혀버린 동시대 일군의 사람들이 갖는 절망감의 표현에 가깝다는 것을 말해주고 있었습니다.

임금 삭감 및 퇴출과 돌봄노동의 문제

코로나 19 이후, 저임금 비정규직 서비스 노동에 종사하는 여성들은 너나 할 것 없이 직장에서 퇴출되거나 임금이 삭감되었습니다. 물론 여성만이 코로나 19로 인한 경제적 영향에 노출되었다고 말할 수는 없습니다. 많은 자영업자가 도산하였고, 재택근무가 불가능한 영역에서 일하는 사람들의 경우에는 남녀를 불문하고 임금이 삭감되거나 중도퇴직이 요구되었습니다.

그렇지만, 주목해야 할 점은 남성은 여성과 비교하면 위기 상황에도 반드시 유지되어야 하는 직업군에 상대적으로 더 많이 종사한다는 사실입니다. 예컨대, 의료, 교통, 경찰과 같은 직종에는 여성보다 남성이 다수입니다. 이러한 직종에서 일하는 사람들은 상대적으로 코로나 19 이후 퇴직이나 임금 삭감의 가능성이 적었지요. 또한, 전문직에 종사하는 사람들은 코로나 19 시기에도 훨씬 안정적인 생활을 누릴 수 있었는데, 한국의 노동구조상 전문직과 같은 안정적인 직장은 대개 나이가 많은 남성 집단이 차지하고 있습니다.

여성은 대체로 재택근무가 불가능하고 대면하여 수행해야 하는 서비스 직업에 많이 종사하고 있다는 특징을 가집니다. 특히 젊은 여성의 경우는 더욱 그렇지요. 대표적으로 레스토랑, 판매원, 여행 산업 등이 중단되거나 임금이 삭감되었으며, 이에 따라 여성 노동자의 피해는 클 수밖에 없었습니다. 또한, 남성에 비해 여성의 임금은 본래 저임금이 많기에, 임금 삭감으로 인한 생활고를 겪는 위험도 커졌습니다. 가족을 구성하지 않거나 혼자 생계를 꾸려야 하는 여성들이나 싱글맘의 경우에, 코로나 19로 인한 생활고를 겪고 있다고 호소하고 있으며, 대학생의 경우에는 부모의 직장 퇴출이나 수입 감소로 인해 용돈이 없어지거나 새로 아르바이트를 구해야 하는 상황이 발생하고 있습니다.

〔코로나 이후에 부모님이 직장을 그만두시게 되면서〕 용돈이 거의 절반으로 줄었고, 아까 너무 깜짝 놀란 게 저도 스무 살 때부터 제가 원래 다니던 영어학원에서 보조 강사로 일하고 있어요. 지금까지. 11월 말에 퇴직을 하는데… 저도 마찬가지로 딱 2월 중순부터 6월 시작까지 학원이 다 쉬었어요. 그래서 저도 그때 아예 경제적 수입이 없었고, 집안으로부터의 지원도 줄었고, 또 9월 달 초에 2.5단계가 되면서… 아마 쉬셨을 거 같긴 한데 저희도 2주 정도 쉬었거든요. 그러면 또 그냥 2주라고 생각하기 쉽지만, 월급은 반이 되고…

〔저는 레스토랑 홀 서빙〕 알바를 하는데 어제 새로 어떤 분이 오셨거든요. 그래서 알바 들어오면 이런저런 이야기하다가 "어디 사시냐?" 그런 이야기 하는데 그 가게에서 1시간 넘는 곳에 사신다는 거예요. "그런데 왜 여기까지 왔어요?" 하니까 알바 자리가 없다고… 그거 듣고 되게 놀랐어요. 진짜 알바가 없구나.

한편, 코로나 19 이후, 여성의 집안일 및 양육 부담의 증가가 매우 심각한 수준으로 나타나고 있습니다. 재택근무의 증가 및 학교 등교 중단 등으로 인해, 가족이 종일 집안에서 생활하는 경우가 늘어나고, 그때마다 세 끼 식사, 청소, 빨래 등을 챙겨야 하는 역할을 대부분 집안의 여성이 짊어지게 되었기 때문이지요.

또한, 학교와 돌봄 기관이 제대로 작동하지 않으면서, 젊은 여성의 자녀들인 영유아 및 초등학교 학생들은 엄마에게 전적으로 양육이 맡겨진 상태가 됨에 따라 여성들의 신체적·정신적 스트레스가 극도로 높아졌습니다. 만일 여성이 직장을 가지고 있는 경우라면 그 부담이 견딜 수 없을 만큼 심각해졌지요. 저출산 문제를 해결하고자 하는 여러 가지 정책적 노력 속에서 한국 사회는 여성에게 출산을 장려해왔지만, 출산을 해도 양육과 관련된 사회적인 지지가 없는 상황에서 아이가 있는 여성들은 더욱 고립감을 느낄 수밖에 없었습니다. 다음은 30대 초반의 직장에 다니는 한 여성의 이야기입니다.

저는 직장이 그래도 가끔 재택근무를 해도 되는 경우이긴 한데요.

근데 아이가 초등학생인데 학교를 가지 않잖아요. 가봤자 일주일에 한 번이나 두 번. 그러니까 제가 출근할 땐 그냥 혼자 집에 놔둘 수밖에 없어요. 아직 혼자 밥을 해먹지는 못하니까 제가 회사에서 배달을 시켜줄 때도 있는데, 어른 없이 배달시키는 게 위험하잖아요. 그러니까 그럴 때마다 늘 조마조마하고, 만일 무슨 일이라도 생기면 또 엄마가 제대로 안 돌봐서 그렇다고 주변에서 이야기할 게 빤한데, 어째야 하는지 스트레스 너무 받고… 회사를 관둬야 하는 건지… 남편은 자기 일이 바쁘고, 저는 도와줄 친척도 없거든요. 정말 미칠 지경이에요. 무작정 애들 위험하다고 학교에 보내지 말라고 하면 어쩌라는 건지. 저희 집이 16층인데, 저번엔 베란다에 서 있다가 갑자기 '그냥 여기서 뛰어내릴까?' 하는 생각이 들더라고요. 깜짝 놀랐어요.

한국여성노동자회에서 수행한 '코로나 19가 여성의 임금노동과 가족 내 돌봄노동에 미친 영향' 설문조사•에 따르면, 여성은 사회가 필요할 때 부르고 필요하지 않을 때는 해고할 수 있는 '저렴한 노동자'이자 여성 자신의 의사와 상관없이 가족의 돌봄을 담당해야 하는 사람으로 간주하는 경향이 코로나 19 이후 심각하게 나타났다고 합니다. 10명 중 1명이 실직을 경험했으며, 절반 이상이 코로나 19 이후에 무급 휴업 강요, 권고사직, 계약 해지, 해고, 임금 삭감이나 체불,

• http://kwwnet.org/?p=13098

육아휴직 강요, 남성보다 먼저 사직/무급휴직 권고 등등의 상황에 놓였지요.

또한, 응답자의 56.2%가 코로나 19 이후에 돌봄노동이 증가했다고 답했으며, 33.5%가 독박 돌봄노동을 수행하고 있다고 하였습니다. 이 설문조사에서는 자녀의 연령대에 따라 겪는 돌봄노동의 부담에 대해서는 따로 조사를 수행하지는 않았습니다. 그렇지만, 직접 만나본 젊은 여성들 중 아이가 있는 경우에는 양육의 부담으로 인해 스트레스를 심하게 느끼고 있는 경우가 상당히 있었습니다. 특히, 집안의 경제적 상태가 좋지 못하거나, 남편을 비롯한 주변 가족의 도움을 받지 못하거나, 이혼 후 싱글맘으로 혼자 양육을 하는 경우에는 그 스트레스가 매우 심했으며 우울감을 호소하기도 하였습니다.

요즘엔 솔직히 결혼을 왜 했나, 아이를 왜 낳았나 하는 생각을 해요. 아이가 둘인데, 하나는 초등학생이고 하나는 아직 안 들어갔는데… 애들 생각하면 미안하지만, 결국 결혼하고 아이 낳은 여자들만 죄인인 거예요. 저희 또래 친구들은 다 저랑 비슷한 생각인 것 같아요. 한 번은 너무 우울하고 미칠 것 같아서 친구와 전화했는데, 둘이 이야기하다가 펑펑 울었어요. 너무 힘들고, 너무 지치고… 이곳저곳에서 압력은 너무 많고… 또 아이들이 어리니까 다 챙겨줘야 하고… 우리끼리 그랬어요. 이러다가 인류 멸망할 거라고. 적어도 여자들은 없을 거라고. 하나하나 다 죽어서 말이에요.

미디어와 젠더 폭력

코로나 19로 인해 대면 관계가 어려워지고 집 안에 머무는 시간이 증가함에 따라, 많은 사람들이 혼자 방안에서 온라인 매체에 접속하는 시간이 늘어나게 되었습니다. 방송통신위원회에서 2021년도 2월에 발표한 「2020년도 방송매체 이용행태조사」에 따르면, 여러 매체 중에서도 특히 스마트폰 사용 증가가 두드러지고, 콘텐츠 면에서는 온라인 뉴스를 찾아보는 시간이 늘어났다고 합니다. 이러한 상황은 여성 청년들도 예외가 아닌데, 방 안에서 혼자 스마트폰으로 뉴스를 접하는 행위는 이들의 우울감에 부정적인 영향을 주는 것으로 나타났습니다.

젊은 여성 청년들은 기존에 경험하던 우울감이 코로나 19로 인해 대면 관계나 취미활동이 어려워지면서 더 증대되었다고 공통으로 말하였습니다. 특히 혼자 사는 여성들의 경우, 집 안에 계속 머무르며 SNS나 온라인 플랫폼을 통해서만 사회를 접하게 되는데, 인스타그램이나 페이스북 등 온라인 매체에 등장하는 화려한 사진이나 영상이 도리어 이들에게 자기비하나 자책 등을 느끼게 하는 요인이 되곤 하였다고 말하였습니다.

> 약간 반강제적으로 갇힌 거잖아요. 저희가 원해서 "난 집에 있을 거야" 해서 있는 게 아니라 밖에 병이 만연하니까 이제 어쩔 수 없이 집에 있었던 건데… 그렇게 갇혀 있다 보니까 원래 계획적으로 자기

자신한테 자유를 주면은 그래도 그사이에 내가 할 수 있는 거, 하고 싶은 거를 해나갈 텐데 반강제적으로 갑자기 덜컥 자유가 주어지니까 그냥 되게 '이제 나는 뭐 하지?'라는 생각이 먼저 들더라고요. 그래서 그냥 거의 원래는 저는 하고 싶은 것도 많고, 평소에 혼자 있으면 '이것저것 해야지'라는 생각도 많았던 사람임에도 불구하고, 솔직히 말해서 핸드폰도 되게 많이 하고 누워서 이러고… 진짜 핸드폰 많이 했었고… 진짜… 허송세월이라고 하죠. 그런 의미 없는 시간들을 생각보다 많이 보내게 됐던 것 같아요.

여성 청년들의 경우, 어렸을 때부터 온라인 매체를 통한 사회관계 형성에 매우 익숙하다는 특징을 갖습니다. 대면에 기초한 사회관계의 경우에는 여러 사람을 직접 관찰하거나 만나면서 대화를 나누기에 서로 다른 상황에 대한 맥락적인 부분에 대한 이해가 이루어지고, 이후 대면 관계를 고려하여 상대방에 대한 부정적인 표현이 보다 조심스럽게 수행됩니다. 반면에, 온라인 매체를 통한 대화는 상대방의 다른 조건에 대한 이해 없이 감정의 깊이도 얕을 뿐 아니라 짤막한 언어 자체의 표현을 통해 자신의 의견이나 감정적인 반응을 일회성으로 하게 되는 경우가 많지요. 또한, 온라인 매체에서는 익명으로 언어를 표현함으로써 소수의 의견을 쉽게 무시하거나 비난할 수 있습니다.

특히, 오늘날 여성 청년이 경험하는 사회는 극단적인 비난이나 혐오가 만연한 사회라는 점에 주목할 필요가 있습니다. 이들은 남녀 갈등, 동성애, 인종 차별, 장애인 문제, 학벌 문제 등등의 여러 가지 위계와 차별 구조에 직면하고 있으며, 자신이 조금이라도 '다수의 의견'에 반하는 사람이라면 언제든지 비난받거나 혐오의 대상이 될 수 있다는 불안과 공포를 느끼고 살아갑니다. 그렇기에 이들에게 살아가는 일상의 공간은 늘 '위험하고 안전하지 않은' 공간으로 나타납니다.

저는 여대를 입학했을 때 나름의 큰 환상? 기대? 같은 걸 가지고 입학했는데 어… '여대가 결코 안전한 공간은 아니다' 그런 생각이 지금도 많이 들고… 그래서 올해 초 사건 때도 많이 들었고… 말씀하신 것처럼 너무 극단적인… 너무 극단적으로… 익명성 때문인진 모르겠지만 너무 서로가 극단으로 가는 것 같은 느낌? 너무 이분법적으로 사고하고?

극단적인 의견을 내는 사람들이 점점 많아지다 보니까 인종 차별, 장애인 차별, 정말… 학벌주의에 기반한 차별… 이것도 정말 심했어요. 제가 있는 여대에서는 "다른 학교랑 묶이는 게 정말 싫다. 우리는 더 고고해야 한다" 그러는데 '그 고고함의 기준이 대체 뭐지?' 저는 그 안에 구성원으로 있으면서도 도저히 이해가 되지 않았고, 그냥… 나와 비슷한 무리, 그리고 나머지는 다 타인으로 배제하려는 그런 게 점점 더 극화되는 거 같아요.

위의 언급은 모두 여대에 재학 중인 20대 여성들에게서 나온 것입니다. 이들은 이미 고등학교 때부터 남성의 여성 혐오에 대한 불안과 불편함을 느껴왔기에, 여대는 적어도 그런 문제로부터는 안전하다고 생각하였다고 합니다. 그러나 막상 여대에 들어와도, 학과 온라인 대화방이나 게시판에서 동성애 혐오, 인종 차별, 외국인 혐오, 채식주의에 대한 불인정 등등, 타인들이 선택한 삶에 대해 관용과 인정이 존재하지 않고 쉽게 혐오가 이루어지는 곳이라는 것을 깨닫고 절망하게 되었다고 말하였습니다.

이에 대해서는 온라인 환경에서의 대화가 어떻게 이루어지는가에 대한 보다 세밀한 분석이 필요할 것입니다. 관찰한 바에 따르면, 20~30대가 주로 활동하는 익명으로 이루어지는 온라인 환경에서 만일 어떤 사람이 중국인에 대한 혐오 감정을 드러내면 다른 사람들이 하나둘씩 거기에 동의하고 그 혐오 감정을 점차 강화하면서 일종의 '진실'을 구성해버리는 방식의 대화를 진행하는 것을 볼 수 있었습니다. 이들은 자기와 '다른' 존재들에 대한 혐오를 적나라하게 드러내고 동조 집단을 형성함으로써 일종의 '정체감' 내지 '만족감'을 느끼고 있었습니다. 그러다가 만일 누군가 한 명이 그 의견에 대해서 반대하는 모습을 보이면, 이미 다수로 이루어진 혐오 집단이 그 한 사람을 대상으로 극단적인 비난을 퍼붓고 '사상 검증'을 하려 들었습니다. 사실 온라인 대화방의 모든 성원이 중국인 혐오에 대해 동의하는지는 알 수 없었는데, 반대 의견을 드러내게 되면 쉽게 비난의 대상이 될 수 있기에 불편한 감정을 느끼더라도 차라리 잠자코 있는 것을 선택하리라는 것을 쉽게 예상할 수 있었습니다.

이러한 사례는 주로 온라인 환경에서 사회관계를 형성하고 교류를 해온 여성 청년들이 한국 사회를 훨씬 더 폭력적이고 혐오가 만연한 곳으로 인식할 수 있으며, 다수의 의견에 동의하지 않을 때 그 사회에서 배제되어버릴 수 있다는 불안과 공포를 느낀다는 것을 보여줍니다.

가족 내 갈등과 폭력 증가

코로나 19로 외부 활동이 금지됨에 따라 최근 몇 년 간 집안에서 가족 간 대면 시간이 늘어났지요. 그러나 가족 상황은 매우 다양하기에, 가족이 함께 보내는 시간이 늘어나는 것이 가족 관계에 긍정적인 영향만 주었다고 생각할 수는 없습니다. 더군다나 실직이나 수입 감소로 인해 원래 떨어져 살던 가족이 다시 어쩔 수 없이 합치게 된 경우들까지 고려한다면, 코로나 19로 인한 가족생활의 증가는 단지 '가족과 함께할 수 있는 시간의 증가'라는 아름다운 모습만은 아닐 것입니다.

제가 수행한 면담과 다른 보고서의 내용에 따르면, 코로나 19 상황은 도리어 가족 갈등의 주요 요인으로 작동하고 있었습니다. 면담한 여성 청년들은 코로나 19로 가족과 함께 지내는 시간이 많아지면서, 여러 가지 심리적인 어려움과 부담을 많이 느끼게 되었다는 점을 언급했습니다. 코로나 19로 가족 성원들의 스트레스가 많아질 수밖에 없었는데, 그러한 스트레스는 같이 거주하는 성원들에 부정적인 영향을 끼칠 수밖에 없지요. 다음은 부모님과 함께 사는 20대 여성들의 이야기입니다.

큰 변화는 부모님이… 이제 휴직을 하시거나 그런 경우도 있어서 가족끼리 집에 붙어 있는 시간이 많다 보니, 외출도 자제하고… 하다 보니 조금 가족주의가 견고해지는 느낌? 그래서 그게 저한테는 좀 스트레스로 다가오는 것 같아요.

올해는 저희 어머니와 동생이 저와 똑같은 시간에 항상 집에 있거든요. 그래서 거의 24시간 내내 붙어 있는 상황이 되었고, 저 같은 경우에는 사실 혼자 시간을 보내는 건 좋아하지만 공간 안에 저 혼자만 있을 때 굉장히 큰 우울감을 느껴요. 그래서 각자 할 일을 하면서 말 안 하면서 그래도 같이 있는 분위기를 좋아하는데 처음에는, 사실 2020년도 초반에는 그 분위기가 굉장히 좋았는데, 뒤로 갈수록 제… 정신 상태는 변하지 않았는데, 조금씩 몸의 이상으로 나타나더라고요. 그게 어느 정도 스트레스가 쌓여가지고… 그래서 지금 약물 치료도 하고 있고… 네. 그런 상황입니다.

위의 이야기들은 모두 가족이 함께 있는 시간이 늘어나면서 스트레스가 증가했다는 사실을 보고하고 있습니다. 사실 '가족주의'는 긍정적인 면모도 있고 부정적인 면모도 있습니다. 가족 성원 중에 누군가 어려운 일을 겪거나 시급한 돌봄이 필요하다면, 가족은 그러한 돌봄과 도움을 제공하는 데 있어서 긍정적인 역할을 수행할 수 있습니다. 그렇지만 이미 상당히 개인주의가 진행되고 있는 한국 사회에서, 가족주의 규범의 강화는 개개인에게 원치 않는 부담으로 작용할 수도 있습니다.

또한, 가족주의라고 할 때 아버지, 어머니, 아들, 딸에게 각각 똑같은 책임이나 역할이 주어지는 것이 아닙니다. 따라서 가족 내에서 어떤 위치에 있느냐에 따라 그 스트레스의 종류나 정도가 다를 수 있지요. 여성 청년의 경우 나이나 성별 면에서 가족 위계에서 약자일 가능성이 크기에, 코로나 19로 인해 가족 간 대면 시간이 길어짐에 따라 상대적으로 더 불편함과 답답함을 느끼고 있었습니다.

가족 갈등의 또 다른 측면은 직장 퇴출이나 휴직, 임금 감소 등등 코로나 19로 인한 직접적인 타격이 결과적으로 가족 내 갈등을 일으켰다는 것입니다. 한국 사회에서 가족은 마치 한 명의 사람인 것처럼 운명을 공유하는 집단으로 인식됩니다. 단적으로, 바깥에서는 다른 사람과 거리두기를 하거나 마스크 착용을 하더라도, 집 안에서는 그러한 규범이 예외적으로 적용되지요. 설령 가족 중에 누군가가 감염되었거나 감염 위험이 있다고 하더라도, 가족은 그러한 위험에서 보호되지 않으며 공동의 운명을 감수할 것이 사회적으로 기대됩니다.

또한, 코로나 19로 인해서 가족 안에 경제적인 어려움이 발생했다면, 그 어려움은 모두 함께 감내해야 한다고 여겨지고 상대적으로 집

안에서 힘이 없는 사람에게 자유나 기회가 덜 돌아갈 수 있습니다. 물론 오늘날 한국 가족에서 어린 자녀는 우선적인 돌봄과 배려의 대상으로 나타나고, 때로는 부모에게 과도한 희생을 요구하기도 합니다. 그렇지만 그 아이의 돌봄이 어느 정도 끝났다고 가정되었을 때, 즉 성인이 되었다고 했을 때, 한국의 가부장적인 문화는 그 누구보다 젊은 여성의 선택과 자유를 가로막는 측면이 존재합니다.

다음은 코로나 19로 인한 다른 가족 성원의 상황이 어떻게 여성 청년에게 부정적인 영향을 미칠 수 있었는지를 보여주는 사례입니다.

크게 바뀌었던 점 중에 하나는 동생이 고등학교 2학년인데 〔코로나 때문에〕 학교를 잘 안 나가다 보니까 본인도 회의감이 들었나 봐요. 동생이 자퇴를 선택했어요. 그런 점도 있었고… 또 워낙 제가 친구들이랑 교류도 많이 하는 편이라서 3월 달 이후로 넘어가니까 두어 달 정도 되게 우울감에 빠져 살다가 그런 텀마다 우울기가 찾아오더라고요. 조금 더.

원래 부모님 직업이 두 분 다 출장이 잦고, 출장이 긴 직업이셨어요. 그런데 두 분 다 휴직을 하시게 되면서 두 분이 항상 집에 계시고, 이 공간이 온전히 저만의 공간이 아니게 된 거죠. 코로나 시대 이후로는… 그래서 저한테는 그게 오히려 더 스트레스였던 것 같아요.

결혼하지 않은 여성들이 부모와의 갈등을 주로 언급했다면, 결혼했거나 아이가 있는 여성의 경우에는 남편이나 아이와의 잦은 갈등을 이야기했습니다. 또, 면담자들이 직접 언급하지는 않았지만, 코로나 19 상황에 증대되는 가족 간의 갈등은 심지어 가정 폭력의 상황을 발생시킬 수도 있습니다. 가정 폭력의 문제에서는 약자인 여성과 아이가 피해자가 될 가능성이 매우 크고요. 이와 관련하여, 세계경제포럼(WEF)이 "여성에 대한 가정 폭력이 코로나 19 세계적 대유행(팬데믹) 기간에 증가하고 있다"고 밝혔으며, 유엔인구기금 역시 "코로나 19 기간 동안 세계적으로 가정 폭력이 20% 증가할 것"이라고 예측한 사실을 상기해볼 필요가 있습니다.

아이를 집에 혼자 두니, 게임 중독이 되었어요. 학교도 가지 않고, 그런데 또 학교 수업을 스마트폰으로 하는 거예요. 그러니까 스마트폰을 안 줄 수도 없고… 애들 입장에서는 스마트폰 말고는 할 수 있는 게 없는 거예요. 친구들을 만날래야 만날 수도 없으니까요. 게임 중독 때문에 집에서 나가라고 소리친 적도 있어요.

남편 회사에서 감염자가 나왔대요. 그래서 회사를 가지 않고 2주 가까이 집에만 있었는데… 남편은 우울증인지 하루 종일 컴퓨터만 보고 있고… 게다가 저희가 집이랑 부모님 문제 때문에 다달이 돈이 들어가는 게 있는데, 제가 일을 못하고 있으니까 남편이 스트레스를 받는지 자꾸 저한테 뭐라고 하고….

코로나 이후로 주변에 싸우는 사람들 소리가 많이 들려요. 때리고 깨부수는 소리도 들리고. 아이를 때리는 건지, 누구를 때리는 건지 모르겠는데, 좀 무섭더라고요.

한국여성연구원의 보고서에 따르면(KDWI Brief, 2020년 7월 31일), 한국의 가정 폭력 신고율은 워낙 낮아서 가정 폭력 신고율 등으로 가정 폭력의 증감을 유의미하게 확인할 수는 없지만, 현장에서는 가정 폭력이 증가되고 있는 것을 체감할 수 있다고 합니다. 한국여성의 전화 상담소 통계를 근거로 코로나 19가 확산되기 전후 전체 상담 중 가정 폭력의 비율을 비교할 때, 2020년 1월 26%에서 2~3월 40%대로 가정 폭력 상담 비율이 증가하였습니다. 전국가정폭력상담소 현장에서는 코로나 19 장기화로 재택근무, 등교 중단, 실직 등이 늘어나고, 경제적 문제까지 가중되면서 갈등과 폭력이 증가해 가족 상담 요청이 많았다고 평가하고 있습니다. 여성긴급전화 1366의 전국 현황을 보면, 2020년 가정 폭력 피해상담 비율은 57.6%이고, 작년 동기간 4~6월 전화 상담률이 감소했던 것과 달리 올해는 증가 추세를 보이고 있습니다.

사회적인 지지 결핍

여성 청년들은 자신의 심리적인 상황이 매우 좋지 않고 외부의 도움이 필요한 상황이라는 것을 인식했다고 해도, 도움을 청할 수 있는 사회적 관계를 갖지 못한 경우가 많았습니다. 우선 여성 청년의 경제적 곤란은 주변 지인을 통해서 해결하기가 어려운데, 비슷한 또래의 주변 지인들도 대개는 축적해놓은 재산이 없거나 경제적 여유가 없기 때문입니다.

또한, 자신이 겪는 어려운 문제를 주변 사람에게 호소하려고 해도, '젊음'과 '여성'에 대한 사회적 편견과 무시로 인해 더욱 절망적인 상황으로 귀결되는 경향이 있습니다. 앞부분에 잠시 언급한 바와 같이, 한국 사회에서 젊음은 '돌도 씹어 먹을 수 있을 만큼' 어떠한 어려움도 감내할 수 있는 시기라고 여겨지며, 여성은 '뼈 빠지게 일해서 가족을 먹여 살려야 하는 남성의 처지'에 비해 '한가롭다'고 생각되기 때문입니다. 사회적으로 '청년층'에 대한 제도적 지원이 있지만, 그러한 지원은 대개 벤처 활동 지원과 같이 이미 잘나가는 남성 청년들에 대한 지원에 한정되어 있습니다.

여성 청년들은 심각한 고민이 있거나 심리적인 어려움에 처했을 때 대부분 주변 사람에게 말하거나 도움을 청하지 않았습니다. 이들은 거의 모두 무작정 혼자 괴로움을 견디거나 일기를 쓰거나 산책을 하는 등 개인적으로 해결하려는 태도를 보였습니다. 그런데 이러한 개인적인 해결책은 결과적으로 고립감과 외로움을 더 강화하고 다시 우울감을 발생시키기도 했습니다. 이들은 이 문제를 어떻게 '다르게' 해결할 수 있는지에 대해서 알고 있지 않았으며, 개인적으로 병원을 찾아갈 정도가 되기 전에는 어떠한 전문적인 기관에 도움을 청하려고 시도하지 않았습니다. 이러한 우울감은 "어쩔 수 없는" 것이라고 자포자기하는 심정을 드러내기도 했습니다. 언제 끝날지 모르지만, 우울감이 끝날 때까지 가만히 혼자 시간을 견뎌내는 방식 외에는 다른 방법이 없다고 느끼고 있었습니다.

[우울할 때] 저는 걷는 것도 방법이 될 수 있고 때로는 산책을 한다든지, 때로는 음악을 듣는다든지, 생각 없이 유튜브 영상을 본다든지… 그런 식으로 시간이 가길 기다려요. 왜냐면 저도 우울감이 주기적으로 찾아오는 사람이기 때문에 특히 이제 PMS가 심하거든요. 생리 전 증후군이 심한 편이라서 그때마다 진짜 죽을 거 같고 그런데… 그냥 암묵적으로 익숙해지다 보니까 힘들긴 한데 이제 일정한 시간이 지나면 이게 사라질 걸 알다 보니까 어떻게든 사람이 고통이 있으면 약간 뭐지? 진통제로 연명하듯이… 그냥 먹먹해지도록 시간 보내면서, 좀 있으면 지나갈 거야, 좀 있으면 지나갈 거야 하고 끝나길 기다려요. 그 우울감이 끝나길.

그냥 가만히 앉아서 가만히 있어요. 그냥 양반다리하고 가만히 있어요. 침대 위에서. 그냥 밤을 새는 거죠. 그렇게.

좀 힘들거나 우울할 때 일기를 써요. 원래도 일기를 쓰는데 저는 기쁠 때보다… 기쁠 때는 주변 사람들을 찾고, 힘들면 일기를 찾아요. 그래서 힘들거나, 우울하거나, 외적으로나, 내적으로나 그럴 때…

개인적인 고민이라든지, 아니면 '세상이 왜 이 모양이지?' 하는 고민 같은 것들이 있을 때 조금 차분하게 저를 고립시키려고 하는 거 같아요.

저는 생각을 해봤는데, 저도 주기적으로 우울감이 찾아오는데 그걸 극복하는 방법을 저는 정확히 알고 있다고 생각했어요. 저는 시간이 흘러가는 대로 그냥 두는 게… '그 시간을 견디는 게 너무 힘들고, 이걸 어떻게든 빨리 좀 끝내보자.' 이거를 고등학교 때부터 굉장히 고민을 많이 했었는데 제가 그걸 끝낼 수 있는 방법은 딱 한 가지밖에 없더라고요. 우울감의 원인을 알면 돼요. 얘를 없애면, 내 우울감이 사라질 수 있다. 그래서 저도 말씀해주신 대로 우울감이 찾아오면 관계를 단절해요. 관계를 단절하고 우울감의 원인을 혼자 생각하는 거 같아요. 그래서 그걸 찾아서 그걸 없애면 난 지금 이 우울감을 극복할 수 있다고 생각했는데 이번 여름 방학은 변수였어요. 이번 여름 방학에는 그 방법이 통하지 않았고, 그래서 시간이 흘러가는 대로 놔뒀고 그래서 그 기간이 좀 길었던 거 같아요. 평소보다. 그래서 아직은 뭔가 새롭게 우울감을 극복하는 방법은 찾지 못한 거 같아요.

비슷한 고민과 감정 상태를 경험하고 있는 면담자들은 포커스 그룹 연구에서 서로 다른 사람의 비슷한 이야기를 듣게 되면서 놀라기도 하고 안도감을 느끼기도 했습니다. 심지어 자신의 심리적 어려움을 혼자만의 문제이자 자신의 약점이라고 생각하다가, 다른 또래도 비슷하다는 것을 알고는 위로를 받기도 했습니다.

그런데 어째서 이들은 다른 이들에게 도움을 청하거나, 적어도 이야기를 나누지 않는 것일까요? 제가 어째서 친구나 가족 등 다른 사람에게 도움을 청하지 않느냐고 묻자, 이들은 이구동성으로 "다른 사람이 〔나의 문제점을〕 알게 되면 그것이 자신의 무능력이나 문제점을 드러내는 등, 자신에게 다시 피해가 오는 결과로 되돌아올 것을 두려워하기 때문"이라고 하였습니다.

나의 힘든 이야기, 밝지 않은 이야기가 뒷말이 나오기 쉽다는 것을 실제로 경험하고 나니까 되게 남 얘기하는 게 재밌나 봐요. 그런데 저는 다른 사람 얘기에 관심이 없거든요. 그러니까 손해 보는 거 같은 거예요. 나는 다른 사람한테 관심이 없는데 다른 사람은 나를 속속들이… 힘든 이야기일수록, 자극적인 이야기일수록 더 재밌어하는 거 같은 게… 너무, 그냥 불리한 거 같은 거예요! 그래서 그렇게 깨닫게 된 큰 경험이 있고 나니깐… 되게… 그래요. 생각하고 보니깐 기대치고 뭐고 이런 거보다는 사실은… '이거 이야기하면 나를 이상하게 보지 않을까?', '나중에 나에게 화살이 되어서 돌아오지 않을까?' 그러니까 약점이 될 거 같은 얘기는 자꾸 거르게 되는 거예요.

아주 오랫동안 알고 지냈던 친구들이 아니라 10대 때부터 부대껴온 친구들이 아니라 20대 때부터 알게 된 친구들 같은 경우에는 저에 대한 기대치가 있는데 그걸 무너뜨리기 싫어서 얘기를 안 하게 되는 것도 사실 너무 큰 것 같아요. 저는 20대 이후에 친하게 된 친구들이 조금… 독립적이고 개성이 강한 친구들이 많은데, 어… 근데 만약에… 얼마 전에 그런 성향의 친구들이랑 정말 비슷한 얘기를 했었거든요. 그 친구가 저한테 그런 얘기를 했었어요. "나도 그런데 힘들고, 나도 무너질 때가 있는데 근데 내가 의존적인 모습을 보일 때… 사실 내 주변에 있는 친구들은 내가 되게 독립적이고 강해서 나를 좋아할 수도 있는데 내가 친구들한테 내 문제 하나 해결 못해서 친구들한테 이렇게 계속 연락하고 싶어 하고 힘들다고 징징징하고 의존적인 모습을 보이면은 나의 독립적인 모습을 좋아해서 나를 곁에 두는 친구들이 나한테 실망하지 않을까? 독립적인 게 이 친구들이 나를 좋아하는 이유의 심지이면 어떡하지?" 그런 얘기도 하더라고요. 그런데 저도 공감되는 부분도 있어서 그런 거 같아요. 기대치.

또한, 가족에게 이야기하기 어려운 까닭은 여러 가지로 드러났는데, 우선 부모와 사이가 좋지 않거나 세대가 다른 부모가 자신의 문제를 이해하지 못할 것으로 생각하였으며, 사이가 좋은 경우에도 어렸을 때부터 부모가 자신에게 걸었던 기대를 망가트리기 어려워서 이야기하기 힘들다고 하였습니다.

가족들한테는 정말 얘기하기가 너무 힘든 거 같고, 아까 통화 말씀하셨을 때도 되게 공감을 했는데 저도 가족들한테는 되게 좋은 모습만 보여주고 싶은, 왜냐면 제가 좋지 않은 모습을 보였을 때 가장 신경쓰고 가슴 아파할 사람들이잖아요. 그래서 그냥 그렇게 저의 안 좋은 일로 신경을 쓰고 싶게 하지 않은 것 같아요. 아까 말씀하신 것도 되게 공감했는데 우울을 전이시키고 싶지 않은 것도 큰 거 같고.

즉, 여성 청년들은 코로나 19 시기에 여러 가지 일상적이고 심리적인 어려움을 경험하고 있었지만, 가까운 친구나 가족에게도 그러한 어려움을 나누려고 하지 않았으며 오히려 혼자 감내하려는 모습을 보였습니다. 친구나 가족에게 자신의 약한 부분을 드러낼 수 없다고 생각하는 이들의 태도는 청년 세대가 어렸을 때부터 경험해온 또래집단 간의 극심한 경쟁, 그리고 어릴 때부터 많은 지지와 기대를 해준 가족으로부터 심리적으로 자유롭지 못하다는 특징을 고스란히 드러내고 있었습니다.

문제 해결의 시작은 어디서부터?

지금까지 코로나 19 시기의 여성 청년들의 경험에 대해서 들어보았습니다. 코로나 19 발생 이후 여성 청년의 상당수는 우울감과 절망을 경험하고 있었는데, 코로나 19가 반드시 직접적인 원인이라고 할 수는 없었지만, 적어도 코로나 19로 인해서 악화하는 모습을 보였습니다. 이들의 우울감과 절망은 임금 삭감이나 퇴출, 불투명한 미래에 대한 불안, 미디어 중심의 일상에서 나타나는 고립감과 소외, 젠더 폭력, 가정 내에서의 갈등 등과 같은 코로나 19 이후에 여성 청년들이 직면해야 하는 상황들과 밀접하게 연관되어 있었습니다.

또한, 이들은 우울감과 절망을 느끼는 상황에 부닥친다고 하더라도 주변에 도움을 요청하지 않는 특징을 보였는데, 그것은 이들이 어렸을 적부터 살아오면서 배웠던 주변과의 관계 방식 때문인 것으로 드러났습니다. 즉, 가까운 친구라고 하더라도 자신의 약점이나 좋지 않은 부분을 공유하는 것에 대한 안전감을 느끼지 못하고 있었고, 가족 안에서도 이해받지 못한다고 느끼거나 기대에 부응하지 못할 것이라는 불안감을 가지고 있었습니다. 따라서 계속 혼자 견디거나 시간이 흘러서 저절로 나아질 때까지 버티는 양상을 보였고, 견디기 어려울 정도로 힘들 때는 병원을 찾거나 전문가의 심리 상담을 통해서 '개인적으로' 해결하려고 하였습니다.

이러한 이들의 선택과 태도는 연구를 진행하는 동안 매우 안타까움을 자아냈는데, 무엇보다 이들의 우울과 절망이 대부분 이들의 개인적인 잘못이나 어쩔 수 없이 경험할 수밖에 없는 상황으로 인한 것이 아니기 때문입니다. 코로나 19는 말할 것도 없고, 임금 삭감이나 퇴출의 문제, 미디어와 일상 속에서의 젠더 폭력, 신뢰할 수 있는 사회적 관계의 부재 등등이 이들의 잘못으로 인한 것은 분명 아니기 때문입니다. 한국 사회는 여성 청년들이 직면하고 있는 문제들에 대해서 지나치게 무관심했을 뿐만 아니라, 따라서 그러한 사회적 무관심으로 인해 설령 자살을 선택하지 않는다고 하더라도 이미 일상 속에서 '사회적 죽음'을 경험하면서 살고 있을지도 모른다는 생각이 들었습니다.

그렇다면, 코로나 19 시기의 여성 청년 자살의 문제를 해결하기 위해서는 어떠한 지점들이 개선되거나 새롭게 마련되어야 할까요? 물론 누군가는 각자의 우울감이란 결국 어쩔 수 없이 병원이나 상담기관에서 개인적으로 해결할 수밖에 없는 것이 아니냐고 생각할 수도 있을 것입니다. 병원과 상담의 도움이 불필요하거나 소용없다는 것은 아니지만, 약물 치료와 상담이 삶의 '의미'를 만들어내지는 못할 것입니다. 이들에게 필요한 것은 현재 직면하고 있는 문제를 해결함과 동시에 자신들의 삶도 '의미'있을 수 있다는 희망과 신뢰를 회복하는 것일지도 모릅니다. 따라서 여성 청년의 자살을 줄이기 위해 당장 가능한 몇 가지 사회적인 대책을 제안해보고자 합니다.

첫째, 여성 청년을 위한 취업 및 대출 지원이 필요하다고 여겨집니다. 여성 청년들은 개인적인 심리 변화에 초점을 맞추는 자살 예방 프로그램은 자살 시도를 줄이는 데 그다지 의미가 없다고 말하며, 구체적으로 삶의 조건이 바뀌기를 희망하고 있습니다. 그러한 문제를 해결하는 데 가장 시급한 문제는 무엇보다 취업 및 대출 지원입니다.

여성 청년들은 어렸을 때부터 가정이나 학교에서 남성과 동등하게 능력을 지니고 자신의 꿈을 키우도록 교육받아왔지만, 막상 사회에 나가게 되면 남성과는 다른 조건에 놓여 있다는 깨달음과 좌절감을 경험하고 있습니다. 여성 청년에게 주어진 취업 기회라는 것은 저임금의 불안정한 서비스 노동에 대부분 한정되어 있으며, 승진의 기회가 있거나 자신의 전문 분야를 개발할 수 있는 영역에는 남성에 비해 상대적으로 기회의 문이 좁다는 것을 심각한 문제이자 절망의 원인으로 느끼고 있습니다. 또한, 코로나 19 이후에 임금이 삭감되거나 일자리로부터 퇴출되는 경험을 한 여성들이 상당수였으며, 이들은 이후에 다른 직업을 찾는 데 어려움을 겪고 생계 곤란에 처하기도 합니다. 이러한 절망과 좌절을 해소하거나 적어도 감소시키기 위해서는 여성 청년이 현재 상황을 조금이라도 개선할 수 있도록 취업 및 대출 지원이 이루어져야 한다고 생각합니다.

둘째, 젠더 폭력에 대한 처벌 강화입니다. 여성 청년들이 일상 속에서 인지하고 경험하는 젠더 폭력의 수준은 상상을 초월할 정도로 매우 심각한 상황입니다. 대면 관계가 중심이 되었던 그 이전 세대와 달리, 여성 청년들은 어렸을 때부터 온라인 사회를 통해 타인의 반응과 태도를 주로 경험해왔으며, 그에 따라 익명이라는 조건을 이용하여 폭력적인 언사를 일삼거나 왕따를 시키는 상황에 대한 불안과 공포를 가지고 있습니다. 강남역 사건이나 N번방 등의 이슈는 이들에게 '남의 일'이 아닌 '자신들의 경험'을 대변하는 것이었는데, 예컨대 애인이라고 하더라도 동영상 촬영을 요구한다든지, 몰카 설치의 가능성 때문에 공중화장실을 이용하는 데 두려움을 느낀다든지, 학과 카톡방에서 성적 희롱이나 폭력적인 발언을 듣는다든지 하는 경험을 '일상적'으로 하고 있습니다. 그러다 보니, 한국 사회에서 젊은 여성으로 산다는 것에 대해서 디스토피아적인 관점을 갖게 되었을 뿐 아니라 불안과 우울을 경험하는 경우가 많습니다. 따라서 여성 청년이 살 만한 사회를 만들기 위해서는, 무엇보다 젠더 폭력과 관련된 처벌을 강화하고 사회적 분위기를 바꾸어나가야 할 필요가 있다고 여겨집니다.

셋째, 돌봄 지원 및 위기 관리의 확충입니다. 코로나 19 상황은 여성 청년들에게 심리적일 뿐 아니라 신체적인 부담과 불편함을 가중시키고 있습니다. 부모와 함께 살든지 따로 살든지 상관없이, 이들은 주변에서 자신의 어려움에 관해 이야기를 들어주거나 함께 해결해줄 지지 세력을 찾을 수 없었고 늘 혼자 외롭게 견디고 있거나 문제를 해결하기 어려워하고 있습니다. 이는 여성 청년들의 삶과 생각이 우리 사회에서 심지어 가족이라는 작은 울타리 속에서도 공감되기 어렵다는 안타까운 현실을 시사합니다.

또한, 결혼한 여성들은 학교에 가지 못하고 계속 게임에만 집중하는 자녀와의 다툼이라든지, 돌볼 사람을 찾지 못해 아이를 혼자 집에 놔두고 직장에 가야 하는 경우 등에서 일상적인 곤란을 느끼고 있을 뿐 아니라, 스트레스가 극도로 높아진 상황에서 가정 폭력의 가능성마저 직면해야 할 위험에 처해 있습니다. 따라서 이러한 여성들을 위해 돌봄 지원을 할 필요가 있으며, 과도한 부담으로 인해 심리적으로 취약해진 여성 청년들을 위한 위기 관리가 필요합니다.

이러한 문제들을 실행하기 위해서는 단지 특정한 한 개의 부서뿐만 아니라 국가의 여러 부서가 함께 결합하여 고민하고 노력해야 합니다. 여성 청년의 취업과 대출 지원을 위해서는 고용노동부가 참여해야 하고, 젠더 폭력 및 가정 폭력의 문제 해결을 위해서는 법무부가 관여해야 하며, 돌봄 지원 및 위기 관리를 위해서는 보건복지부가

문제 해결을 위한 집행 구조

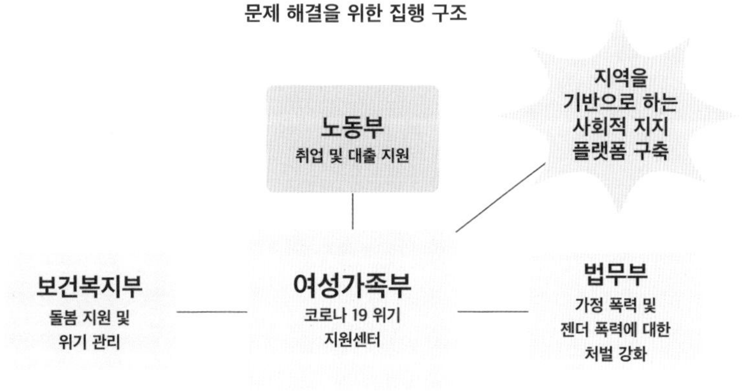

역할을 해야 할 것입니다. 그리고 여러 부서를 총괄하는 부서로서는 여성가족부가 가장 적합하리라고 여겨집니다.

다시 말해, 코로나 19 시기 여성 청년의 자살 증가를 막기 위해서는 여성가족부에 '코로나 19 위기지원센터'를 설립하고 이를 중심으로 하여 고용노동부, 법무부, 보건복지부가 상호 연동하여 작동하는 거버넌스 구축이 필요합니다. 각 지역 사회에는 여성 청년의 위기를 지원할 수 있는 사회적 지지 플랫폼을 설치하는 것도 필요하다고 봅니다. 그리고 코로나 19 위기지원센터에 20~30대로 구성된 여성위원회를 구성하여, 여성 청년들이 실질적으로 느끼고 있는 불안과 절망 요인이 무엇인지를 파악하고 그에 적절한 대책 마련을 논의할 수 있는 장을 마련할 필요가 있습니다.

3장

세대 간 감염된 절망에 관하여

장숙랑

중앙대학교 적십자간호대학 간호학과 교수

중앙대학교 적십자간호대학 간호학과 교수. 노인, 장애인, 여성의 건강권을 위한 지역사회의 역할에 대해 고민하는 연구자이다. 지은 책으로는 *Regulating Long-Term Care Quality*(공저), *Nursing Older Adults*(공저), 『나이 들어도 괜찮을까?』(공저) 등이 있다.

20대 청년, 더 아프다

"2주 연속 우울한 증상을 경험하고 있나요?" 건강검진을 할 때 문진표에 이 문항이 담겨 있곤 합니다. 당신의 대답은 무엇입니까?

19세 이상 성인 남녀에게 물었던 2019년의 한 조사 결과•는 뜻밖이었습니다. 20대 청년의 우울 증상 비율이 너무 높았기 때문입니다. 20대 청년, 가장 찬란하고 눈부시게 희망적인 시기라고 생각했던 그들 중 20%는 2주 이상 연속적으로 우울 증상을 경험하고 있습니다. 우리 사회에서 자살률이 가장 높다고 알려진 여든의 어르신이나 중

• 2019년 국민건강영양조사, 보건복지부.

년 남성들보다 높은 수준이었습니다.

"지난 1년간 자살을 하고 싶은 생각이 있었나요?"라는 질문도 마찬가지였습니다. 20대 여성은 80세 이상 여성 노인 다음으로 자살 생각을 많이 하고 있었습니다. 20대 청년이 보내는 구조 요청은 이외에도 또 있습니다. 지난 1년간 정신 문제로 상담을 받은 적이 있는지 물었을 때, 20대 여성 중 7.4%가 상담을 받았다고 응답했는데, 이는 모든 성별과 연령을 통틀어서 가장 높은 비율입니다. 정신건강에 적신호가 켜졌고 해결해보려고 나름 안간힘을 쓰고 있다는 것입니다. 청년들이, 여성 청년들이 도와달라는 메시지를 던지고 있다는 것을 이처럼 몇 개의 통계치만 보더라도 쉽게 알아차릴 수 있습니다.

20년 전에 수집했던 전국민 건강조사자료●와 최근에 한 조사 자료를 가지고 20대 청년만 따로 떼어서 비교해보았습니다. 이 결과 역시 현재의 청년이 더 아프다는 것을 금세 알 수 있었습니다. "나는 얼마나 건강한 편입니까?"라고 묻는 주관적 건강 상태에 대해 분석해보니, 요즘의 20대가 과거 20년 전 20대보다 건강 상태가 더 안 좋았습니다. 한마디로 부모님이 젊었을 때보다 우리 자녀들의 건강이 더 나쁘다는 뜻이지요. 세대 간의 건강 차이는 남자에서 훨씬 더 두드러지게 나타납니다. 요즘 청년들이 왜 더 아플까요?

문제는 마음 건강이었습니다. 20대 청년의 스트레스 정도를 비교해보았더니, 현재의 20대가 크게 높았습니다. 전체 인구의 자살률은

● 2001년 국민건강영양조사, 보건복지부.

2011년부터 점차 감소하는 추세입니다. 반면에 20~35세 연령의 자살률은 2017년 이후 꾸준히 증가하고 있습니다. 특히 지난 10년간 가장 낮았던 20~24세 청년 여성의 자살률이 2017년 이후 급격히 증가했습니다. 현재는 전체 여성의 자살사망률보다도 더 높습니다.

지금 이 시대 청년에게 무슨 일이 일어나고 있는 것일까요? 중년이나 노년과는 어떻게 다른 걸까요? 코로나 19 상황이 길어지면서 어쩔 수 없이 따라오는 일상의 큰 변화, 우울감이나 무기력증 때문이라는 해석도 나오지만 지난 몇 년간 관찰된 청년 정신건강 적신호를 코로나 블루로 모두 설명할 수는 없습니다. 코로나 19 이전부터 이미 시작된 에피데믹(Epidemic)이었기 때문입니다.

그 나이엔 다 그래?

흔히 청년기를 일컫는 설명은 다음과 같습니다.

"청년기는 심리적, 경제적으로 부모로부터 독립을 성취해야 하며, 배우자를 찾고 직업을 선택하는 과정을 통해 성인으로서 역할인 성숙함과 책임감을 발전시켜야 하는 시기로 역할 갈등과 스트레스를 경험할 수 있다."

하지만 청년들은 경제 불황 등 사회적 상황에 따라 위에 주어진 다소 교과서적이고 정형화된 과업들을 이루기엔 어려움이 많습니다. 게다가 지금의 청년들은 20년 전 청년보다 똑똑하기 때문에 위의 과업에 의심을 품고 있습니다. 받아들여야 할 합리적 이유나 당위성도 없다는 것을 너무나 잘 알고 있지요. 그러나 주변으로부터, 특히 부모나 친인척, 선생님, 사회로부터 성취 과업에 대한 끊임없는 압박을 받고 있습니다. 그 압박조차 아예 없애거나 무시하며 살 수는 없는 노릇이지요. 기성세대는 그들 나름대로 삶의 과정 속에 믿어왔던 가치관과 생각이 있으니까요. 과업을 성취하지 못하는 것은 개인의 책임이 아닌 경우도 상당히 많지만, 결과론적으로 과업을 성취하지 못하였다는 자괴감은 청년의 몫으로 남습니다. 그 몫으로 스트레스와 우울에 시달리며 힘든 시기를 지내게 됩니다.

현재 2030 청년 여성의 자살률은 과거 2030 여성보다 심각하게 높은 '코호트 효과'를 가지고 있다는 연구 결과•가 있습니다. 이 말은, 1990년대생 딸이 1970년대생 엄마가 20대일 때보다 더 우울한 20대를 보내고 있다는 것을 뜻합니다.

특정한 경험을 한 비슷한 연령대의 인구집단이 다른 연령대의 인구집단과 뚜렷하게 구별되는 양상을 보일 때, 학계에서는 이를 '코호트 효과'라고 부릅니다.

예를 들어 일본의 경우, 노인의 자살사망률이 굉장히 높았다가 2005년부터 조금씩 떨어지기 시작해서 지금은 거의 청년 자살률과 비등한 상황을 보이고 있습니다. 이는 자살사망률이 높았던 세대가 초고령화가 돼서 대부분 사망했기 때문입니다. 자살사망률이 높았던

• 장숙랑, 백경흔. 『2019 청년여성의 자살문제』, 사회건강연구소 연구보고서.

세대는 일본 제국주의 때 전쟁에 참전했던 세대들인데, 그 세대가 사라져버린 것이지요. 청년 때 패망한 국가를 견뎌야 했던 이들 세대들은 지속적으로 우울증에 시달렸고 나이가 들어 노인이 될 때까지도 높은 자살사망률을 보였습니다.

연령대별로 자살사망률에서 '코호트 효과'가 있는지를 살펴보려고 한다면, 같은 연도에 출생한 사람의 자살사망률이 얼마나 유사한 양상을 보이는지, 이 집단이 다른 출생연도 사람들의 자살사망률과 얼마나 다른 양상을 보이는지를 들여다보면 됩니다.

우리나라에도 그런 코호트 효과가 있는지 살펴보았는데요, 20~30대 연령층에서 코호트 효과가 두드러지게 나타났습니다. 이는 일본 전후세대 청년들이 그랬듯이, 20~30대 청년들은 나이가 들수록 계속 높은 자살률을 보일 수밖에 없는, 몸속에 유전자처럼 코딩된 무엇인가가 있다는 것을 의미합니다. 더 놀라웠던 건 통상적으로 남성의 자살사망률이 1.5배에서 2배까지 높은데, 유독 우리나라 청년들 중에서 20~30대 여성 자살률의 코호트 효과가 더 크다는 점이었습니다. 남성 자살률보다 훨씬 심각했습니다. 더욱이 그 세대들이 보이는 자살률의 증가폭은 매우 위험한 수준이었습니다. 이런 통계 수치들은 지금의 20~30대 여성들이 앞으로 삶을 살아가면서 지속적으로 정신건강 문제를 겪게 될 가능성이 높다는 것을 말해주고 있습니다.

좀 더 세분화해서 살펴보았더니, 80년대생의 자살사망률이 심각하게 나타났지만, 더 심각한 연령층은 90년대생이었습니다. 90년대생 중에서도 90년대 후반으로 갈수록 더 자살사망률이 높았습니다.

80년대생의 엄마 세대인 1951년생의 자살사망률과 1981년생의 자살사망률을 비교해보았더니 1981년생의 자살사망률이 5배나 높았습니다. 1997년생 청년 여성은 1951년생이 청년일 때와 비교했을 때 7배나 높았습니다.

이것은 엄마들 세대보다 딸들의 세대에게 20대에 자살을 선택하게 만드는 삶의 조건들이 5~7배 증가했다는 것을 의미합니다. 어쩌면 이대로 두었다가는 아마 지금으로부터 10년 뒤에는 30~40대 자살사망률이 높다는 뉴스가 나올 것이고, 20년 뒤에는 40~50대의 자살사망률이 최고로 높다는 얘기가 나올 가능성이 큽니다. 이런 상황은 코로나 19가 시작되기 훨씬 전부터 나타나고 있었습니다. 20~30대 여성의 자살사망률 증가는 코로나로 촉발됐을 수는 있지만 어느 정도 예견된 결과라고 보는 게 더 정확합니다. 사회는 발전하였고 대한민국은 선진국이 되었을 뿐만 아니라 보건의료 체계도 크게 개선되어가는데, 자녀 세대는 그 혜택을 온전히 누리지 못하는 것 같습니다.

그러면 다른 사회에 사는 청년은 어떨까요? 같은 청년 시기라 하더라도 다른 나라에 사는 청년은 다른 모습을 보일 수 있겠지요. 가까운 일본을 보겠습니다. 최근 일본 청년들은 자살에 취약한 경향을 보입니다. 특히 여성 청년이 문제인데요, 높은 자살률은 한국과 비슷한 것 같습니다. 자살은 15~39세의 사망자 중 가장 많은 사망 원인이었으며, 20~24세 사망의 48.1%, 25~29세 사망의 47%가 자살로 인한 사망입니다. 이는 G7 국가 중 가장 높은 수치•입니다. 코로나 19 펜데믹하에서 40세 이하 젊은 여성의 자살률이 가장 크게 증가하는 모습을 보였는데, 일본에서도 이례적으로 높아지는 청년 여성의 자살률을 심각하게 받아들이고 있습니다.•• 미국 청년의 자살률은 고령이나 중년 집단에 비해 낮게 나타나고, 증가하는 양상 없이 정체 중입니다. 한국이나 일본 청년이 자살의 고위험에 처해 있는 것과 다른 양상을 보이는 것이지요.

분명한 것은, "그 나이엔 다 그렇지"라고 말하면 안 된다는 것입니다. 같은 청년 시기라 하더라도 시대에 따라, 사회상에 따라 정신건강이 보여주는 반응은 매우 다릅니다.

절망으로부터의 죽음

자살, 죽음을 선택하는 요인에는 신체적인 요인과 정신적·사회적인 요인이 있다고 알려져 있습니다. 신체적·정신적 고통으로부터 피하기 위해 자살을 생각하지만 죽고 싶은 마음과 살고 싶은 마음이 공존하게 됩니다.••• 경제적인 고난이 있으면 외로움이나 고독에 비할

• Ministry of Health and Welfare.(2018). *National Plan for Prevention of Suicide* [Press release]. Retrieved from www.mohw.go.kr/react/modules/download.jsp?BOARD_ID=140&CONT.

•• Ueda, M., Nordstrom, R., & Matsubayashi, T.(2021). Suicide and mental health during the COVID-19 pandemic in Japan. *Journal of public health* (Oxford, England), fdab113.

••• 고문희, 이미옥, 이명선(2013), 「자살 시도자의 고통에 대한 현상학적 연구」, 정신간호학회지, 22(4), 339~348.

수 없을 정도로 강력하게 자살을 생각하게 됩니다.

청년 자살 행동의 원인은 표면적 차원과 은폐적 차원 두 가지로 나누어볼 수 있다고 합니다.• 표면적 차원은 대인관계, 상실감 등 자살 행동이 있을 때 표출되고 드러나는 원인입니다. 하지만 표면적 차원 속에 축적된 은폐적 차원도 있음을 우리는 알고 있어야 합니다. 본인마저 인지하지 못하는, 은폐된 자살 생각을 유발하는 요소들이 마음속에 켜켜이 쌓여 있기도 합니다. 어렸을 때부터 누적되어온 것, 무의식, 공격성 등이 은폐의 범주 안에 포함되는 것입니다. 이런 요소들이 누적되어 위험수위에 있을 때, 하필이면 특정 표면적 요인이 생기게 될 때, 청년들은 절망합니다. 실패, 특히 경제적인 어려움이 동반된 '실패'가 추가될 경우 강력한 자살 충동을 느끼게 되고 자살 행동으로 연결되기도 합니다.

청년들은 본인이 정작 무엇 때문에 죽으려 하는지 잘 모르는 경우도 많습니다. 무의식과 내재된 공격성 등이 맞물려서 자살의 실행성과 가능성이 높아지기도 하는데요. 자살 실행 능력은 죽음의 공포를 넘을 수 있을 정도로 큽니다. 내 삶의 보호 요인들이 어느 것 하나 눈에 들어오지 않는 순간, 절망감은 극에 달하고 자살의 실행력은 커지게 됩니다. 노인은 청년과 달리 자살 행동을 치밀하게 준비하는 경향이 있고, 자살 시도자의 자살 실행력이 젊은 세대보다 매우 높습니

• 장숙랑, 강지원, 김해송, 김민경(2021), 「2021년 청년자살예방을 위한 청년 정신건강 실태조사」, 중앙대학교 산학협력단, 서울시 자살예방센터 연구보고서.

다. 청년들은 이유를 잘 모르거나 순간적인 경우가 많고, 여러 번 시도하는 경향이 있습니다.

미래에 대한 막막함, 내가 과연 제대로 살 수 있을까 하는 의구심, 상대적 박탈감이 있을 때 청년은 절망감을 크게 느낍니다. '어디에서도 적응을 못할 것이다', '변변치 못할 것이다'라는 생각이 들 때, 자살 생각을 하게 됩니다. 만약 고립되어 있다면 이 부정적인 생각은 더 커지기만 합니다. 이 상황에서 가족은 가장 큰 보호 요인 중 하나입니다. 그러나 취약한 상황에 놓인 청년일수록 가족 모두가 취약할 가능성이 높기 때문에 이 보호 작용이 작동하지 못할 수 있습니다. 매달 기초생활수급비를 받아도 18~20만 원의 빚이 새로 누적되는 상황 속에서 기초생활수급 청년들은 삶이 지속가능하지 않다고 생각하고 있습니다. 청년들이 가족 지원을 못 받고, 사회보장 체계에서도 도움을 받지 못한다면 어떻게 해야 할까요? 경제적 어려움에 더하여 지지 체계마저 부족하거나 없는 경우 자살 위험은 증가하게 됩니다.

세대 간 전염되는 재난

우리 사회 중년 남성은 세 번의 경제 위기 때마다 높은 자살사망률을 보였습니다. 국민이 일상의 삶 속에서 얼마나 큰 고난을 받고 있는지 고스란히 드러내는 표지자 역할을 하였습니다. 중년 남성은 일자리가 없으면 설자리가 없다고 느낄 수 있습니다. 일자리가 없으면 관계가 소멸되고 삶에 대한 믿음이 함께 사라지는 것이지요. 특히 혼자 살게 된다면 더욱 힘들고 갑갑한 상황이 됩니다. 서울특별시가 고독사의 특성을 분석해본 결과, 50대 중년 남성이 가장 높은 비율을 차지하였습니다. 중년 남성은 일자리와 여가 활동을 통해 시간을 보낼 수 있어야 삶의 의미를 느끼고 이어갈 만한 가치가 있다고 느끼곤 합니다. 그래야 신체적 건강도 도모할 수 있습니다.

세대 간 정신건강의 위험은 공유됩니다. 청년과 다른 세대 간의 자살사망률의 경향을 비교해보더라도, 유사한 경향을 흔하게 보입니다. 연도별 변동폭은 다릅니다만 50대 중년 남성과 2030 청년의 자살사망률 연도별 추이가 유사한 경향을 보이는 것을 보면 금세 알 수 있습니다. 앤 케이스와 앵거스 디튼은 『절망의 죽음(Death of Despair)』이라는 책에서 50대 남성이 보이는 높은 자살, 중독, 총기사고 사망은 고스란히 "여러 세대에 걸친 재난(multi-generational disaster)"이라고 규정한 바 있습니다.•

중년과 청년은 개인적으로 가족 구성원으로 묶이는 경우가 많습니다. 사회적으로는 중년과 청년이 노동시장에서 '은퇴'하거나 '진입'하는 변동의 시기를 함께하고 있습니다. 이 과정에서 유사한 감정적 경험을 가질 수 있습니다. 가정 안에서 보호받고 편안하고 안전감을 느끼지 못한 경우는 가족 구성원 전체가 같은 환경을 공유합니다.

• Case, A., and Deaton, A.(2020), *Deaths of Despair and the Future of Capitalism*. Princeton University Press.

사회적 역할로부터 배제되거나 또는 진입하지 못할 때 청년과 중년은 모두 두려움과 불안을 느끼게 됩니다. 청년은 일상에서 가벼운 우울감과 스트레스를 편하게 말할 수 있는 곳으로 가정이나 친구를 생각하지만, 이마저도 여의치 않은 경우가 점점 더 많아지고 있습니다. 청년에게는 "휴먼 라이브러리(human library)"가 필요하지만 우리 사회에서 그들의 고민을 차분하게 들어줄 사람들이 점점 희박해지고 있습니다. 기성세대, 중년, 노년의 선배들이 그 역할을 해주어야 하는데 그들의 삶도 불안하고 외롭습니다.

아무리 여러 차원에서 자살 고위험 요소를 많이 가지고 있다 하더라도 사회적인 참여와 연결되어 있다면, 극단적인 선택을 하기는 어렵습니다. 사실 원리는 아주 간단할 수 있습니다. 생계를 유지할 수 있는 일자리가 있고, 본인이 좋아서 하는 일이나 작업이 있고, 누군가 만나서 상호작용을 한다면 자살 생각으로부터 자신을 지킬 수 있는 기본은 갖춘 셈입니다. 아무리 사회적으로는 변화의 조짐이 없다고 생각되어도, 모든 세대와 모든 성별에서 각자의 일거리와 믿음직한 소통의 창구가 있다면 서로의 변화를 도모해볼 수 있는 최소한의 기본기는 갖추었다는 것입니다. 세대 간 전염되는 재난을 막기 위해서는 어디에서부터라도 재난을 대비하고 막아내는 것이 필요합니다. 청년을 위한 사회는 중년을 위한, 노년을 위한 사회가 될 것입니다. 같은 논리로 노년을 위한 사회는 또한 청년을 위한, 중년을 위한 사회가 될 것입니다.

여자는 왜 그래?

자살률의 절대적인 수치는 남성보다 낮지만 자살 시도나 우울증은 남성보다 여성이 높습니다. 더 주목해야 할 현실은, 우리나라 2030 여성 청년의 자살사망률이 OECD 국가 중 최고라는 것입니다.

여성 청년의 자살이나 자살 생각에 영향을 주는 요인에 대한 연구는 많지 않습니다. 국내 한 연구에서는 도시에 거주하는 경우, 우울 증상이 있는 경우, 친밀한 이웃 및 친구와의 교류가 적고 사회활동 참여가 낮으며, 안전감에 관한 인식이 낮을 경우, 교육 수준이 낮을 경우, 무급가족노동 종사인 경우, 무직 상태이거나 가구 소득이 낮은 경우, 일상생활 스트레스, 음주, 흡연, 주관적 건강 상태가 낮은 경우 자살 생각을 더 자주 한다고 합니다.•

우리는 세계적으로 유래 없이 높은 젊은 여성의 자살률에 민감하게 반응하고 관심을 가져야 합니다. 여성 노동에 대해 지금보다 훨씬 더 심각하게 우리 사회의 차별적 구조가 있는지 살펴봐야 합니다. 여성이 취업한 근무 환경은 비정규직, 서비스업의 비율이 높아 직무 스트레스가 높은 편입니다. 비정규직의 열악한 환경에 놓여 있는 여성, 차별적 노동시장 구조를 분명하게 직시해야 합니다.•• 여성과 남성

• 김재우(2018), 「한국사회 청년층의 자살 생각 결정요인: 성별 및 거주 지역별 차이를 중심으로[Determinants of Suicidal Ideation of Young Koreans: Focused on Different Patterns across Gender and Living Areas]」, 『지역과 세계』(구 사회과학연구), 42(2), 93~126.
•• 문다슬, 정혜주(2018), 「두 번의 경제위기와 실업, 노동빈곤, 그리고 젠더: 한국 자살 위험 양식의 역동적 변화에 대한 시론」, 『한국사회정책』 25(4): 233~263.

을 아우르는 모든 청년의 삶을 안전하게 보호하고 그들의 권리를 실현하는 구체적 정책이 필요하다는 것이지요.•

코로나 19로 인해 외부 출입이 자유롭지도 못한 상황에서 가정 내부의 갈등마저 증폭될 가능성이 높았습니다. 재택근무를 하고, 등교 중지로 양육 부담이 늘어났습니다. 재택근무와 아이 양육이 힘들지만 그보다 더 힘들게 하는 것은 힘듦을 이해해주는 사람이 없다고 느끼는 순간입니다. 이해받지 못하면 가족 간 갈등이 생기고 해소되지 못한 채 다툼이 일어납니다. 여기에 이어지는 배우자나 파트너로부터의 폭력은 (아무리 우발적이라 하더라도) 절망을 부르고, 자살의 고위험군이 됩니다. 자녀에게 장애가 있을 경우는 더 심각한 고위험군에 해당하게 됩니다. 배우자 한 쪽이 아이를 감당할수록 힘든 상황을 겪게 되지요. 2030 여성 청년 자살 사망의 급증을 지금 이 시점에서 어떤 원인 때문이라고 단정 짓기는 어렵습니다. 그만큼 여성 청년들이 처한 삶의 환경과 조건이 다양하고 문제와 위험성이 각기 다르기 때문입니다.

"여자들은 왜 그래?"가 아니라 "여자에게 왜 그래?"라고 질문해야 합니다. 상처가 많았던 사람일수록 각성 수준이 높게 마련입니다. 남녀를 떠나 우리 사회 불평등 구조를 개선하고자 노력한다면 상처 입은 청년 여성들의 자살률을 낮출 수 있습니다. "더 산다고 뭐

• 송인한(2020), 리셋코리아 기고문 '20대 여성의 극단 선택, 국가는 심각하게 응답해야' https://news.joins.com/article/23944663 (2021년 9월 3일 검색).

가 나아질까요." "다른 사람과 비교해봤을 때 내 인생은 이미 끝났어요." 청년 여성들은 이렇게 말합니다. 상황은 절망적이고 비빌 언덕이 없는 청년 중 여성이 많다는 뜻입니다. 젠더 문제는 불평등의 한 조각이자 단면입니다. 청년 여성의 높은 자살을 막을 수 있는 방법은 의외로 단순할 수 있습니다. 공정하고 공평한 사회로 나아가는 것입니다.

청년들이여, 그대 탓이 아니다

우리나라 청년들은 자살에 대해 상대적으로 허용적인 태도를 가지고 있다고 합니다.● 일본이나 미국 등의 다른 나라 청년에 비해 자살을 수용적으로 인식하고, 자살을 이해하는 태도를 보이고 있습니다.●● 흔히 일본이 예부터 자살을 사죄나 무고를 입증하는 수단이나 애국심을 표현하는 방식으로 인식한다고 알려져 있지요. 일본 청년들은 자살을 하나의 권리로 인식하고 있다고 합니다. 게다가 일반적으로 흔히 발생하는 일이며 정당한 행동으로까지 인식하고 있었습니다. 이런

● Feigelman, W., Kawashima, D., Kawano, K., Cerel, J., & Koga, Y.(2020). Examining whether South Korean and Japanese Views of Suicide and Death Help to Better Understand their Contrasting Suicide Patterns. Suicidology Online, 11(1). Retrieved from https://www.researchgate.net/publication/342040447

●● 김선아, 박진영, 이수정, 금란, 김고운(2019).「한국 성인 대상 자살태도 측정도구의 타당도 및 신뢰도 검증」,『정신간호학회지』, 28(4), 382~392.

생각은 자살 생각을 하고 있는 일본 청년에게는 훨씬 강했습니다.*

그런데 최근 아주 흥미로운 연구 결과가 발표되었습니다. 한국, 미국, 일본 성인을 대상으로 자살에 대한 허용적 태도를 비교한 연구였습니다.** 한국은 두 나라에 비해 자살 생각이 단연 높았습니다. 그리고 한 사람이 빈곤하게 되는 이유는 사회적인 요인이라고 생각하고 있었습니다. 즉, 내가 빈곤한 이유는 우리 사회의 불평등 구조에 의한 것이라는 인식이 높다는 것입니다. 개인이 게으르거나 열심히 일을 하지 않아서 가난하게 되었다는 개인 책임론보다는, 사회구조적인 문제에 기인한다는 것이지요. 그런데 아이러니하게도 한국 사람들 중 자살에 허용적 태도를 보인 사람들은 빈곤을 개인 책임이라고 생각하는 사람들이었습니다. 가난은 게으르거나 운이 없어서 그렇다라고 믿을수록, 자살은 어쩔 수 없이 발생할 수 있는 일이라고 생각하고 있었습니다. 미국이나 일본 성인에게는 이런 관련성이 발견되지 않았는데 말이지요.

한국은 OECD 국가 중 두 번째로 빈곤율(중위소득 50% 이하인 계층의 비중)이 높은 나라임에도 불구하고 공공사회지출은 가장 낮은 수

* Otsuka, H., Anamizu, S., Fujiwara, S., Ito, R., Enomoto, M., Furukawa, M., & Takano, A.(2020). Japanese young adults' attitudes toward suicide and its influencing factors. *Asian journal of psychiatry*, 47, 101831.

** Lee, H., Park, C. H. K., Rhee, S. J., Kim, B., Lee, S. S., Ha, K., Ahn, Y. M.(2021). The influence of poverty attribution on attitudes toward suicide and suicidal thought: A cross-national comparison between South Korean, Japanese, and American populations. *Comprehensive psychiatry*, 109, 152259.

준입니다.• 공공사회지출을 큰 의미에서 사회안전망이라고 본다면 필요에 비해 공급이 적다는 의미입니다. 청년의 자살 문제, 청년 탓이 아닙니다.

자살을 결심한다면 막을 수 없을까요? 그렇지 않습니다. 2030 청년들은 그렇지 않다고 대답하고 있습니다.•• 자살하는 사람들은 정신질환 때문이라서 어쩔 수 없고 막을 수 없는 것일까요? 청년은 그렇게 생각하지 않았습니다. 청년들은 외로움도 자살의 이유가 될 수 없다고 말합니다. 우리 청년들은 자살은 막을 수 있다고 외치고 있습니다. 막을 수 있고 수정할 수 있는 사회 문제라고 인식하고 있습니다. 청년들의 생각에 비추어볼 때 적극적인 자살 예방 정책과 노력들은 분명 효과가 있을 것입니다.

청년들을 보며 대한민국의 중년과 노년은 느끼고 배워야 합니다. 자살은 어떠한 이유로도 허용되지 않습니다. 정신질환도 외로움도 가난도 자살의 이유가 되지 않는다는 청년들의 생각에 박수와 찬사를 보내고 배워야 합니다. 자살에 허용적인 태도는 가난을 오로지 개인 책임으로만 돌리는 것과 같은 선상에 있습니다.

• OECD(2021), Poverty rate (indicator). doi: 10.1787/0fe1315d-en (Accessed on 27 October 2021).

•• 장숙랑, 강지원, 김해송, 김민경(2021), 「2021년 청년자살예방을 위한 청년 정신건강 실태조사」, 중앙대학교 산학협력단, 서울시자살예방센터 연구보고서.

기성세대에게 고함

자살은 불행한 개인의 죽음이 아니라, 사회환경 요인이 몰고 간 절망이자 인위적인 생명의 단절입니다. 우리나라는 2011년에 자살예방 및 생명존중문화 조성에 관한 법률이 통과되어 2012년 중앙자살예방센터가 신설되었습니다. 자살 예방과 관련된 국가적인 책임을 구체화하면서 체계적인 정책 실행을 위한 기초가 마련되었습니다. 2019년에는 범부처 정책 대응을 위해 국무총리를 위원장으로 하는 '자살예방정책위원회'도 신설되었습니다. 하지만 감소하지 않는 청년 자살률은 우리 사회 청년에게 맞는 자살 예방 정책을 강력하게 요구하고 있습니다.

청년은 사회가 그들의 이야기를 잘 들어주기를 바라고 있습니다. 한두 개 정책이나 서비스만으로는 청년의 자살 고위험을 낮추기는 사실상 불가능합니다. 청년 자살률은 사회 구성원 모두에게 이 사회가 살기 어려운 곳이라는 메시지를 전해주고 있습니다. 모든 세대를 위한 정책이 필요합니다.

청년의 불행이 여성들만의, 남성들만의 불행일 리가 없습니다. 그리고 한 세대의 절망은 모든 세대의 불행으로 상호 확산됩니다. 마치 감염된 절망감처럼 모두에게 편하지 않은 사회, 아무도 경청해주지 않는 삶으로 표현되는 이 시대 청년의 일상을 어떻게 하면 더 나은 하루로 만들어갈 수 있을까요?

어떤 사회 서비스를 누구에게 어떻게 전달하도록 설계하여야 할까요? 근본적인 기획부터 다시 시작해야 할 때입니다. 매년 상당수의 사람들이 반복적으로 자살 시도를 하고, 특히 청년의 자살이 증가하고 있는 사회라면, 그 사회는 여러 측면에서 문제가 있다는 의미입니다. 기성세대가 만든 지금의 '사회' 속에서 청년들이 행복하게 살기 쉽지 않다는 것입니다. 부모님들이, 선생님들이, 상급자들이 만들어낸 사회는 청년들의 공정심, 형평심, 자존감을 지켜주고 있지 못할 뿐만 아니라 하루하루 파괴하고 있는 것처럼 보입니다.

모든 정책에 청년들의 삶의 근간을 튼튼하게 해줄 수 있는 요소를 고려하는 등 거시적인 설계가 필요합니다. 자신이 비참하고 초라해 보인다는, 스스로를 가장 불쌍하고 슬픈 존재로 느낀다는 청년들이, 신나게 일하며 사랑하고 생활할 수 있으려면 우리는 무엇을 먼저 해야 할까요? 여기에 대한 답이 바로 모두가 건강한 사회로 발전할 수 있는 단초입니다.

청년이 쉽게 접근할 수 있는 정신건강 증진 서비스를 비롯해, 상담 등 정신건강 정책과 자살 예방 정책도 필요합니다만, 자살을 개인적인 문제로 바라보고 정신질환의 일부로 이해하는 관점을 바꾸어야 합니다. 근본적 차원에서 건강한 가족, 건강한 사회를 만들 수 있는 노력을 함께해야 합니다. 청년의 정신건강은 보건복지부에서만 고민해서 이루어지는 것이 아닙니다. 일자리 정책, 주거 정책, 경제 정책, 양성평등 정책에 모두 녹아 있어야 합니다. 불평등하고 부조리한 사회의 개선과 더불어 지지 체계가 필요합니다. 건강한 대인관계를 경험하며 살아갈 수 있도록 해야 합니다. 무한 경쟁구도의 생애과정에서, 옆의 잘 아는 친구든 다른 지역의 모르는 동료든 모두 경쟁자로만 인식하게 만들어버린 잔인한 모든 상황들을 도려내야 합니다. 사회적 신뢰를 높이고 연대하는 삶이 얼마나 아름답고 가치 있는 것인지를 생활 속에서 확인할 수 있도록 바꾸어 나가야 할 것입니다. 청년만 행복한 사회는 없습니다만, 청년이 행복하지 않다면 당신의 노년 역시 불행할 수밖에 없습니다.

4장

'청년'이 보이지 않는 청년 복지 정책

이기연

한국보건복지인재원 교수

한국보건복지인재원 교수. 지역사회 정신보건사업에 관심을 갖고 강화지역사회정신보건사업에 참여하였고, 성북정신건강복지센터에서 정신건강사회복지사로 근무하였다. 한국정신건강사회복지사협회 회장, 한국정신건강전문요원협회 회장을 역임하였다. 주요 관심 분야는 지역사회 정신건강, 사례관리, 슈퍼비전, 질적 연구 등이다. 안산온마음센터의 『애도기반 사례관리 매뉴얼』과 서울시 자살예방센터의 『서울형 심리부검 매뉴얼』 개발을 주도했으며, 지은 책으로는 『정신건강사회복지의 이해와 실제』(공저), 『사례관리론: 개념, 기술, 실천역량 이해』(공저), 『사회복지 슈퍼비전』(공저) 등이 있다.

청년 자살, 정신건강의 문제로만 볼 수 있을 것인가?

청년의 삶의 실태와 복지, 균형을 이루고 있는가?

청년을 위한 복지, 청년의 자살 예방에 가닿고 있는가?

청년의 삶, 어떻게 보듬을 것인가?

인간은 분명 관계를 통해 성장하고, 상처받기도 하고 또 회복하는 존재입니다. 코로나 19는 사회적 접촉을 불편해하거나 즐기지 않는 사람들에게는 오히려 자기다움을 지키고 회복하는 좋은 기회가 되었을 것입니다. 그러나 코로나 19가 느슨하거나 피상적 관계의 끈마저 떨어져버린 사람들에게 절대적인 위험이 되었다는 것도 분명 사실입니다.

특히 사람들을 통해 자신을 좀 더 이해하고 자신을 찾아가는 과정에 있는 '청년기'의 사람들에게는 마치 끈 떨어진 연과 같은 상황으로 작용했을 것으로 보입니다. N포 세대, 밀레니얼 세대, Z세대 등 그 어느 때보다 청년을 규정하려는 단어가 늘어난 시대입니다. 이는 청년 세대의 이질성과 복잡성을 반영하고 있기 때문일 것입니다.

오늘 다시 청년이라는 단어를 되새겨봅니다.

청년의 내적 이질성

청년 세대를 타자화시켜 이름 지어 불러도 될까요? 다양한 이름으로 청년 세대를 규정하고 있으나 '청년실(업)신(용불량)'으로 희화화될 정도로 청년의 경제적 어려움과 금융 취약성을 포함하여 날로 청년의 위기가 확산·심화되고 있습니다. 이에 많은 청년 관련 연구들이 이루어지고 있으며, 청년 정책들도 서둘러 시도되고 있습니다. 그러나 이러한 노력의 결과로 청년의 삶이 얼마나 나아졌는지에 대해선 긍정적으로 평가하기 어려운 것이 현실입니다.

현재의 청년 연구 및 정책들은 청년기를 분절적으로 바라보는 경향이 있으며, 이는 청년 문제가 제기된 배경인 '청년 실업'과 관계가 있습니다. 그러나 청년의 문제가 '실업'으로 귀결되고 있지만, 사실 청년은 동질적 집단도 아니고 실업으로만 그 문제를 국한시켜 단순화하기 어려운 복합적인 특성을 많이 가지고 있습니다.

청년에 대한 기존 연구에서 일관성 있게 강조하고 있으며 하나의 방향으로 수렴되는 청년의 특성은 '청년의 내적 이질성'입니다.● 청년층을 이해하기 위한 다양한 연구에도 불구하고 청년층의 내적 이질성과 결합된 사회구조적 불평등은 청년층을 온전히 이해하기 어렵게 만듭니다.●●

청년의 내적 이질성을 심화시키는 것은 '수저론' 등으로 비유되는 사회구조적 불평등이라 해도 과언이 아닐 것입니다.

세대 구분 형태로서의 '청년 세대'는 당연히 다양한 인구사회학적 특성을 나눠 가지고 있음에도 불구하고 그동안 우리 사회는 청년층을 단순화해서 동질적인 특성을 가진 집단으로 간주하고 있었습니다. 이미 이러한 인식에 변화를 촉구하는 시그널이 많았음에도 불구하고 기존의 틀을 버리지 못하고 안이하게 접근했다는 자각, 너무 늦지나 않았는지에 대한 조바심 사이에서 혼란스러워하고 있는 것이 오늘의 상황일 것입니다.

특히 청년의 자살률 증가 역시 코로나 19의 영향만은 아닐 것입니다. 이미 10여 년 전부터 청년의 자살이 사회적 이슈가 되고 있었고

● 청년에 대한 생애사적 이행경로에 대한 연구 결과를 보면, '미취업+미혼/취업+미혼→취업, 결혼'으로 이해하지 않는 특정 인구집단(미이행 궤적)이 존재하는 것으로 분석되고 있다(노법래, 2019).

●● 「1988~1998년생 청년의 다중격차실태분석」(변금선, 김기헌, 2019)에 따르면, 취업 청년의 8.6%, 실업 상태 청년의 28.4%, 비경활(재화나 용역의 생산을 하지 않는 활동)이면서 학생이 아닌 청년의 33.6%가 다중격차를 경험한 것으로 나타났다. 또한 이러한 다중격차는 부모의 교육 수준이 심화시키는 것으로 확인됐다.

그 현상이 더욱 새롭고 강력해지며 위세가 꺾이지 않고 있다고 하는 것이 좀 더 현실을 직시하는 것이 아닐까요?

> "다른 기회를 기다리는 동안 닳고 닳아 지금의 내가 아니게 되는 것 역시 또 다른 형태의 죽음이야. 나는 내가 지금처럼 날카로울 때 죽고 싶어. (…) 산업화 시대의 노동자들은 사회주의사회라는 '다음 단계'를 꿈꾸며, 프롤레타리아운동의 주체로서 뚜렷한 이념과 이상을 갖고 정치권력을 장악하려는 시도를 할 수 있었다. 그러나 표백 세대는 지배 이념에 맞서 그들을 묶어주거나 그들의 이익을 대변할 이념이 없으며, 그렇기에 원자화될 수밖에 없는 운명이다. '낙원'에서 태어난 이들에게 이상향은 있을 수 없기에, 표백 세대는 혁명과 변혁에 관한 한 아무런 희망을 품을 수 없다. 이들은 사회를 비난할 권리조차 박탈당한다. 완성된 사회에서 표백 세대의 실패는 그들 개개인의 무능력 탓으로 귀결된다."(144쪽, 199쪽)
>
> – 장강명, 『표백』, 한겨레출판(2011) 중에서

이제는 청년층을 동질적인 집단으로 인식하려고 하는 기성세대의 관성과 안일함에서 벗어나 획기적인 인식 전환이 필요합니다. 청년에 대해 총체적인 관점에서 실태를 파악하고 세대 차이만이 아니라 세대 간 이질성을 반영해 정책의 정교성을 높일 필요가 있습니다.

청년이 '청년'으로 태어나지 않듯이 '청년기'라 이름 짓기 이전의 시기, 즉 '아동기'의 조건과 경험이 청년의 삶에 배태되어 있습니다.

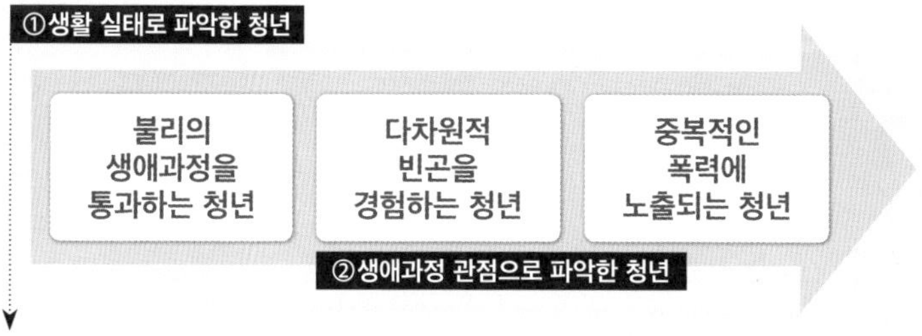

또한 청년을 청년 정책이라는 이름으로 대상화시키고, 청년을 아동기와 성인기 사이의 과도적인 시기이자 세대로만 이해하고, 그 과정에서 청년의 취약성을 강조하고 보호의 대상이 되어야 한다고 보는 관점은 자칫 청년의 욕구와 참여를 고려하지 못하게 할 가능성이 있습니다.

이러한 문제점을 고려하여 현재적 시각에서 청년의 생활 실태를 종합적으로 조망함과 동시에 생애과정이라는 시각으로 청년의 삶과 정신건강을 조명해보고자 합니다. 생애과정으로서의 청년을 종횡으로 조명하기 위해서, 특히 불리, 다차원적 빈곤, 중복적인 폭력 경험을 중심으로 살펴보고자 합니다.

청년층 생활 실태●

청년의 자살이라는 이슈로 본격적으로 진입하기 전에 청년층의 삶을 객관적 혹은 횡단적으로 살펴볼 필요가 있습니다.

청년의 노동 : '자낳괴' 권유하는 사회

2020년 기준으로 청년 실업률은 8.31%, 근로를 하는 경우에 임시직이 차지하는 비중은 19.46%이며, 특히 청년전기 청년의 일용노동 비율은 3.89%로 나타나고 있습니다. 같은 연령이라 하더라도 교육 수준과 가구의 소득 수준이 낮으면 가구형태별로 특별히 더 취약한 것으로 드러났습니다. 임금과 관련해서는 소득 수준이 낮은 구간은 여성의 비율이 높고, 300만 원 이상 구간은 여성이 3분의 1 수준에 지나지 않습니다. 교육 수준에서 남녀 차이가 없음에도 불구하고 이러한 실태는 여성의 박탈감을 심화시킬 수 있다는 기존의 연구 결과와 일치하고 있습니다.

이러한 연구 결과는 청년의 일 정책이 청년의 다양성을 고려해야 함을 의미합니다. 이때 누가 더 취약한가를 중심으로 하는 선별적인 지원 정책이 아니라 각각의 특성과 욕구에 맞는 지원을 섬세하게 고안할 필요가 있다는 것입니다. 특히 한치 앞도 예측하기 어려운 코로나 19와 같은 사회적 위험 상황에서는 청년을 대상으로 하는 평면적

● 이 절에 언급된 통계 수치와 그림은 정세정 외(2020), 「청년층 생활실태 및 복지욕구조사」(한국보건사회연구원)를 기반으로 한 것이다.

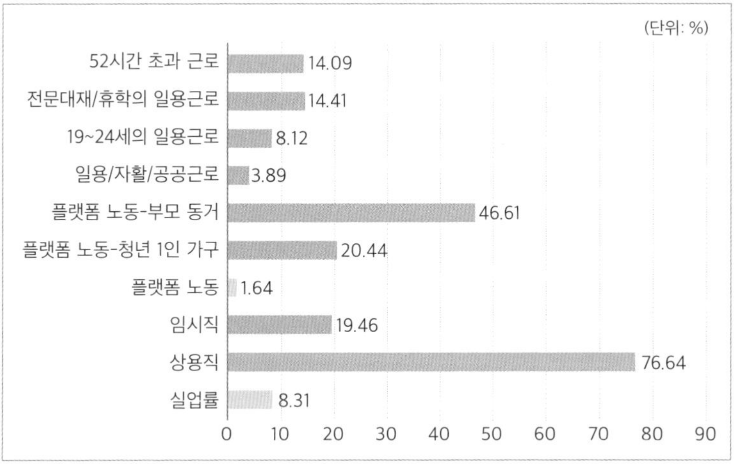

근로 현황

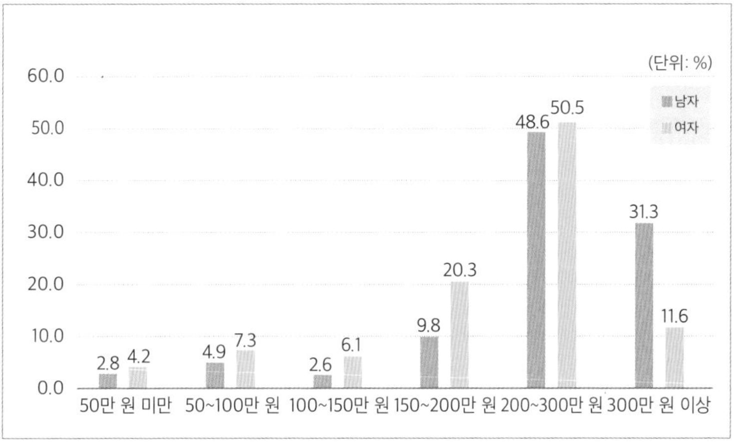

성별 근로소득 분포

인 노동 정책은 미충족 욕구를 발생시킬 가능성이 높습니다. 불안정 노동이나 단기 일자리 간의 회전문 효과를 발생시키지 않도록, 청년이 더 나은 일자리로 진입할 동기를 유지하게끔 설계될 필요가 있습니다.

'자낳괴(자본주의가 낳은 괴물)'라는 신조어는 돈을 위해 본인의 철학이나 가치관, 자존심, 더 나아가 안전을 위협하는 일을 지속해야 하는 상황을 희화화하는 단어입니다. 이 말은 단순히 말장난에 그치는 것이 아니라 우리의 현실을 반영하고 있으며, 일과 관련한 부정적인 경험의 지표들이 이를 반증하고 있습니다. 삶의 만족을 저하시키고 정신건강에 부정적인 영향을 미치는 직장 폭력, 위험에 대한 두려움과 피로감을 유발하는 노동 조건 등 객관적인 지표 안으로 청년의 노동을 밀어 넣고 있다는 것을 인식하고 이에 대한 적극적인 대응이 필요합니다.

일자리에 대한 기존의 정책은 취업 지원을 중심으로 이루어지고 있는 상황입니다. 그러나 현실의 청년들이 보기에 임금이 충분하지

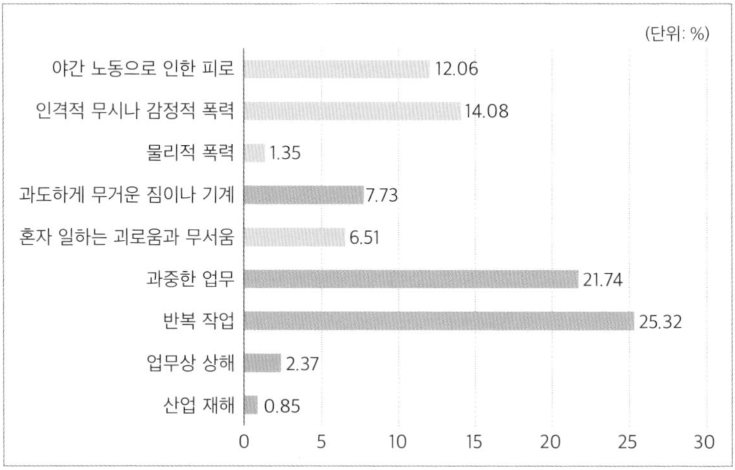

일과 관련한 경험

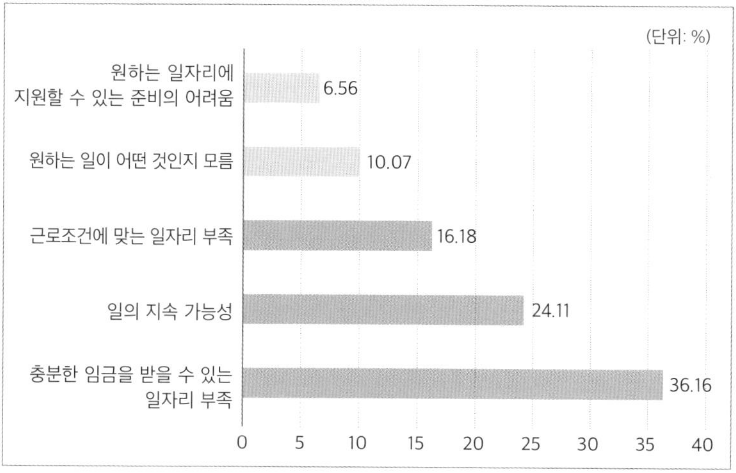

일자리와 관련한 어려움

않고, 근로의 지속성을 담보하기 어려우며, 더 나아가 원하는 일이 어떤 것인지 모르거나, 안다 해도 원하는 일을 위해 준비할 수 있는 여건이 되지 않는 상황이어서 취업 지원은 결코 총체적인 지원이 아닙니다.

따라서 청년의 일에 대해 보호하고 지원할 때, 특히 사회경제학적 권력의 주변부에 놓인 청년들에 대한 인권, 건강, 안전, 권리에 대한 보호와 지원 방안이 마련될 필요가 있습니다.

청년의 노동과 관련하여 많은 관심을 받고 있는 NEET의 규모와 유형에도 초점을 맞춰볼 필요가 있습니다. 그 규모는 청년층의 약 16.3%로 추정하며 여성이 남성의 2배가 넘고, 비수도권 청년의 비중이 47%로 청년 인구의 서울·수도권 집중도에 비해 높은 수치입니다. NEET로 분류되는 청년의 16.3% 중에서 여성이 60.6%를 차지하고 있으며, 특히 취업 의사가 없다고 하는 경우도 4.4%였습니다. NEET의 유형으로 실업이나 취업 준비가 아닌 일할 의사 없음에 해당하는 경우와 이들 중 1인 독립가구의 비율 등에도 주목할 필요가 있습니다.

이들 청년들의 삶을 어떻게 바라봐야 할까요?

분명한 사실은 이를 정신건강의 문제로 국한 짓는 접근에서 넘어서야 한다는 것입니다. NEET를 집중적으로 조망한 『비노동사회를 사는 청년, 니트』라는 책에서는 이들을 '무중력 상태' 혹은 '중력의 영향이 약화된 상태'로 둥둥 떠다니는 청년들로 묘사하고 있습니다. 즉 청년들의 삶에 과압력과 무중력이 공존하고 있다는 것으로 바라보고 있습니다. 그렇다면 고용관계의 불안정성이 청년들의 삶에 어떤 영향을 미치고 있을까요? 이는 단순히 경제적인 문제를 넘어서서

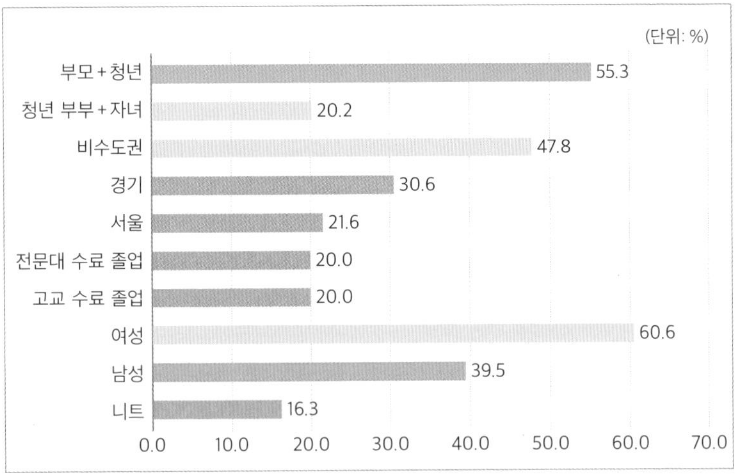

NEET 규모

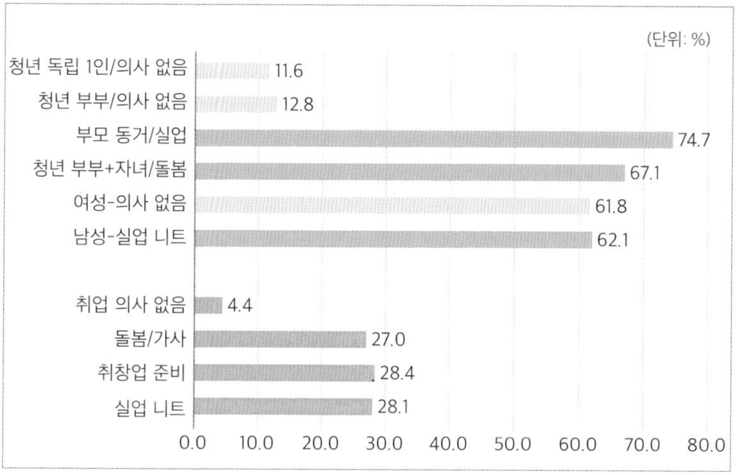

NEET 유형

청년들이 공교육을 받으며 새로운 사회적 관계를 맺고 성장하고 자신의 진로에 대해 다양하게 탐색하는 중요한 시기를 위험 속에서 버티는 경험만을 하고 있다는 것을 뜻합니다.

고용관계의 불안정성을 어떻게 바라봐야 할까요?

요즘 등장하는 다양한 정치경제적 대안들은 비노동사회의 도래를 전망하고 있습니다. 이들 대안들은 노동에 대한 인식의 변화를 강도 높게 주문하고 있습니다. 전통적인 소득, 사회생활을 통한 새로운 관계망의 형성, 자신의 존재감을 형성하고 유지시켜주는 직업에 대한 믿음에 균열이 생긴 지 오래되었습니다. 이러한 상황에서 청년 한 명 한 명을 어떻게 그 개별성과 고유성을 보전하며 연대할 수 있게 할 것인가는 우리 사회가 직면한 중요한 사회적 과제일 것입니다.

청년의 사회보험 : 미래 전망과 안정감 없이 가동되지 않는 장치

사회보험은 국민이 미래에 직면할 수 있는 사회적 위험에 대비하여 국민의 건강과 생활을 보전하기 위해 보험원리를 적용한 사회보장 정책입니다. 취업 청년들은 왜 사회보험에 가입하지 않을까요?

취업한 청년이 사회보험에 가입하고 있는 비율은 3명 중 2명 수준입니다. 가입하지 않은 경우 대부분 종사자의 지위가 임시직·일용직인 경우가 많았습니다. 사회보험에 가입하지 않은 이유를 보면 보험료와 관련한 경제적 부담이 57.1%로 고용주가 가입을 거부하고 있는 비율보다 높았으며, 제도에 대한 불신의 비율도 10%가 넘어서 사회보험에 대한 미래전망과 안정성에 대한 청년들의 부정적인 인식에 많은 관심을 기울일 필요가 있음을 알려주고 있습니다.

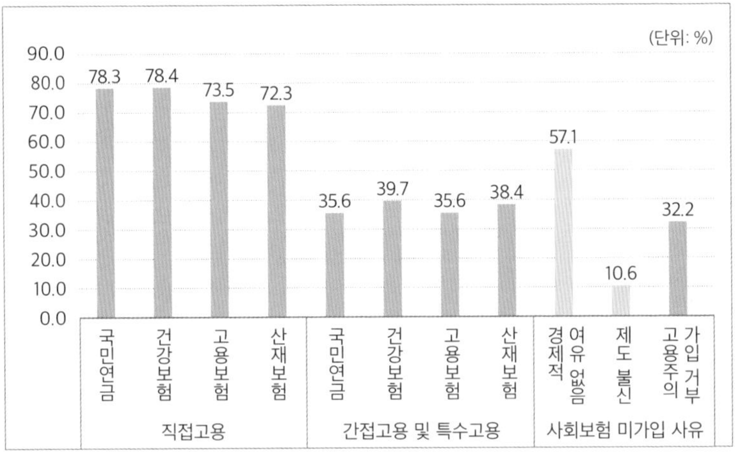

사회보험 가입 및 미가입 사유

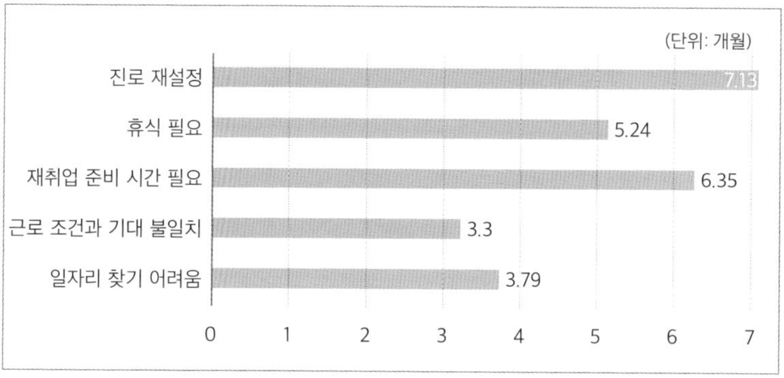

재취업 기간 소요 사유별 재취업 기간

재취업 사유별 재취업 소요기간에 차이가 많아서 진로 재설정은 단순히 일자리를 찾기 어려운 경우보다 2배 이상 재취업에 소요되는 기간이 길었습니다. 진로와 관련한 충분한 탐색이 이루어질 수 있도록 지원 체계가 마련되지 않는다면 실업 기간 동안의 생활고와 함께 점점 더 불안정하고 불만족스러운 일자리를 선택할 수밖에 없게 될 것입니다.

청년의 경제 : 집 밖은 위험해

"이불 밖은 위험해", "집 밖은 위험해" 혹은 '귀차니즘'은 사건사고가 많은 사회에서 안전을 담보할 수 있는 최소한의 자구책으로 쓰이는 표현입니다. 실제로 청년의 소득 규모는 부모와 동거하는 경우와 혼자 사는 경우 큰 차이를 보이고 있습니다. 청년이 다른 가족 구성원과 함께 살고 있는 가구, 즉 청년이 있는 가구의 경우 전반적인 소득, 지출 및 자산은 우리나라 전 가구와 유사한 수준을 보여줍니

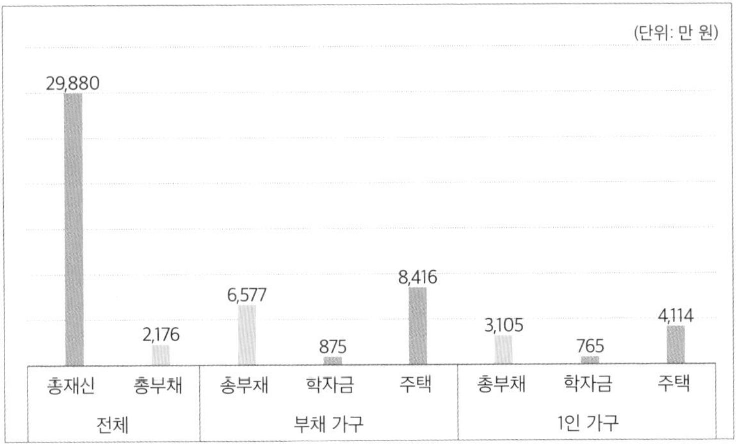

부채 현황

다. 그러나 혼자 사는 청년은 소득, 지출 및 자산 등에서 매우 열악한 수준을 보여줍니다. 또한 전체 청년의 부채 수준은 높지 않으나(2,176만 원), 부채가 있는 가구만을 보면 총부채가 6,577만 원으로 평균보다 3배가 높습니다. 이들 부채 대부분은 주택 관련 부채였습니다.

청년의 경우 독립하여 혼자 사는 가구의 여건이 가장 열악한 것으로 나타났으며, 청년 가구 유형에 따라서는 청년 부부, 청년 한부모 가구 등이 사회생활을 처음 시작했다는 점에서 초기 진입 비용으로 많은 부채를 가지고 있는 특성을 보여주었습니다. 원가족(집)을 벗어나 생활을 하는 청년들은 경제적 여건만으로도 위험한 상황인 것입니다.

청년의 건강 : 건강권에서 질병권으로

누구나 건강의 중요성을 말합니다. 건강을 잃으면 모든 것을 잃는다고도 말합니다. 그럼에도 불구하고 국민의 건강과 청년의 건강은 흔히 '노동을 할 수 있는 몸'인지에 대한 염려로 축소되어 이해되고 있습니다. 더구나 청년의 건강을 좌우하는 식생활을 살펴보니, 양과 질 모두 충분한 식사를 한다고 응답한 청년은 49% 수준이었으며, 양은 충분하지만 균형 있는 영양 섭취를 하지 못하는 청년이 48%였습니다. 아파도 병원에 못 간다는 청년은 4.47%이지만 월소득이 200만 원 이하인 경우는 그 비율이 2배나 더 높았습니다. 고졸 이하, 여성, 농어촌 거주 청년이 전체 평균보다 높았습니다. 아파도 병원에 가지 못하는 이유로는 시간이 없어서(37%)가 가장 높았고 참을 수 있어서가 29.5%, 경제적 이유가 16.6% 등이었습니다.

신체건강만이 아닙니다. 청년의 우울감은 전체 평균이 6.09인 것에 비해 도시 청년은 5.03, 농어촌 거주 청년은 8.43로 2배 가까이 차이가 났습니다. 자살 생각의 경우 2.74%의 청년들이 진지하게 생각해봤다고 하며 여성은 3.49%, 고졸 이하는 4.26%, 농어촌 거주자는 6.4%로 비율이 높았습니다. 특히 조손 가구나 다른 친척과 거주하고 있는 청년의 자살 생각이 6.52%로 가장 높았습니다.

전반적으로 청년들의 건강 문제에서 성별, 학력별, 지역별, 가구 유형별, 소득 수준별 격차가 관찰되었습니다. 여성, 고졸 이하, 기타 유형 가구, 저임금, 일용직 혹은 고용원이 없는 자영업자 청년의 건강 수준은 꽤 우려할 만한 수준입니다.

그럼에도 불구하고, 아파도 병원에 가지 못하는 그 '시간'은 누가 좌우하고 있을까요? 다양한 이유가 나열되고 있지만 사실상 '근로'로 인해 건강권만이 아니라 질병권마저 박탈당하고 있는 것으로 보입니다. 당위로서의 '건강'만이 아니라 아플 때 제대로 쉴 수 있거나

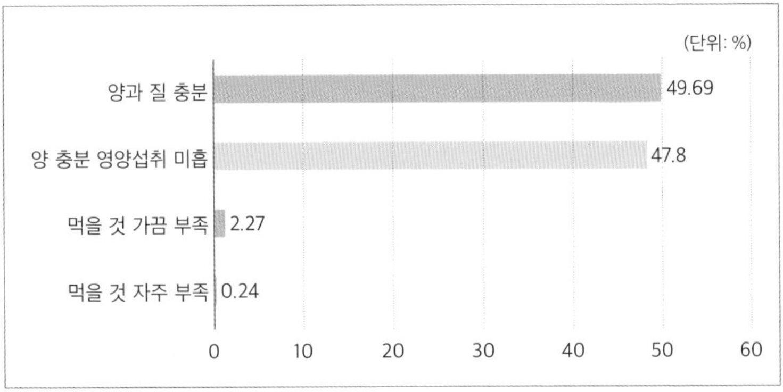

식생활

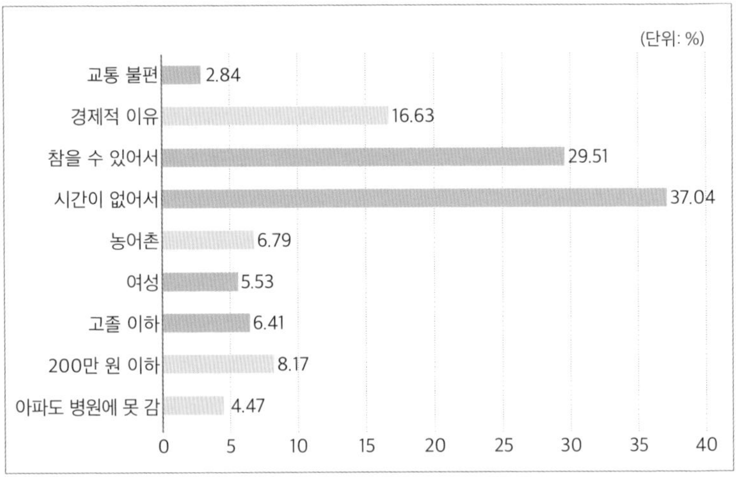

의료 서비스에 대한 욕구 미충족

치료를 받을 수 있는 권리로서의 질병권에 대해 적극적으로 고민할 필요가 있습니다.

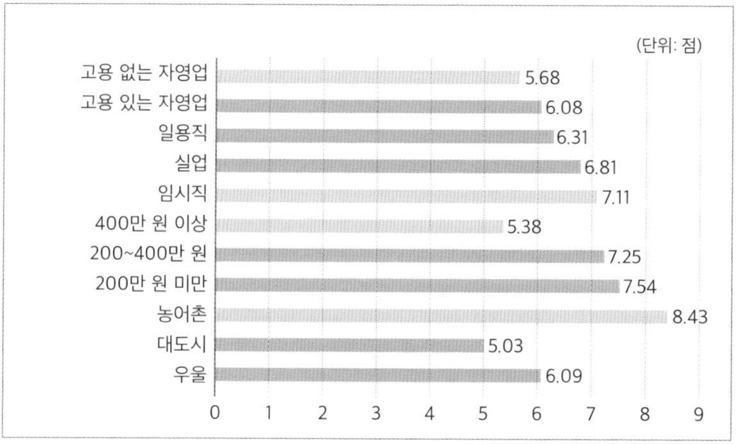

우울(CESD-11)

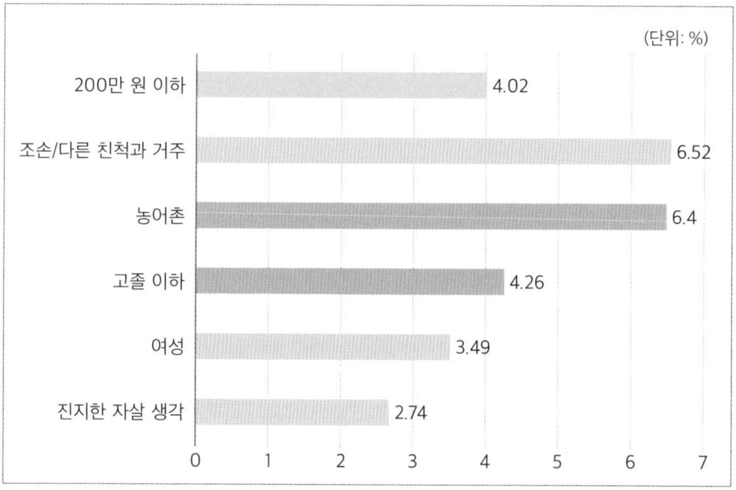

자살 생각

청년의 사회적 지지 및 관계망 : 허구의 독립, 의존의 병리화

청년들의 사회적 지지와 사회적 관계망을 살펴보면 심리적 어려움은 또래(45.95%)를 통해서, 건강 문제는 가족(55.54%)을 통해 대처하고 있는 것으로 나타났습니다. 한편 아무와도 상의하지 않는다고 하는 경우는 건강 문제(7.37%)보다 심리적 문제(7.75%)가 약간 더 높았습니다. 실업 상태의 청년은 건강 문제에 대해서는 12.7%, 심리적 문제는 10.14%가 아무와도 상의하지 않는다고 응답했습니다. 심리적 어려움을 전문가를 통해 도움을 받는 경우는 1.01%에 지나지 않았습니다.

경제적 지원망으로서 급한 목돈을 빌릴 사람이 한 명도 없다고 응답한 경우도 18.66%로 나타나 긴급한 경제적 위기 상황에 대응하는 데 많은 어려움이 있는 것으로 나타났습니다. 여성보다는 남성이 높았고, 1인 가구가 22.98%, 기타 가구가 33.53%로 가장 높습니다. 전반적으로 자신이 사회적으로 지지받고 있다고 느끼고 있다는 청년의 비율은 73% 수준이었지만, 1인 가구와 기타 가구는 각각 60.77%와 46.83%로 낮았습니다.

청년들이 지각하는 사회적 지지는 대체로 높은 수준을 보이지만, 일관되게 1인 가구가 지각하는 사회적 지지는 아주 낮은 수준을 보였습니다.

우울하거나 스트레스 받을 때 이야기를 나눌 수 있는 사람이 한 명도 없다고 하는 경우는 5.79%였습니다. 여성(5.01%)보다는 남성(6.47%)이 더 높고, 대졸 이상(4.48%)보다는 대졸 이하(7.04)가, 1인

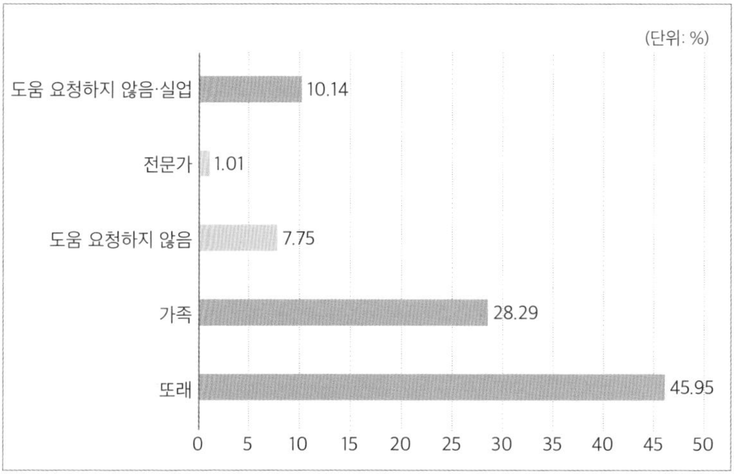

심리적 어려움 대처 경로

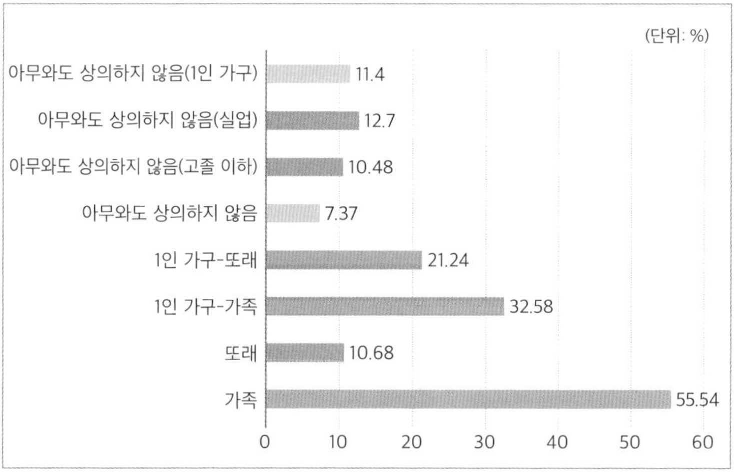

건강 문제 대처 경로

가구(7.85%)보다 기타 가구(15.15%)의 비율이 두 배 가까이 높았습니다.

자신이 도움을 준 경험이 전혀 없다고 하는 비율은 24.44%였습니다. 여성(19.54%)보다는 남성(28.78%)의 비율이 높았고, 고졸 이하, 실업, 비수도권, 기타 가구 등이 전체 평균보다 높았습니다.

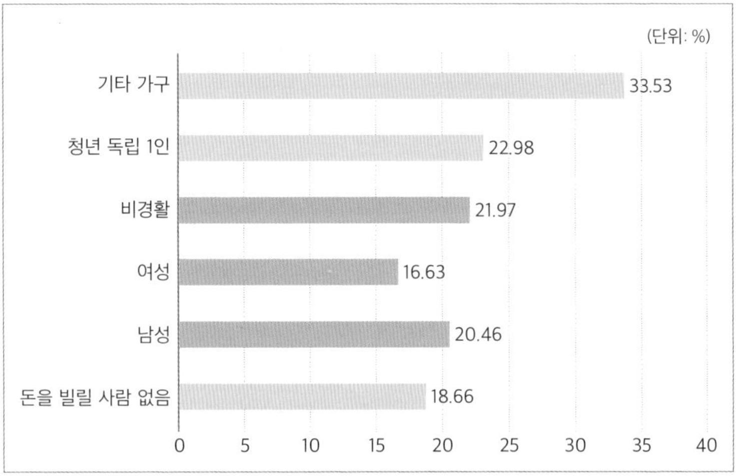

급히 목돈 빌릴 수 있는 사람 없음

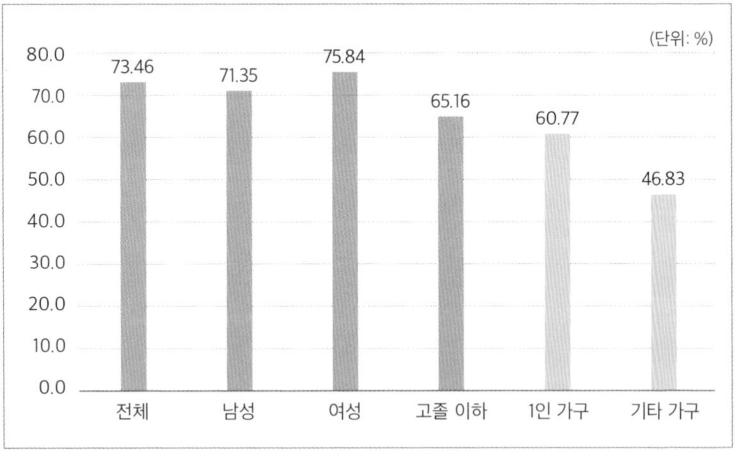

지각된 사회적 지지 수준

청년의 사회적 지지망과 관계망을 보여주는 통계 자료들은, 외형적으로는 독립 가구를 구성하고 있으나 '허구의 독립'을 이룰 수밖에 없고, 정작 필요한 도움을 받지 못하는 상황을 자세히 보여주고 있습

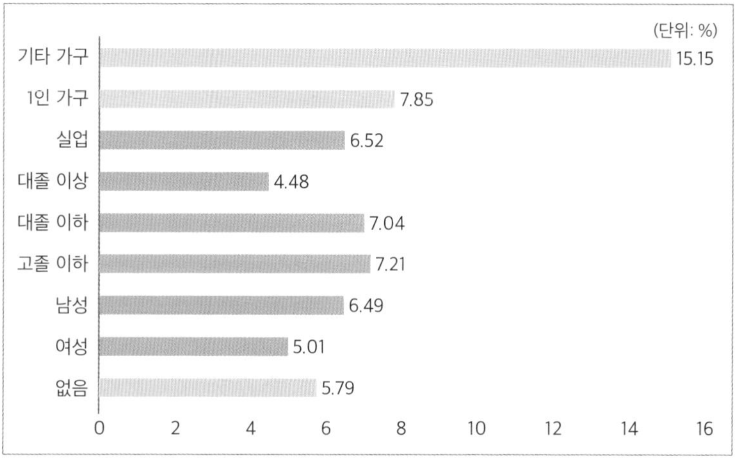

우울/스트레스 이야기를 나눌 사람 없음

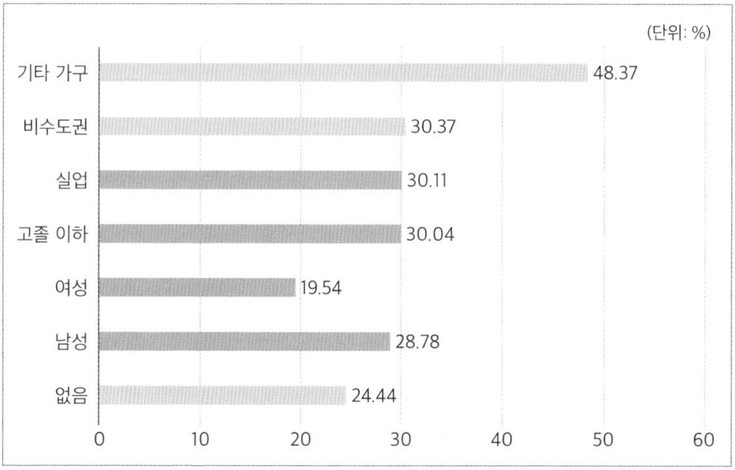

우울/스트레스 이야기를 듣고 도움을 준 경험

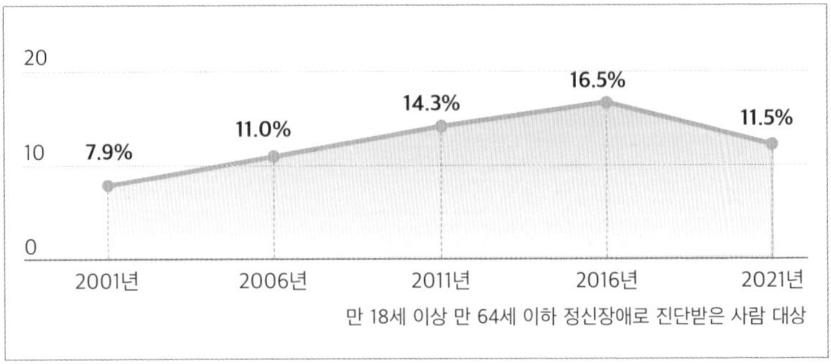

정신건강 서비스 이용률

* 출처: 보건복지부, 정신건강실태조사(2021). 만 18세 이상 만 64세 이하 정신장애로 진단받은 사람의 정신건강 서비스 이용률은 2016년 이후 계속 감소하고 있다.

니다. 또한 심리적 도움이 필요할 때 전문가를 통해 도움을 받는 경우는 1.01%였는데, 이는 2021년 전국민 대상 정신건강실태조사 결과인 '지난 1년간 정신건강서비스 이용률(7.2%)'에 비해 매우 낮은 수준입니다. 경제적 어려움과 시간뿐이 아니라 우울하거나 스트레스를 받았을 때 이야기를 나눌 수 없고 도움을 주고받은 경험이 적은 이 모든 상황들은 성취지향적이고 경쟁적이고 독립적이고 의존을 열등하게 생각하고 병리화하는 우리 사회의 모습과 맞물려 있습니다.

이상의 연구 결과에서처럼 1인 가구를 포함하여 가족과 동거하지 않는 다양한 가구 유형이나 거주 지역, 교육 수준, 경제활동 상태 등에 따라 사회적 고립에 더욱 취약한 집단을 정밀하게 분석하고 이를 기초로 세밀한 정책을 개발할 필요가 있습니다.

청년의 주거 : 상시적 '방' 퇴출의 위기

청년들은 어떤 곳에서 어떻게 생활하고 있을까요? 고시원 등 최소 주거 기준에 미치는 못하는 공간에서 생활하는 경우는 2.39%였

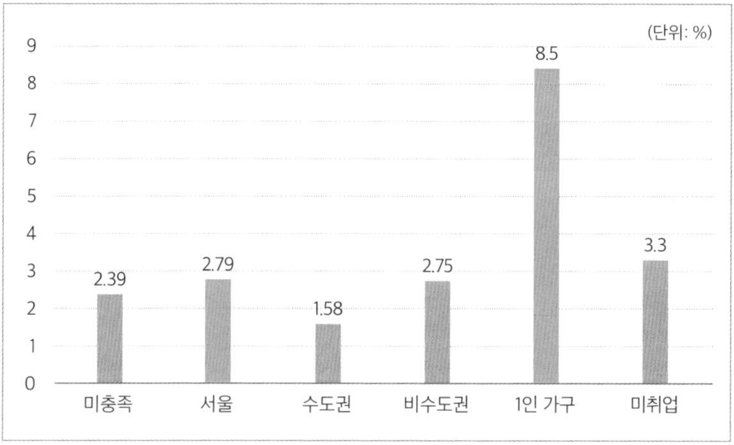

주거 기준 미달

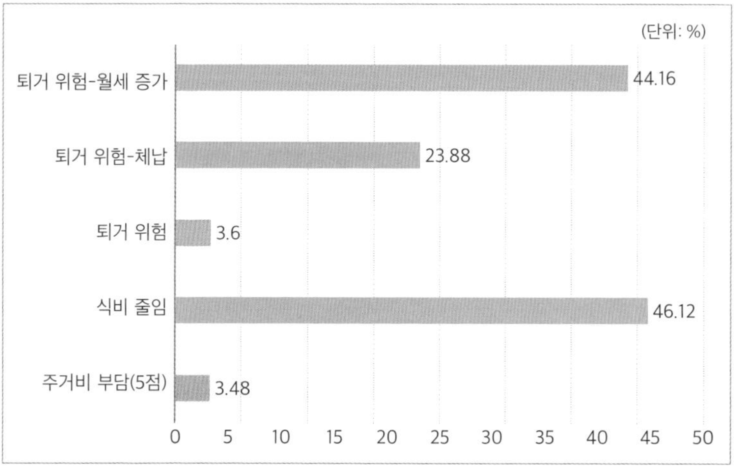

주거 위기 경험

습니다. 지역적 차이는 크지 않으나 1인 가구는 전체 청년 인구에 비해 3배 가까이 높았습니다. 최소 주거 기준에 미치지 못하는 '집' 아닌 '방'에 거주하며 마음 편히 있지도 못하고 있었습니다. 월세 체납으로 인한 퇴거 위험은 약 24%의 청년이 경험했고, 월세 증가로 인한 퇴거 위기는 절반 가까운(44.16%) 청년이 경험하고 있었습니다. 심각하게는 주거비 부담으로 식비를 줄인 경험 역시 절반 가까운 46.12%가 경험하는 등 상시적인 '방' 퇴출의 위기 속에서 생활하고 있는 청년에 대한 관심이 시급한 것으로 보입니다.

청년의 정책 인식 : 당신들의 리그

청년들의 삶을 종합적으로 연구한 결과물은 많지 않아도 단편적으로 혹은 주요한 삶의 영역별로 청년들의 삶과 문제의식에 기반하여 청년 정책들이 만들어지고 있습니다. 과연 당사자인 청년들은 기존의 정책을 어떻게 인식하고 있을까요?

이미 많은 연구에서 청년 정책이 다양하지 않고, 정책에 대한 청년들의 인지도가 높지 않다는 비판을 하고 있습니다. 이를 고려하더라도 소득과 재산이 낮을수록 인지도가 낮았다는 것과 건강검진을 받아본 경험이 없거나, 우울감이 높거나, 주관적 건강 상태가 나쁠수록 정책 인지도가 낮다는 것은 우리에게 또 다른 신호를 주고 있습니다. 공교육에서 벗어난 청년, 더 이상 그 어떤 사회적 관계망이나 조직에 속하지 않은 청년들의 삶의 구심점은 어디여야 할까요? 기본적인 정책에 대해 정보 접근성이 확보되어 있는가, 이들의 욕구에 촘촘하게

소득과 재산, 정신건강 관련 요인에 따른 청년 정책 인지도

(단위: %)

구분			몰랐음	알고 있음			χ^2
				거의 알지 못함	대략 알고 있음	잘 알고 있음	
전체			25.1	49.8	23.1	1.9	-
소득	소득 계층	중위소득 50% 미만	31.7	50.1	16.9	1.4	20.414**
		중위소득 50~150% 미만	25.3	49.7	23.3	1.7	
		중위소득 150% 미만	19.2	50.5	26.9	3.4	
	소득 5분위	소득 1분위	30.2	48.0	20.2	1.6	27.800**
		소득 2분위	27.1	48.8	22.6	1.4	
		소득 3분위	25.4	47.2	25.5	1.9	
		소득 4분위	22.2	53.8	22.8	1.3	
		소득 5분위	19.8	51.1	25.3	3.8	
재산	재산 계층	중위재산 50% 미만	30.0	50.5	18.3	1.2	35.867***
		중위재산 50~150% 미만	26.2	46.1	25.4	2.3	
		중위재산 150% 미만	19.0	53.8	25.0	2.2	
	재산 5분위	재산 1분위	32.7	48.3	18.0	1.0	47.463***
		재산 2분위	23.6	51.8	22.8	1.8	
		재산 3분위	27.3	46.0	24.6	2.0	
		재산 4분위	24.2	49.3	23.9	2.6	
		재산 5분위	17.3	53.8	26.6	2.3	

* 출처: 한국보건사회연구원, 「청년층 생활실태 및 복지욕구조사」(2020) 참조.

(단위: %)

구분		모름	알고 있음			χ^2
			거의 알지 못함	대략 알고 있음	잘 알고 있음	
건강검진	받았다	22.05	47.60	27.41	2.95	22.248***
	받지 않았다	26.56	50.92	21.07	1.45	
우울척도 (CES-D)	우울하지 않음	23.99	50.46	23.54	2.01	18.274***
	우울함	33.94	44.85	19.82	1.39	
아노미	비아노미	24.99	49.63	23.42	1.95	2.577
	아노미	25.58	50.85	21.71	1.87	
주관적 건강 상태	아주 건강	26.53	47.74	23.43	2.30	21.274*
	건강한 편	23.02	52.50	22.75	1.72	
	보통	28.72	43.88	25.39	2.01	
	건강하지 않은 편	36.55	46.08	17.37	0.00	
	건강이 아주 안 좋음	54.91	19.4	25.69	0.00	

* 출처: 한국보건사회연구원, 「청년층 생활실태 및 복지욕구조사」(2020) 참조.

정책 수혜율과 만족도, 필요 정책

(단위: %)

영역	프로그램	수혜율	만족도			만족(점수)[주1]
			만족	보통	불만족	
취업 창업	청년취업성공패키지	5.98	65.2	22.2	12.7	2.61
	구직활동지원금	2.86	73.5	21.3	5.2	2.87
	창업성공패키지	1.03	59.9	35.4	4.7	2.73
	청년전용 창업자금(대출, 교육)	0.62	53.5	26.7	19.9	2.40
	내일배움카드(구직자, 재직자)	6.72	69.4	21.5	9.1	2.77
소득	(지자체)청년수당, 청년배당 등	1.81	71.3	25.1	3.6	2.89
	근로장려금, 자녀장려금	8.3	75.4	19.6	5.1	2.94
자산 금융	내일채움공제	1.49	76.0	18.7	5.3	2.92
	청년희망키움통장	0.65	71.2	15.9	12.9	2.63
	청년 신용회복 지원	0.06	100.0	0.0	0.0	3.00
주거	청년 매입/전세 임대	0.55	77.6	22.4	0.0	3.05
	행복주택(공공임대주택 공급)	0.95	64.7	27.4	7.9	2.65
	청년 월세, 전세자금 대출	1.47	77.5	22.5	0.0	2.97
	대학생 기숙사	5.58	70.9	19.3	9.8	2.71
건강	청년 대상 국가건강검진	3.2	84.5	15.0	0.6	3.18
교육	국가장학금, 희망사다리 장학금 등	32.74	79.9	14.4	5.8	2.96
	학자금 대출, 학자금 대출 상환 부담 경감	14.62	70.6	24.5	5.0	2.81
문화	청년예술인 지원(공연 지원, 청춘마이크)	0.31	69.2	30.8	0.0	2.84
교통	청년동행카드(산업단지 교통비)	0.6	57.8	31.5	10.8	2.72

주1) 만족 점수는 4점 만점.
* 출처: 한국보건사회연구원, 「청년층 생활실태 및 복지욕구조사」(2020) 참조.

대응할 만한 정책이 있는가 등 정책에 대한 점검이 필요합니다. 나아가 내 삶에 밀접한, 나를 위한 정책이라는 인식을 하지 않고, 내 삶의 변화 혹은 도움이 되는 정책이라고 생각하지 않는다면 이용하려고 하지도 않을 것입니다. 특히 정책 인지도에 주된 차이를 유발하는 집단유형별로 면밀한 분석을 통해 정책의 기본 방향이나 패러다임의 전환이 필요한 것은 아닌지에 대해 깊이 고민할 필요가 있습니다.

실제로 청년들은 어떤 정책과 복지 서비스를 이용해보았을까요? 다양한 청년 정책 중에서 국가장학금(32.74), 학자금 대출(14.62%)을 제외하고는 거의 대부분이 5% 이내의 수혜율을 보였습니다. 수혜율은 낮아도 만족도가 높은 것은 청년대상 국가건강검진(4점 만점 중 3.18), 청년 매입/전세 임대(3.05), 청년 신용회복 지원(3.00) 순서였습니다. 대학에 진학하지 않는 청년, 적극적으로 청년 정책을 만들어내기 위해 자기 목소리를 내지 못하는 청년의 목소리는 어디서 어떻게 길어 올려야 할까요? 청년의 목소리가 담기지 않는 정책들은 비록 '청년 정책'으로 명명된다 해도 '청년'의 입장에서는 '그들만의 리그'로 느껴질 것입니다.

생애과정 관점으로 본 청년 : 시간과 공간, 타이밍과 관계망의 교차적 경로에서

생애과정 관점에서 살펴본 청년의 삶은 부정적인 경험의 지속적이고 반복적인 영향력, 사회적 맥락의 중요성을 더욱 실감하게 합니다.

생애과정 관점이란?

개인의 삶은 시간과 장소에 영향을 받으며 형성되고, 특정 사건의 영향은 발생 시기에 따라 다를 수 있으며, 삶은 상호의존적입니다. 사회의 영향은 개인이 가진 관계망과 교차되며, 개인의 삶은 기회와 제약 속에서 선택과 행동을 통해 구성됩니다. 생애과정 관점은 인간 발달(Human Development)뿐 아니라 세대, 코호트 연구, 복지국가, 복지 레짐 및 격차 연구에서도 폭넓게 활용되는 이론입니다.(Mayer, 2005; 정세정 외, 2019 재인용).

생애과정 관점은 다음 네 가지를 주목하고 있습니다. 첫째, 시간과 공간(historical time and place)입니다. 이는 개인의 삶은 시간과 장소에 내포되어 형성되기 때문입니다. 둘째, 삶의 타이밍(timing in lives)입니다. 이는 특정 사건(event)의 영향은 언제 발생했는지에 따라 다를 수 있다는 것입니다. 셋째, 연결된 삶(linked lives)입니다. 개인의 삶은 상호의존적이며, 사회로부터의 영향은 가족처럼 개인이 가진 관계망과 교차한다는 것입니다. 이를테면, 경제 위기의 경험은 부모의

생애과정 관점으로 바라본 불리, 다차원적 빈곤과 폭력

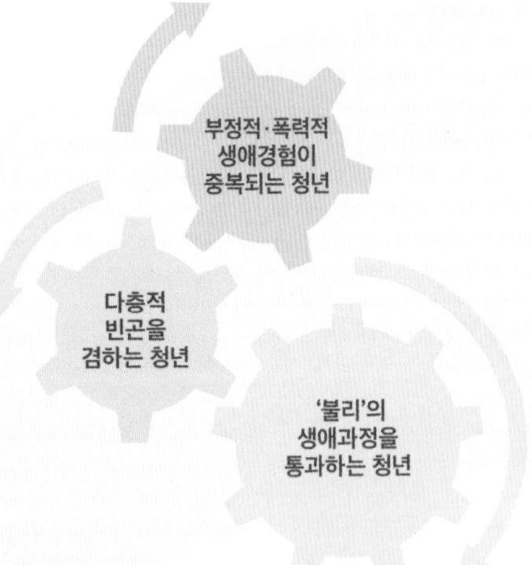

양육 태도에 영향을 미치게 되며, 양육 태도와 가족 구성원의 상호작용은 개인의 삶에 영향을 주게 된다는 것입니다. 넷째, 행위자(human agency) 원칙입니다. 이 관점에서는 개인이 자신의 생애과정을 역사와 사회 환경의 기회와 제약 속에서 선택과 행동을 통해 스스로 구성한다고 본다는 것입니다(Elder, 1998; 정세정 외, 2019 재인용).

이 장에서는 청년의 삶을 역사성과 세대 간, 세대 내 격차를 파악하는 데 유용한 생애과정, 즉 청년의 삶을 종단적으로 살펴보는 생애과정 모델을 통해 재조명하고자 합니다.

'불리'의 생애과정을 통과하는 청년●

공공부조와 사회안전망이 불충분하고 적극적 노동시장 정책이 미약한 국가에서는 세대 내 불평등이 세대 간 불평등보다 더 커질 수 있습니다(Chauvel, 2017).

특히 한국 사회에서 불평등은 개인이 아닌 가족 단위로 생성되는데, 이는 사회경제 자원의 분포와 복지의 전달이 가족 단위로 결정되기 때문입니다. 최근에는 개별급여 등 개인 단위의 복지제도로 개편하려는 노력이 일부 있었으나 여전히 많은 사회 정책은 가족 또는 가구 단위로 설계되어 있습니다.

수저론의 등장, 서로 다른 출발선에 대한 논의, 공고화된 계층의

● 한국보건사회연구원의 「생애과정 관점의 수요자 중심 청년지원체계 구축을 위한 기초연구」(2019)의 주요 내용을 요약해서 제시했다. 인용한 통계 결과는 압축적으로 제시하기 위해 자료를 재구성하였다.

불리 경험이 청년의 삶에 미치는 영향

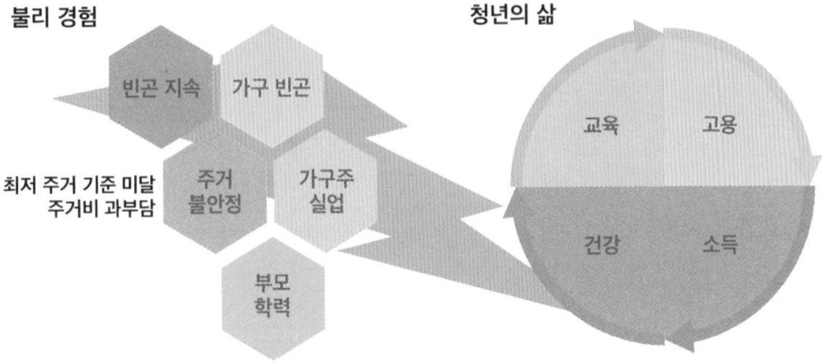

세대 간 대물림, 그리고 가구 단위의 정책 설계는 결국, 사회경제적 배경에 따라 생의 기회(life chance)가 다르게 주어질 수 있음을 얘기하고 있습니다. 생애과정 이론이 관심을 두는 것은 삶의 과정 그 자체이기 때문에 생애과정 관점을 활용한 연구들은 경험 그 자체와 시기가 다른 가능성, 즉 불평등한 삶의 기회(unequal life chance)로 이어질 수 있다는 점을 강조하고 있습니다.

청년의 불리 경험을 생애과정 관점으로 연구한 정세정 외(2019)의 연구 설계•를 도식화하면 위 그림과 같습니다.

여기에서는 불리 경험에 따른 청년의 삶 중 건강을 중심으로만 살펴보고자 합니다.

• 한국복지패널을 활용하여 불리 경험에 따라 현재 청년의 삶이 어떠한 차이가 있는지를 탐색하였다. 청년의 삶은 학력, 고용, 소득, 우울로 구체화하였으며, 불리의 경험은 빈곤 경험, 빈곤 지속성, 가구주 실업, 주거 불안정, 부모의 학력, 청년의 고용 형태를 고려하였다. 청년의 연령은 19세, 24세, 29세로 구분하였으며, 불리 경험은 세부 시기의 영향을 살펴보기 위하여 학령기, 청소년 전기, 청소년 후기, 청년 전기, 청년 중기로 구분하였다.

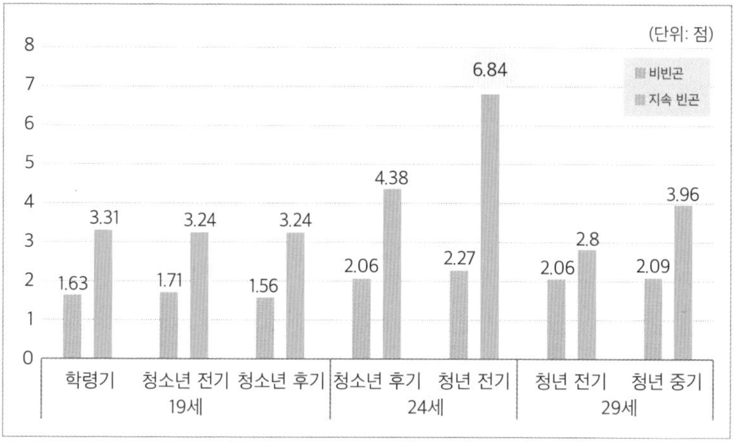

빈곤 경험에 따른 우울 점수

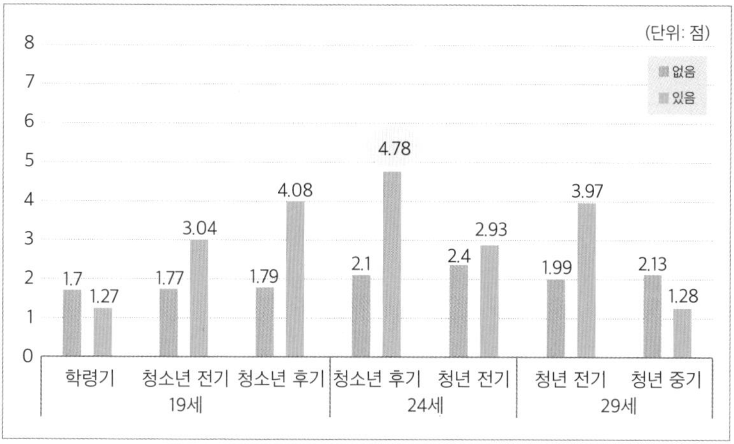

가구주 실업 경험에 따른 우울 점수

1) 빈곤 경험과 우울

비빈곤청년과 지속적인 빈곤 경험을 한 청년은 우울 점수에서 많은 차이를 보이고 있었습니다. 특히 24세 청년이 청년 전기에 빈곤을 경험한 경우 다른 시기보다 2배 가까운 우울 점수(6.84)를 보였습니다. 빈곤 경험과 가구주의 실업 경험을 비교하면 빈곤을 지속적으로 경험하는 것이 더 강한 영향을 미치고 있었습니다. 흔히 "행복은 강도가 아니라 빈도"라며 일상의 소소한 행복이 지닌 중요성을 언급하곤 합니다. 연구 결과는 행복만이 아니라 불행도 '강도'가 아니라 '빈도'에 더 큰 영향을 받는다는 것을 보여준다고 할 수 있습니다.

2) 주거 불안정 경험과 우울

'삶 자리'로서의 주거는 우리 모두에게 매우 중요한 삶의 조건입니다. 주거가 불안정한 경험은 청년의 마음 건강과 어떤 관련이 있을까요? 주거의 문제는 주거환경과 과도한 주거비 부담으로 나눠볼 수 있습니다. 두 경험을 비교해볼 때 주거 최저 기준 미달 경험이 지속된 경우 우울 점수가 높았으며, 특히 19세 청년이 청소년 후기에 경험한 열악한 주거환경은 그렇지 않은 청년에 비해 3배 이상 우울감이 높았습니다. 주거비 과부담의 경험은 주거 기준 미달을 지속적으로 경험한 경우보다 전반적인 우울 수준은 낮았습니다. 이는 주거비를 부담하기 어려운 경험은 재계약 시기 등 일시적인 경험이지만 주거환경이 열악한 경험은 매일의 일상에 영향을 미치기 때문인 것으로 보입니다. 주거라고 말하기 어려운 환경에서 살 수밖에 없는 청년에게 열악한 주거는 삶의 열악함을 방증하는 것으로 보입니다.

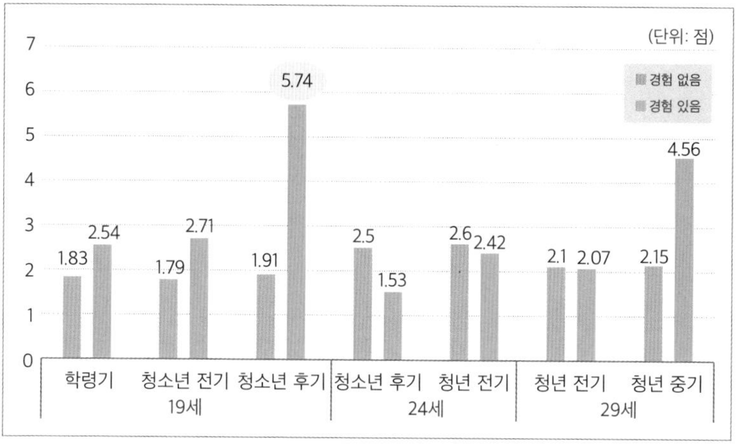

주거 최저 기준 미달 경험과 우울 점수

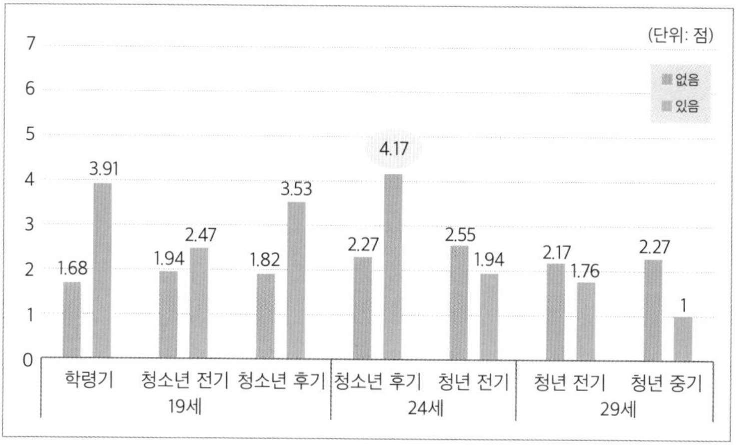

주거비 과부담 경험과 우울 점수

다차원 빈곤을 경험하는 청년

2020년 기초생활보장실태조사에서 1인 가구를 포함한 한부모 가구, 소년소녀가장 가구 등 취약 가구, 장애인 가구, 노인 가구의 빈곤률이 심각한 것으로 나타났습니다. 이는 단순히 수급 여부를 통해 평가하고 있어서 청년의 빈곤을 드러내는 것에는 한계가 있습니다.

또한 현재의 청년 정책은 청년층 특성이 추진 목표에 반영되어 있지 않습니다. 지원제도별 목표는 존재하지만 그 목표들이 여전히 기존의 빈곤, 고용, 주거 틀에서 논의되고 있다는 한계가 있습니다. 보다 실제적인 청년의 어려움을 반영하기 위해 새로운 지표로서 강조되는 것이 하나 있는데, 바로 유엔(UN)이 제시한 지속가능 발전 목표(Sustainable Development Goals, SDGs)입니다. 지속가능 발전 목표는 기존의 빈곤 연구의 주요 대상이 노인, 여성, 장애인, 아동 등이며, 청년 빈곤 연구 역시 근로 빈곤, 빈곤의 대물림, 주거 빈곤 등 소득과

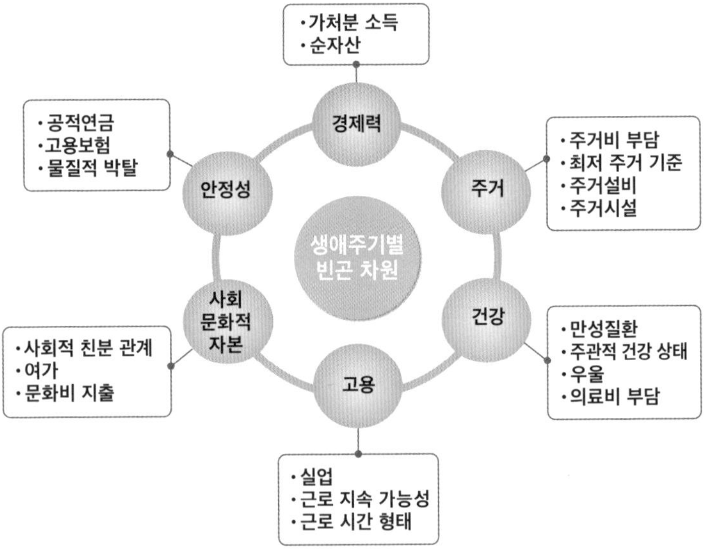

우리나라 청년의 다차원 빈곤 지표(김문길 외, 2017)

주거를 중심으로 단편적으로 이루어지고 있다는 것에 대한 대안으로 제시되고 있습니다. 더구나 기존의 빈곤 통계에는 '감춰진 빈곤'이 존재하고 있습니다. 즉 일반적인 빈곤 지표는 가구 단위로 구성하며 연령대별 빈곤 통계에서 제시되는 개인의 빈곤율은 가구 소득을 단순히 개인화한 것으로, 가구 구성원의 개인의 빈곤 상황을 제대로 포착할 수 없다는 한계가 있습니다.

다차원 빈곤 개념은 2015년 유엔이 기존의 새천년 개발 목표를 대체하여 지속가능 개발 목표, 다차원적 빈곤 지표(Multidimensional Poverty Index, MPI)를 제시하면서 활용되는 개념입니다. 김문길 외(2017)의 연구에서는 MPI를 기반으로 한국의 다차원 빈곤 지표를 제시하고 있습니다. 다차원 빈곤의 구성요소로 경제력만이 아니라, 주거, 건강, 고용 등의 기존의 빈곤을 나타내는 주요 지표 이외에 사회

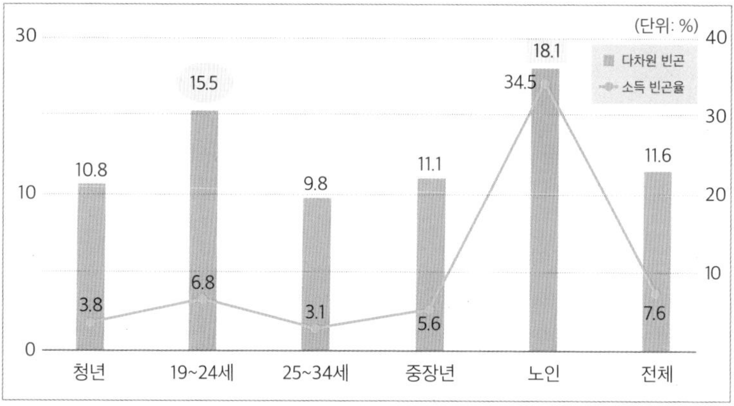

생애주기별 다차원 빈곤

* 출처: 김문길 외(2017), 「청년빈곤의 다차원적 특성 분석과 정책대응 방안」, 한국보건사회연구원.

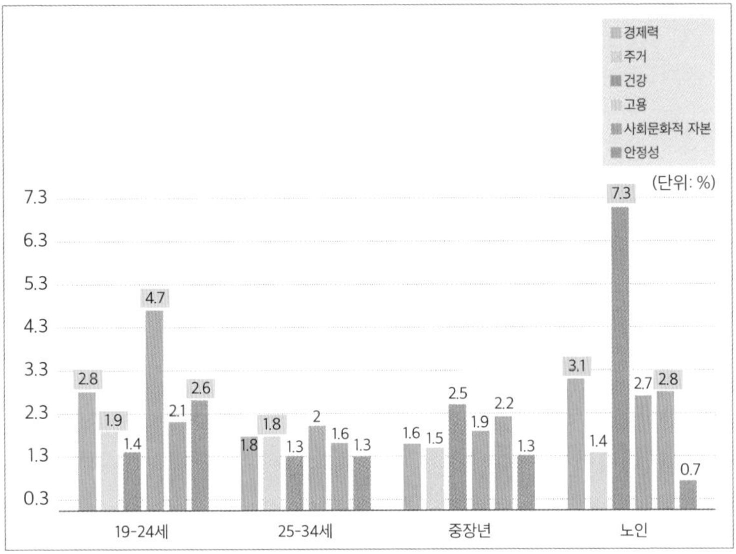

다차원 빈곤 구성요소별 비교

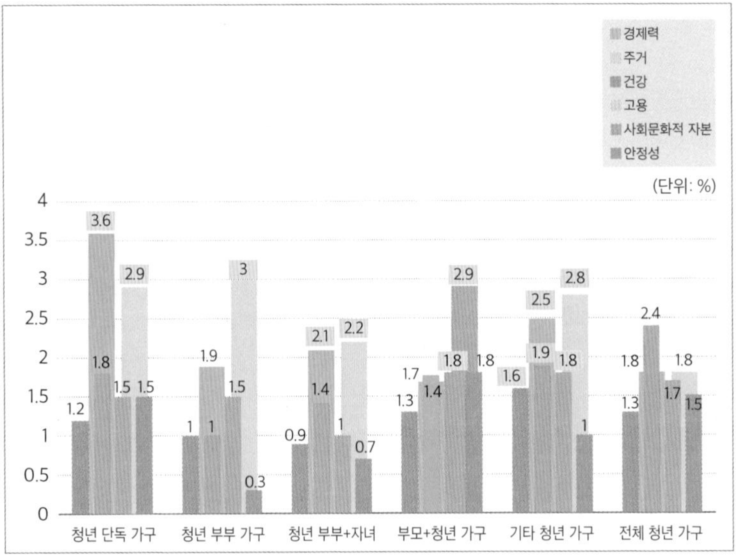

가구유형별 다차원 빈곤의 특성

* 출처: 김문길 외(2017), 「청년빈곤의 다차원적 특성 분석과 정책대응 방안」, 한국보건사회연구원.

문화적 자본과 안정성이라는 요소를 추가하고 있습니다.

기존에 주로 활용하던 생애주기별 소득 빈곤율과 새롭게 제시되는 다차원 빈곤을 비교한 결과는 다음과 같습니다(183쪽 표 참조).

전체 인구의 소득으로만 살펴본 빈곤율은 7.6%이고, 노인의 소득 빈곤율은 34.5%로 매우 높습니다. 그러나 다차원적 빈곤 개념으로 살펴보면 전체 빈곤율은 11.6%로 높아지고, 특히 청년의 빈곤율은 15.5%를 차지합니다. 또한 다차원 빈곤 개념으로 살펴보면 세대별 빈곤율은 높아지고 그 격차도 줄어들게 됩니다.

다차원 빈곤의 구성 요소별로 세대 간 비교를 하면 다음과 같이 나타납니다. 노인은 건강 빈곤이 7.3%로 가장 높고, 19~24세 청년은 고용 빈곤율이 4.7%로 가장 높게 나타나고 있습니다.

다차원 빈곤을 청년의 가구 유형별로 비교분석하면 또 어떤 양상이 나타날까요? 청년 단독 가구는 경제력과 주거의 문제가 가장 컸고, 청년 부부 가구는 주거의 문제가 컸으며, 청년 부부+자녀 가구의 경우는 청년 단독 가구보다는 낮으나 경제와 주거 빈곤 수준이 높은 것으로 나타났습니다. 한편 부모+청년 가구는 고용과 사회문화적 자본의 결핍이 가장 높게 나타났습니다.

이러한 연구 결과를 통해 빈곤이 단순한 고용과 경제 수준만이 아니라 삶의 다양한 층위에 영향을 미친다는 점에서, 숨겨진 빈곤을 드러내고 확인하기 위해서는 다차원적 빈곤 개념 등을 도입하여 청년의 삶을 다층적으로 살펴볼 필요가 있다는 것을 재확인할 수 있습니다.

반복적이고 중복적인 폭력의 생애 경험에 노출된 청년

"2000년대, 그 사이 인류는 예상치 못했던 너무도 많은 폭력과 재난을 겪었다. (…) 벤야민과 아감벤의 표현을 빌려 어쩌면 우리는 항상적 재난 상태, 항상적 폭력 상태, 곧 '예외 상태' 속을 살아간다고 말해도 무방할 것이다. 아니, 정직하게 말해 앤서니 기든스의 말마따나 우리 시대에 재난과 폭력은 이미 유행이자 일상이 되어버렸다. 비유컨대, 우리 시대는 노르아드레날린의 시대가 분명하다. 이 현상을 어떻게 이해할 것인가? (…) 재난의 정의가 무엇이든 인간이 겪을 수 있는 가장 큰 재난 가운데 하나는, 인간으로부터 인간이 일방적으로 절멸(絶滅)의 구석으로 내몰릴 때다."(6쪽, 327쪽)

-『폭력 이미지 재난』, 조선대학교 인문학연구원 이미지연구소 엮음, 앨피(2012) 중에서

위 인용문에서 강조하듯이 우리는 상시화된 재난 사회를 살고 있습니다. 어떤 형태의 재난이든 인간이 인간에게 가하는 폭력이 가장 큰 재난이며, 이는 가끔 혹은 예외적인 일이 아닌 일상화된 재난을 의미하게 됩니다. 물론 인간은 생애주기 안에서 다양한 발달 과업과 관련한 스트레스를 경험합니다. 특히 청년은 청소년기에서 성인기로 이행하는 과정에서 짧은 시간 동안 진학, 취업, 결혼에 이르는 변화와 자립과 관련한 사회적 압력 등 수많은 스트레스에 노출됩니다. 그러나 스트레스가 높다고 모두 심각한 어려움을 겪는 것은 아닙니

다. 다양한 사회환경적 스트레스에 노출되고 이와 함께 특히 과거의 학대 경험과 같은 위험 요인에 영향을 받으면 신체·정서적으로 부정적인 결과를 초래할 수 있습니다. 특히 어린 시절의 학대 경험으로부터 오랜 시간이 지나지 않은 청년들은 성인에 비해 스트레스와 외상에 더 취약할 수 있습니다(Thornberry et al., 2010). 즉 "인간이 인간에게 일방적으로 절멸의 구석으로 내몰리는 경험"의 중복성이 가져오는 부정적 영향은 상상조차 힘겹습니다.

1) 폭력의 그물망

흔히, 부모에 의해 학대받은 아동은 학교 폭력 또는 또래 폭력의 피해자가 될 가능성이 높고, 학대 위험성이 높은 환경적 결정 요인으로 인하여 중복적 학대 및 폭력이 군집(clusters)을 이루어 발생하는 특성을 보입니다(류정희 외, 2017). 학대 및 폭력은 매우 복잡하고 역동적인 상호연관성(interconnection)을 갖는 복합적인 사회현상으로, 이러한 학대 및 폭력의 복합적인 구조는 "폭력의 그물망(Web of Violence)"으로 지칭되기도 합니다(Hamby, Grych, 2013). 즉 학대 및 폭력 경험의 중복성은 공간적·시간적 차원과 가해와 피해와 같은 심적인 요인들 간의 상호작용의 결과로 이해될 필요가 있다는 것입니다. 따라서 학대 및 폭력의 상호연관 관계를 총체적으로 이해하기 위해서는 가해와 피해를 구분하고, 그것이 어떻게 중첩적으로 나타나고 있는지, 다양한 생태체계적 공간과 시간의 차원에서 어떻게 중복되는지를 살펴보는 것이 중요합니다. 즉 공간적 차원에서는 가정 내,

가정 외 집단 및 조직, 지역사회 및 사회 등 발생 공간이 어떻게 중복되고 있는지, 시간적 차원에서는 학대나 폭력이 언제 발생했고, 얼마나 지속했는지 등 다층적인 차원을 고려할 필요가 있습니다.

2) 폭력의 중복성

폭력의 치명적인 영향에 대해서는 많이 알려져 있습니다. 단순히 정신건강만이 아니라 뇌의 성장과 발달에도 악영향을 끼쳐서 생애 전체에 부정적인 영향을 미칩니다. 신체적인 학대나 방임은 뇌의 중요 성장을 막아 장기적으로 인지, 언어, 학습장애와 정신건강 문제의 원인이 된다거나(Tarullo, 2012), 아동·청소년기의 비만이 성인기 심장병, 폐·간 질환, 고혈압, 당뇨, 천식, 비만과 관련성이 있다거나(Widom, Czaja, Bentley, Johnson, 2012) 전 생애에 걸쳐 술과 약물 남용의 원인이 된다(Felitti, Anda, 2009)는 연구들이 그 결과를 설명하고 있습니다. 나아가 신경 발달의 문제는 부정적인 스트레스 상황이 아닌 경우에도 과다 경계, 불안과 충동성을 일으키고(Perry, 2012), 학대 경험을 통해 아동이 느꼈던 두려움이나 외로움, 불신의 감정이 성인기의 우울과 자살 시도로 이어지며(Felitti, Anda, 2009), 청소년기와 성인기에 걸쳐 감정 조절의 어려움을 야기한다고(Messman-Morrem, Walsh, DiLillo, 2010) 보고되고 있습니다. 즉 학대나 방임으로 발생한 신체적 손상은 일시적이고 치료가 가능하지만, 그로 인한 정신적 고통과 외상은 아동의 전 생애에 걸쳐 신체적으로나 정서적으로 부정적인 영향을 미치고 있음을 알 수 있습니다.

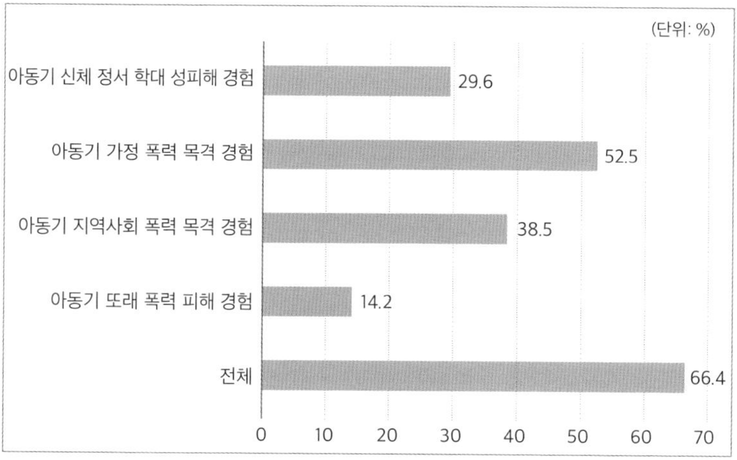

아동기 부정적 경험률

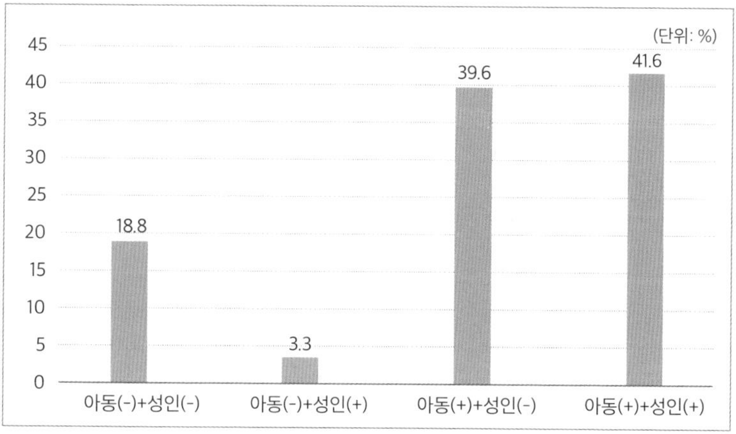

생애과정 전체의 폭력 피해 경험

* 출처: 류정희 외(2017), 「생애주기별 학대 경험의 상호 관계성 연구」, 한국보건사회연구원.

한국의 연구에서는 어떤 결과가 나타났을까요? 류정희 외(2017)의 연구에 따르면, 청년들이 살아오면서 어떠한 유형이든 부정적 경험을 한 경우는 66.4%나 됩니다. 이중 신체, 정신적 학대 경험은 약

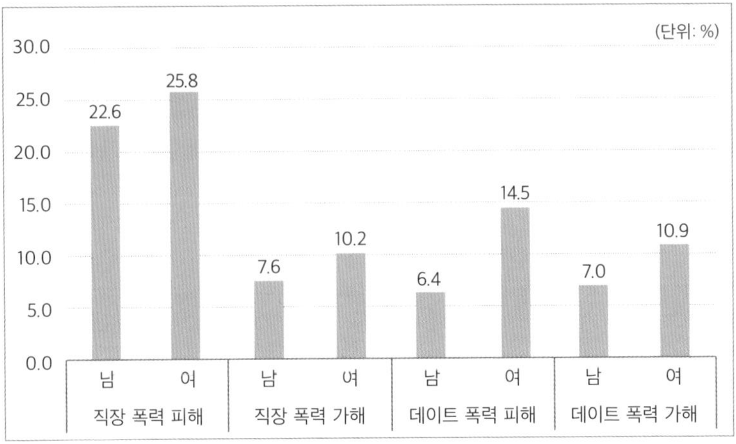

직장 폭력과 데이트 폭력 경험

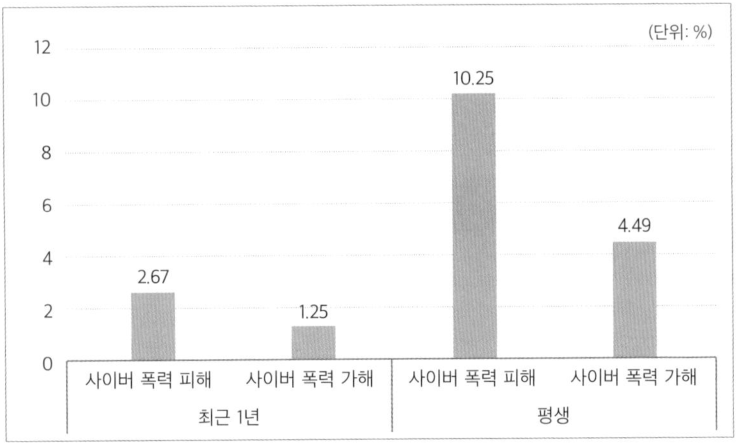

사이버 폭력 경험

* 출처: 류정희 외(2017), 「생애주기별 학대 경험의 상호 관계성 연구」, 한국보건사회연구원.

30%, 가정 폭력을 목격한 경험은 52.5%나 되었습니다. 가족 내부에서만이 아니라 지역사회의 폭력을 목격한 경험은 38.5%, 또래 폭력은 14.2%가 경험하는 것으로 나타났습니다. 생애과정 전체의 폭력

경험, 즉 아동기와 성인기 모두 폭력을 경험한 경우는 41.6%나 됩니다. 아동기와 성인기에서 폭력 피해 경험이 전혀 없는 경우는 18.8%에 지나지 않았습니다. 나머지 80%는 아동기 또는 성인기에, 혹은 아동기와 성인기에 모두 폭력을 경험했다는 것입니다. 그런데 여기에 주목해야 할 결과가 있습니다. 아동기에는 겪지 않았지만 성인기에만 폭력을 경험한 비율은 3.3%에 지나지 않습니다. 아동기와 성인기 모두 폭력을 경험한 비율은 41.6%나 되는데도 말이죠. 이는 폭력의 반복성에 대해 좀 더 많은 관심을 촉구하는 결과라 할 수 있습니다.

한편 성인기 폭력의 대표적인 유형이라 할 수 있는 직장 폭력, 군대 폭력, 데이트 폭력 경험은 어떠할까요? 직장 폭력 피해 경험은 남성(22.6)과 여성(25.8)에게 큰 차이가 없었으나 데이트 폭력 피해 경험은 남성(6.4)보다 여성(14.5)이 2배 이상을 경험하는 것으로 나타났습니다. 최근 사회 문제화되고 있는 사이버 폭력은 청년의 10.25%가 살면서 한 번 이상은 경험한 것으로 나타났습니다.

아동기 부정적 경험과 성인기 폭력 경험이 얼마나 중첩적으로 이루어지고 있는가를 살펴보면 다음과 같습니다. 아동기에 부정적 경험을 하지 않는 사람이 군대 폭력 피해를 경험하는 경우는 19.2%이지만 아동기의 부정적 경험이 있는 경우는 60%에 가까워서 3배의 차이가 나고 있습니다. 데이트 폭력 역시 아동기에 부정적 경험이 없는 사람이 데이트 폭력을 경험하는 비율은 5.2%이지만 반대의 경우는 12%로 역시 2배 가까이 차이가 납니다. 한편 직장 폭력은 그 차이가 더욱 크게 나서 5배나 됩니다. 이는 결과적으로 아동기의 부정적 경험이 성인기의 폭력 경험과 중첩되어 나타나고 있음을 입증하고 있습니다.

한편 아동기의 다양한 부정적 경험이 청년의 건강에 미치는 영향을 살펴보고자 합니다. 자아존중감에 가장 부정적 영향을 미치는 것은 가정 폭력 목격 경험이었고, 두 번째는 정서적 학대인 것으로 나타났습니다. 또한 가정 폭력 목격 경험은 자아존중감 외에도 삶의 만족도, 우울, 불안을 높이는 공통적인 요인으로 나타났습니다. 흔히 폭력에 대한 사회의 반응은 신체적 폭력을 중심으로 그 위해성을 판단하기 마련이지만, 아동기에 가정 폭력을 지속적으로 목격한다는 것은 신체적 폭력이나 학대를 당하는 것 못지않은 부정적 결과를 유발하고 있음을 보여주고 있습니다.

또한 정신건강의 가장 치명적인 결과라 할 수 있는 자살 생각에 가

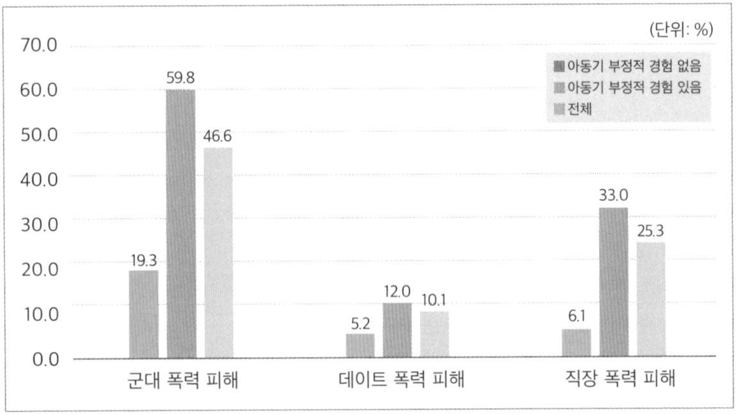

아동기 부정적 경험과 성인기 폭력 피해 경험

* 출처: 류정희 외(2017), 「생애주기별 학대 경험의 상호 관계성 연구」, 한국보건사회연구원.

아동기 부정적 경험이 청년의 신체적·정신적 건강에 미치는 영향

	자아 존중감	삶의 만족도	우울	불안	자살 생각	주관적 건강	흡연	폭음
신체 학대	+c	-b					-a	-b
정서 학대	-b	-d	-b	-b	-a			-a
방임						+a	+c	
성학대		-c			-b			
가정 폭력 목격	-a	-a	-a	-a				
지역사회 폭력 목격						-b	-b	

+긍정적 영향, -부정적 영향: 표준화된 회귀계수 크기 a>b>c>d.

장 큰 영향을 미치는 것은 정서적 학대와 성학대입니다. 학대와 아동기 성학대에 대한 많은 관심을 기울일 필요가 있음은 모두 동의하는 부분일 것입니다. 아동기에 가정이나 지역사회의 폭력을 목격하는 것의 막대한 폐해를 고려한다면 안전한 가정만이 아니라 안전한 지역사회로까지 관심을 확장할 필요가 있습니다.

류정희 외(2017)의 연구에 따르면 성인기 폭력 경험이 정신건강(우울과 삶의 만족도)에 미치는 영향을 분석한 결과 성인기 폭력 경험은 우울에 통계적으로 유의한 영향을 미치는 것으로 나타났습니다. 그러나 아동기의 부정적 생애경험을 통제하게 되면 성인기 폭력 경험은 통계적 유의성을 상실합니다. 이는 아동기의 부정적 경험이 성인기의 부정적 경험보다 훨씬 더 치명적인 영향을 미친다는 것을 시사합니다. 이러한 연구 결과는 결국 청년 정책은 '청년기'를 위한 것이 아니라 생애과정을 고려한 종단적 정책이 필요함을 시사합니다.

국내 청년 정책

지금까지 청년의 생활 실태를 비롯, 생애과정 관점에서 불리의 경험과 과정을 통과하는 청년, 다차원적 빈곤을 경험하는 청년, 반복적이고 중복적인 폭력에 노출되는 청년이라는 주제로 청년의 삶을 살펴보았습니다. 이러한 특성과 실태에 대한 정책적인 노력이 과연 청년의 삶과 어려움에 가닿아 있는지 살펴보고자 합니다.

청년 정책의 특성과 한계

국내 청년 정책에 대한 종합적인 평가(김기헌, 2020)는 고용, 주거, 학자금 정책이 주를 이룹니다. 특히 2017년 대비 2020년 청년 관련 사업 예산은 12배 이상이 늘었는데, 그 중 주거 예산이 전체 예산의 50% 이상을 차지했으며, 이 역시 부채적 성격을 가지고 있습니다. 현재 추진하고 있는 대부분의 사업은 장기적인 관점보다는 단기적이고 직접적인, 특히 금전적으로 지원하는 성격이 강하다는 것을 의미합니다.

대부분의 지방정부에서는 직접 수단인 '정부소비'를 통해 청년 포털 구축, 청년 창업 플랫폼 구축, 청년커리어센터 설립, 청년센터 설치, 청년 거점공간 마련 등 인프라 구축 사업을 청년기본계획에 반영하고 있습니다. 또한, 유사한 정책과제 및 프로그램이지만 각 지방정부마다 상이한 정책수단을 활용하고 있어서 산발적으로 진행되는 청년 정책들을 종합적으로 조정할 필요성이 제기되고 있습니다.

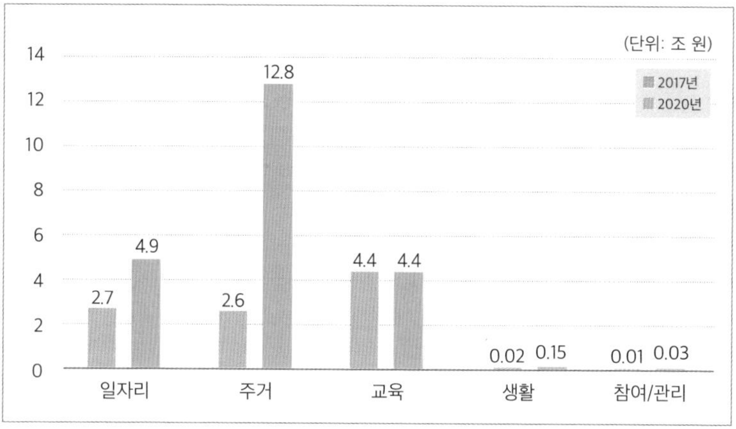

중앙행정기관의 청년 관련 사업 예산

* 출처: 국무조정실, 청년의 삶 개선방안(2020).

그러나 고용, 주거, 학자금 정책만으로는 조명되지 못하는 청년들의 삶이 있습니다. 학교를 다니지 않고, 아르바이트 등에 의존하는 청년의 일자리 특성을 고려한다면 실제적인 지원에서 배제되는 청년들의 비중이 매우 높습니다. 즉 여전히 청년들이 일하고 있는 곳은 고용주의 직접고용에 기반한 근로환경이 아니라 간접고용이나 특수고용 형태의 근로인 경우가 많습니다. 최근에 이슈가 되고 있는 플랫폼 노동, 간접고용이나 특수고용 형태의 고용은 끊임없이 사측의 불명확성 혹은 은폐 가능성, 노동자성의 불명확함 혹은 불인정으로 인해 제대로 근로자성을 인정받지 못하며, 위험의 외주화, 주변화의 일차적 대상이 되고 맙니다. 또한 고용관계 안에서도 고용주가 사회보험 가입을 거부하거나, 너무 낮은 수준의 임금으로 인해 사회보험에서의 자기부담금이 그야말로 '부담'스러워 사회보험에 가입하지 않는 청년들도 많습니다. 이는 청년들의 경제적 불안정이 이후의 시기까지 이어질 수밖에 없는 출발선을 만들어내고 있습니다.

따라서 기존의 고용과 주거, 학자금이라는 패러다임에서 벗어나지 않는다면, '빚 권하는 청년 정책', '청년은 들어갈 수 없는 청년주택', '자낳괴'를 공급하는 고용 정책이라는 비판으로부터 벗어나지 못할 것입니다.

이미지 책무성

청년생활실태조사에서 살펴본 바와 같이 청년 정책에 대한 인지도와 신뢰도는 매우 낮습니다. 비록 다양한 층위의 청년에게 가닿지 못하는 정책이라 하더라도 그나마 마련되어 있는 정책에 대한 인지도를 높일 필요가 있으며 실제적인 이용을 방해하는 장애물을 제거하기 위해 노력할 필요가 있습니다. 청년만이 아니라 우리 사회 전반이 아직도 복지 정책은 '빈곤층을 위한 것'이라고 여기거나 청년이 특화된 정책이나 참여의 장 역시 고학력 청년이나 정치 참여 역량이 있는 '그들만의 공간'이라는 인식이 매우 강합니다. 단순히 아는 것을 넘어서서 활용을 가능케 하는 데에 부정적 이미지가 걸림돌이라면, 단순히 펼쳐놓은 것 이상의, 이미지 책무성이 필요합니다.

이러한 한계 이외에도 더 큰 장애물이 있습니다. 과연 청년들이 자신의 삶을 기회로 인식하는가, 아니면 제한과 구속의 질곡으로 인식하는가 하는 점입니다. 즉 청년의 미래시간 전망(Future Time Perspective)의 영향을 받을 수밖에 없습니다. 미래시간 전망은 기회와 제한성으로 구성되는데, '기회'는 미래에 자신에게 여러 가지 기회가 주어질 것이라고 보는 것인 반면, '제한성'은 앞으로 자신에게 남은 시간이 별로 없다고 여기는 것입니다. 즉, 청년이 미래를 기회로 인식한다면 남은 인생에서 추구할 수 있는 선택, 계획, 목표에 집중하지만, 제한성에 초점을 맞춘 사람은 남아 있는 삶에서 경계와 한계를 많이 지각할 것입니다(Zacher, Frese 2009).

현재 청년에 대한 다양한 정책을 홍보하기 위한 온라인청년센터가 구축되어 있으나 실행되고 있는 지자체의 사업을 정확하게 반영하지 못하고 있으며, 이용자의 눈높이를 맞추지 못한 채 단순히 정보를 취합하는 수준을 벗어나지 못하고 있습니다. '나'를 위한 사회안전망이 존재할 것이라는 '믿음'이 없다면, 삶을 '한계'로만 인식한다면, 디지털 네이티브라 일컫는 청년들은 '검색'조차 하지 않을 것입니다. 또한 정보 접근이 능하고 알고 있다 하더라도 이 모든 것을 '뻔한 것', 혹은 실제로 자신의 삶의 변화에 도움이 되지 않거나 연결되어 있는 것이 아니라고 생각한다면 이용조차 하지 않을 것입니다.

청년 정책 제언

다행히 2020년 청년기본법이 시행되어 기존의 단편적이고 분절적인 청년 정책이 아니라, 근거에 기반한 중장기적인 목표 수립 및 지역 간·부처 간의 조정을 통해 통합적이고 체계적인 청년 정책이 마련되지 않을까 하는 기대감을 불러일으키고 있습니다. 이에 더하여 기존의 청년 정책에 대한 비판적 검토를 통해 청년의 삶에 좀 더 가닿을 수 있는 정책 마련을 위한 제언을 해보고자 합니다.

청년이 주체가 되어 참여하는 정책으로

첫째, '청년'을 '대상화'하는 정책이 아니라, 청년의 기회와 권리를 보장하는 방향으로 나아가야 합니다. 기존의 시혜적인 복지 정책의 영향이기는 하겠으나 정책의 대상이 된다는 것 자체가 나약함과 의존의 상징이 되고 있습니다. 그 안에서 주체성과 참여라는 역설적 목적을 어떻게 통합할 것인가가 과제가 되고 있습니다. 청년이 정책으로 '소비'되지 않도록, 사회적 특히 정치적으로 '도구'가 되지 않도록 경계하는 것이 가장 중요할 것입니다.

둘째, 청년은 청년으로 태어나지 않는다는 것을 되짚어볼 필요가 있습니다. 즉 청년에 이르는 생애과정을 조망하고 아동기의 가족 중심의 통합적 지원 체계, 종단적 서비스 체계를 구축해야 합니다.

셋째, 통합적 지원 체계는 모든 정부 정책에서 강조하는 부분입니다. 같은 부처에 존재한다고 해서 칸막이 행정을 막을 수 있는 것은 아니지만 청년 정책의 전달 체계는 현재 보건복지부와 여성가족부, 고용노동부와 교육부로 파편화되어 있습니다. 특히 보건복지부는 청년 이외의 모든 생애주기에 대한 접근을, 여성가족부는 청년에 대한 접근을 분담하고 있어서, 두 부처 사이에서 생애주기의 단절이 일어나고 있습니다. 전달 체계를 통합하는 것만으로는 해결되지 않겠지만 분절적 전달 체계가 더 큰 장애물이 되고 있다는 것을 인식하고 적극적으로 대응할 필요가 있습니다.

넷째, 새로운 정책을 개발하는 것도 필요하지만 기존의 산발적인 정책 간 조정이 더욱 필요합니다. 충분하지 않더라도, 청년의 이질적인 구성을 포괄하지 못하더라도, 인지도가 있고 활용 가능한 서비스나 정책은 더 실효성을 높이기 위해 노력할 필요가 있습니다. 앞에서 살펴본 바와 같이 청년의 삶에서 안전과 건강과 복지의 결합은 필수적입니다. 각기 다른 전달 체계를 어떻게 통합할 것인가도 중요하지만 프로그램이나 서비스 차원에서의 결합을 우선적으로 시도해볼 수 있을 것입니다.

다섯째, 무엇보다도 현재와 같이 단편적인 시각으로 일자리를 전면에 내세우고 준비되지 않은 청년을 내모는 방식이 아니라 삶의 자리를 보듬는 방향으로 정책이 설계될 필요가 있을 것입니다. 물론 이와 함께 청년들의 정책 인지도를 향상시키기 위한 획기적인 시도들도 필요합니다.

자살을 예방하는 정책에서 삶을 보듬는 정책으로

청년 자살이라는 복합적이고 다층적인 문제를 단순한 자살 예방 정책이나 프로그램만으로는 해결할 수 없다는 것은 너무나 자명한 사실입니다. 청년 자살 문제를 청년 정책이라는 중장기적인 핵심과제 안에서 다루어야 한다는 목소리가 높습니다. 또한 자원이 투입되지 않는 정책 역시 공허하기만 합니다. 자살사망자가 교통사고 사망자의 4배인데 예산은 10분의 1뿐•입니다. 여름철 물놀이로 인한 익사 사고가 많아지면서 모든 학교에서의 생존수영 도입을 강조했는데, 우리는 익사자나 교통사고 사망자보다 자살로 훨씬 많은 생명을 잃고 있습니다. 문제의 심각성에 걸맞게 자살 예방 예산을 확충하기 위한 노력이 필요합니다.

청년들이 겪는 다양한 어려움에 근본적인 대응 방안이 마련되어야 하지만, 우선적으로 심리적인 스트레스를 완화하고 다루기 위한 전문적인 도움 역시 위기 상황을 막는 데 매우 중요한 방법입니다. 그래서 상담을 해보지도 않았고, 꺼려하는 문화와 인식에 대한 변화가 필요합니다. 최근 코로나 19로 인한 많은 사회적 폐해에도 불구하고 코로나 덕분이라고 이야기할 수 있는 것이 비대면 상담 서비스의 확충입니다. 경제적, 시간적 비용과 사생활 노출을 최소화하면서 상담을 받을 수 있는 플랫폼이 늘어나고 실제로 상담에 대한 심리적 문턱이 낮아지고 있다는 것은 매우 다행스러운 일입니다.

유쾌하고 전복적인 상상력으로

청년들 사이에서는 자신을 갈아 넣은 삶에 대해 희화화하고 있는 것만큼이나 일상의 소중함, 자기돌봄의 중요성을 강조하며 사회적 메신저로 활동하고 있는 청년들 또한 많이 존재하고 있습니다. 백수

• 김동호, '자살 사망자, 교통사고 4배인데…예산은 10분의 1뿐', 연합뉴스, 2020년 11월 26일자. https://www.yna.co.kr/view/AKR20201126067000001?input=1179m

들이 출근하는 회사•라니! 불안정적인 시기를 경쟁의 압박과 고립감을 느끼지 않으면서 지혜롭게 함께 헤쳐 나가기 위한 시도들도 발견할 수 있습니다. 단순한 노동이 아니라 연대를 통해 '우리의 고민'으로 확장하기 위한 시도들도 보입니다. 또한 기존의 정신건강 전달 체계에서 치료의 대상으로서가 아니라 적극적인 소비자이자 경험 전문가인 '피어스페셜리스트'••로서의 활동도 주목할 만합니다. 이렇듯 기존의 복지 전달 체계를 통해서가 아니라 새로운 전달 체계를 만들어가는 것이 중요할 것입니다. 자살 예방 정책에서 더 나아가 청년의 삶을 보듬는 정책이 되기 위해서는 기존의 전달 체계와 전달 방식에 혁신이 필요합니다. 우리 모두에게 생명이 소중하다는 것, 다양한 삶의 궤적을 거친 현재를 존중한다는 것이 더 이상 추상적인 구호가 아니라 삶의 근간이 될 수 있도록 다양한 상상력을 보태야 할 때입니다.

• 권영은, '"월급 대신 삶의 의지를 드려요" 백수들이 출근하는 회사', 한국일보, 2019년 11월 26일 자. https://m.hankookilbo.com/News/Read/201911251415018584

•• 김동호, '멘탈헬스코리아, 피어스페셜리스트 온라인 교육 플랫폼 출시', 서울경제, 2021년 11월 1일자. https://www.sedaily.com/NewsView/22TUJ0DLZR/GK0301

참고 문헌

권영은(2019). '"월급 대신 삶의 의지를 드려요" 백수들이 출근하는 회사', 한국일보, 2019년 11월 26일자. https://m.hankookilbo.com/News/Read/201911251415018584

김기헌(2017), 「한국 청년 니트(NEET)의 정의와 결정요인」, 워킹페이퍼. 2017(8). 한국노동연구원.

김기헌(2020), 「청년정책 실효성 제고 방안. 보건복지포럼」.

김동호(2020), '자살 사망자, 교통사고 4배인데…예산은 10분의 1뿐', 연합뉴스, 2020년 11월 26일자. https://www.yna.co.kr/view/AKR20201126067000001?input=1179m

김동호(2021), '멘탈헬스코리아, 피어스페셜리스트 온라인 교육 플랫폼 출시', 서울경제, 2021년 11월 1일자. https://www.sedaily.com/NewsView/22TUJ0DLZR/GK0301

김문길, 김태완, 임완섭, 정은희, 김재호, 안주영, 최준영(2017), 「청년빈곤의 다차원적 특성분석과 정책대응 방안」, 세종: 한국보건사회연구원.

노법래(2019), 「한국복지패널로 들여다본 청년의 생애사: Multistate Model로 그린 한국청년의 취업, 결혼, 출산의 경로와 소득 집단별 비교」, 제12회 한국복지패널 학술대회 자료집.

류정희, 이주연, 정익중, 송아영, 이미진(2017), 「생애주기별 학대경험의 상호관계성 연구」, 세종: 한국보건사회연구원.

멘탈헬스코리아 피어 스페셜리스트 팀, 조수현, 우가은, 강지오, 문강, 장예진, 이성음, 김도희, 장은하(2021), 『우리의 상처는 솔직하다』, 마음의 숲.

변금선, 김기헌, 하형석, 이용해(2019), 「청년정책 체계성 강화 연구」, 세종: 국무 조정실.

변금선, 김기헌(2019), 「청년층의 삶의 질 격차에 관한 연구: 1998~1998년생 청년의 다중격차 실태분석」, 사회복지정책 .46(2), 257~285.

보건복지부(2021), 정신건강실태조사.
이충한(2018), 『비노동사회를 사는 청년, 니트』, 서울연구원.
장강명(2021), 『표백』(개정판), 한겨레출판.
정세정, 김태완, 김문길, 정해식, 김기태, 주유선, 강예은, 최준영, 송아영, 김용환(2020), 「청년층 생활실태 및 복지욕구조사」, 세종: 한국보건사회연구원.
정세정, 김형용, 송나경, 최권호, 최보라, 강예은, 최준영(2019), 「생애과정 관점의 수요자 중심 청년지원체계 구축을 위한 기초연구」, 세종: 한국보건사회연구원.
조선대학교 인문학 연구원 이미지연구소 편(2012), 『폭력 이미지 재난』, 엘피.
Chauvel, L.(2017), Comparing Welfare Regime Changes: Living Standards and the Unequal Life Chances of Different Birsth Cohort 1. In *Consumption and Generational Change*, 171~197. Routledge.
Elder, G. H.(1998), The life course as developmental theory. *Child Development*, 69(1), 1~12.
Felitti, V. J., Anda, R.(2009), The relationship of adverse childhood experiences to adult medical disease, psychiatric disorders, and sexual behavior: Implications for healthcare. In R. Lanius, E. Vermetten, C. Pain (Eds.), *The hidden epidemic: The impact of early life trauma on health and disease*. Retrieved from http://www.acestudy.org/yahoo_site_admin/assets/ docs/LaniusVermetten_FINAL_8-26-09.12892303.pdf
Hamby, S., Grych, J.(2013), The web of violence: Exploring connections among different forms of interpersonal violence and abuse. Dordrecht, The Netherlands: Springer. https://www.socialwork.career/2013/08/are-you-assessing-your-clients-for-polyvictimization.html
Mayer KU.(2005), Life courses and life chances in a comparative perspective, In *Analyzing Inequality: Life Chances and Social Mobility in Comparative Perspective*, ed. S Svallfors. 17~55. Palo Alto, CA: Stanford Univ. Press.
Perry, B.(2012), Supporting maltreated children: Countering the effects of neglect and abuse. Adoption Advocate. Retrieved from https://www.adoptioncouncil.org/images/stories/documents/NCFA_ADOPTION_ADVOCATE_NO48.pdf
Tarullo, A.(2012), Effects of child maltreatment on the developing brain. CW360°. Retrieved from http://www.cehd.umn.edu/ssw/cascw/attributes/

PDF/publications/CW360-CEED_Winter2012.pdf
Thornberry TP, Henry KL, Ireland TO, Smith CA(2010), The causal impact of childhood-limited maltreatment and adolescent maltreatment on early adult adjustment. *Journal of Adolescent Health* 46, 359~365.
Zacher, H., Frese, M.,(2009), Remaining time and opportunities at work: Relationships between age, work characteristics and occupational future time perspective. *Psychology and Aging*, 24(2), 487~493.
Messman-Morre, T., Walsh, K., DiLillo, D.(2010), Emotion dysregulation and risky sexual behavior in revictimization. *Child Abuse & Neglect*, 34(12), 967~976.
National Academies of Sciences, Engineering, and Medicine(2019), *Fostering Healthy Mental, Emotional, and Behavioral Development in Children and Youth: A National Agenda*. Washington, DC: The National Academies Press.
Widom C. S., Czaja S. J., Bentley T., Johnson M. S.(2012). A prospective investigation of physical health outcomes in abused and neglected children: New findings from a 30-year follow-up. *American Journal of Public Health*, 102, 1135~1144.

5장

목소리로 만난 위기의 청년들

1577-0199, 24시간 위기전화 상담

주지영

서울시 자살예방센터 부센터장

정신건강사회복지사

서울시 자살예방센터 부센터장. 정신건강사회복지사. 강서구정신건강복지센터, 아동청소년 낮병원에서 지역사회 기반 자살 예방과 정신건강 증진 사업을 추진해왔다. 현재 시민 참여를 통한 자살 예방 조직화, 현안 대응 예방 사업을 실행하는 데 관심을 쏟고 있다. 코비드19 심리지원단에서 활동하면서 코로나 및 청년 자살 현안에 대해 다수의 글을 발표했다.

24시간 울리는 자살 및 정신건강 위기전화가 있습니다.

서울시 자살예방센터에서 운영하는 1577-0199는 자살 위기에 놓여 있거나 정신건강의 어려움을 호소하는 시민들을 상담하고, 다양한 문의를 받는 전화입니다.

전화 상담은 간신히 연결된 목소리에 의지하여 전적으로 언어와 호흡이 주는 침묵을 헤아리는 것에서부터 시작합니다.

상담 대상자는 상실, 헤어짐, 취업 실패, 불화, 희망 없음, 과거의 간직해온 상처들을 얘기하며 울먹이는 목소리로 그동안 죽이고 살아왔던 마음을 털어놓습니다.

어떤 경우에는, 말하고 싶지만 말하고 싶지 않은 심정이어서 첫 한 마디를 떼는 데 한참이 걸립니다. 대부분의 경우 위기전화 상담에서 대상자의 복잡한 문제와 고통에 대해 종합적인 해결 방안을 내놓기가 어렵고, 그래서 압박감으로 버텨온 어려움에 대해 "그럴 수도 있겠구나" 하고 마음을 수용해주는 것이 전부일 때가 많습니다.

전화를 걸어 도움을 요청했다는 그 자체만으로도 용기를 얻는 시민, 상담사의 경청과 지지에 다시 힘을 내보는 시민, 극단적 선택의 갈림길에서 가까스로 도움을 요청하는 응급 상황의 시민에 이르기까지 다양한 아픔과 고통이 전화선을 타고 전해져옵니다.

코로나 시기에 위기전화 상담은 사회적 거리두기로 생긴 고립의 어려움을 털어놓을 수 있는 통로 중 하나였습니다. 밤새 걸려오는 위기전화 상담은 시민들이 어떤 위기를 경험할 수 있는지를 체감할 수 있는 중요한 지표 중 하나였습니다.

여러 위기 상황에서 시민들이 어떤 어려움을 호소하는지, 코로나로 인한 심리방역으로 청소년부터 어르신까지 다양한 계층에 얼마나 정확하게 정보와 안내가 제공되었는지 등을 알 수 있는 유용한 소통 채널 역할을 하기도 했습니다.

위기전화 상담은 비록 여러 회기에 걸친 지속 상담으로서의 성격을 가진 것은 아니지만, 정신건강 위기와 자살 등 절망의 순간에 긴급히 이용할 수 있는 24시간 상담 채널입니다. 마음을 진정시키거나, 경찰·소방관과 함께 안전을 확보하거나, 위급한 경우 병원 치료를 안내하거나 하는 등의 역할을 하고 있습니다.

코로나가 확산되기 시작한 2020년도에서 현재에 이르기까지 가장 두드러졌던 점은 20대와 30대의 위기전화 상담이 크게 증가했다는 사실입니다. 20~30대의 위기전화 상담 건수는 약 3,000건으로 전체 상담 건수의 45%를 차지하고 있습니다. 이는 코로나 이전과 비교하면 22% 증가된 수치입니다.

20~30대 여성의 위기전화 상담 건수는 코로나 이전에 비해 약 40%가 증가했습니다. 같은 시기에 남성의 위기전화 상담 건수가 20% 증가된 것과 비교해보면, 20~30대 여성의 이용률이 더 높은 증가폭을 보였다는 것을 알 수 있습니다.

다음의 사례들은 우리 주변에서 함께 살아가는 청년들의 이야기로, 전화 상담을 통해 만났던 많은 청년의 경험을 토대로 공감적인 요소들을 뽑아 새롭게 각색한 것들입니다.

모든 청년의 삶과 이야기는 고유합니다. 그래서 어느 삶이 다른 삶보다 더 아프고 덜 아프다고 단정할 수 없습니다. 함께 살아가는 우리 청년의 고통에 대해 조금이라도 이해하고 공감할 수 있는 기회가 되기를 기대합니다.

사례1

노력, 노력, 그리고 노력

새벽 3시.

혜원 씨는 세상 모든 사람들이 잠들었을 시간에 전화를 걸어왔습니다. 한동안 쉽게 잠에 들지 못해서 밤새 핸드폰으로 여기저기 검색하다 우울, 불안 선별 검진을 체크해보니 고위험군으로 결과가 나오자 덜컥 불안해져서였습니다. 순간적으로 온라인에서 보이는 상담 전화번호를 찾아 전화를 걸었지만, 충동적으로 이런 전화를 해도 되는지 어색하고 불안한 기색이었습니다.

"그냥 별거 아닌데요, 점수가 높게 나와서요, 믿을 만한가 해서요."

전화를 걸기까지 했지만, 정작 큰 문제가 있는 사람으로 비칠까 봐 걱정하는 마음이었습니다.

혜원 씨는 초중고를 다니면서 대학만 가면 모든 것이 해결된다는 신념으로 성적의 중압감을 견디며 노력해왔습니다. 원하는 대학 진학에는 성공하였고요. 혜원 씨의 우울과 불안한 경험은 일찍부터 시작되었던 듯싶습니다. 잠의 어려움은 최근의 문제라기보다 중학교 때부터도 중압감에 잘 이루지 못했고, 익숙한 생활이었습니다. 사람들의 시선이 너무 의식되어 이같은 모습을 가족에게조차도 쉽게 털어놓지 못한 채 지내왔습니다. 시험 불안, 발표 공포 등 걱정이 많아도 노력이 부족해서 그러려니 했는데, 공부 시간을 늘리려 해도, 집중도가 크게 나아지는 것은 아니었습니다. 상담을 이어가는 중 혜원 씨는 작은 목소리로 "오랫동안 이런 상태여서 문제가 되는지 몰랐어요"를 반복해서 되뇌었습니다.

사람들이 많은 장소나 대중교통을 타고 다닐 때 소리와 시선이 너무나 신경이 쓰여 늘 이어폰을 꽂고 다녔고, 가슴 두근거림, 어지러움, 손에 땀이 축축해지는 경험은 오랫동안 지속되었다고 했습니다. 오랜 불편함은 혜원 씨에게 너무나 익숙해 보였습니다.

혜원 씨는 학업과 생활에서도 언제나 성실하게 노력하는 학생이었고 꿈에도 그리던 대학에 진학했을 때는 모든 것이 편안해질 줄 알았습니다. 그런데 기대와 달리 새로 사귀는 친구들이 자신을 싫어할까 봐 전전긍긍했고 더 상대방에 맞추기 위해 언제나 예스를 하는 자신의 모습에 자괴감을 느끼기도 했습니다. 그룹 과제에서 토의하는 것도 여간 힘든 일이 아니었고 숙제와 시험을 준비하는 일도 수월해지지 않아 기한을 맞추는 일이 점점 버거워졌습니다.

소심함, 집중력 저하, 불면, 소화불량 등 일상생활에 지장을 초래하는 것들이 꽤 오래 지속되어온 것 같아 보였습니다. 그러나 정작 혜원 씨는 자신의 모습이 누군가에게 들킨 것 같고 빨리 알아차리기 위해 노력하지 않은 자신에 대해 죄책감을 깊게 느꼈습니다. 늦게 알아차리고 자신을 바꾸기 위해 노력하지 않은 점에 또다시 우울해졌습니다.

혜원 씨는 대학을 졸업하면 직장을 구해 사회생활을 하며 삶의 여러 기회와 역할을 맡게 될 것이었습니다. 목표를 향해 자신의 역량을 성장시키고 달성하는 노력은 나름의 미덕이고 가치입니다. 그러나 혜원 씨가 이야기하는 노력은 쓸모를 입증해야 할 과정이었고, 그 모든 것에 전능해야 한다는 의지에 가까워 보였습니다. 심지어 아프면 얼른 회복해야 하는 노력도 능력 같아 보였습니다.

"소용없다"라는 말은 상담을 하는 동안 많이 듣게 되는 표현 중 하나입니다.

"말한다고 해결되는 게 아니니 소용없다."
"오랫동안 이게 익숙한데 변화는 소용없다."

한 통의 전화로 모든 문제를 해결할 수 없지만, '나'를 희생하면서까지 노력해왔던 과정을 이해하면 진정으로 '나'를 위해 할 수 있는 것이 무엇인지 의논해나갈 수 있습니다.

이해한다는 것은 "소용 있는" 과정입니다. 혜원 씨가 무심코 해보았던 마음건강 검진도 하나의 좋은 방법입니다. 전문적인 진단 검사가 아니더라도, 우울, 불안, 스트레스 등 질문에 대한 답을 체크하고 결과를 얻는 과정에서 자신이 겪고 있는 경험의 상태를 부분적으로 확인할 수 있습니다. 나를 돕는 과정은 의미가 있습니다. 위기의 청년들이 다양한 진단 검사와 해석 상담을 통해 '나'의 마음건강과 마주하고, 좀 더 용기를 내서 '나'를 스스로 돌볼 수 있는 기회를 찾게 되기를 희망해봅니다.

사례2

"세상이 이상한데 세상이 나를 이상한 사람 취급해요."

새벽 2시, 지구대가 응급 출동을 요청했습니다. 상담사는 전화 상담을 주로 하지만, 심리 안정 및 위기 평가가 필요할 경우 경찰로부터 출동 요청도 받습니다.

대교 위에서 인석 씨를 발견했던 순찰 경찰들은 울면서 혼자 서성이는 인석 씨에게 다가가 말을 걸었습니다.

"괜찮으세요? 새벽에 집으로 가셔야죠…. 무슨 일이 있으세요?"

인석 씨는 경찰을 보고는 괜찮다며 손을 저어 피하더니 가까이 오자 주저앉아 땅만 응시했습니다.

함께 앉아 몇 마디를 걸자 이렇게 대답했습니다.

"돌아갈 집이 없어요…. 대교 밑은 걱정 근심이 없겠죠."

경찰은 동행 상담이 필요하다는 판단을 내리고는 상담 기관에 연락을 취했습니다.

인석 씨는 지방에서 올라와 독서실에서 생활하며 공무원 시험을 준비하는 공시생이었습니다. 코로나와 함께 시작된 수험 생활은 예상보다 쉽지 않았습니다. 코로나 초기에 편의점 아르바이트에서 잘렸고, 생활비를 벌려고 다른 아르바이트를 구해보려고 했지만 공부 시간을 낼 수 있는 자리를 찾기 어려웠습니다. 기껏 조건이 맞아도 면접에서 번번이 떨어졌습니다. 결국 지방에 있는 부모님께 넉넉하진 않지만 아쉬운 대로 생활비 일부를 받아 독서실 비용을 냈고, 줄곧 여유 없는 생활을 이어갔습니다.

그러다 조급한 마음에 주식으로 많은 수익을 냈던 친구들의 경험담과 주식 영상을 참고해 카드 현금서비스를 받아 주식 투자를 시작했습니다. 처음에는 약간의 수익이 나서 아르바이트보다 나았지만, 공부하는 시간보다 주식에 매이는 시간이 점점 길어졌고, 초반의 수익도 잠시, 손실은 점점 커져만 갔습니다. 현금서비스로 시작한 돈이라 수습이 절실했던 인석 씨는 동생과 지인에게 빌린 돈과 독서실 비용으로 원금을 갚아야 했습니다. 시간이 지나자 빌린 돈에 대한 채무로, 카드사와 동생, 지인, 독서실의 독촉이 시작되었습니다. 그날은 독서실의 짐을 빼야 하는 날이었습니다. 동생은 빌려간 돈도 돈이지만 연락을 피하는 형에 대한 원망을 문자로 쏟아냈습니다.

여기저기를 서성이다 ○○대교에 비친 빌딩들을 보면서, 세상에 내 이름으로 된 집 하나를 마련하기가 어렵고, 시험의 기회는 너무나 절박하고, 성공한 사람들의 영상은 넘쳐나는데 자신은 도저히 따라갈 수 없는, 이상한 세상의 이상한 사람이 되어 있는 자신을 발견했습니다. 다른 사람들에게 자신이 어느새 무책임하고 무능력하고 불성실한 사람이 되어버린 현실에, 이제 혼자서 할 수 있는 일이라고는 극단적인 선택밖에는 없는 것 같다고 했습니다.

인석 씨가 이야기하는 이상한 세상은, 착실히 노력하고 기회를 찾아 도전하는 것을 미덕으로 삼는 세상이기보다 경쟁에서 살아남는 것만이 의미 있는 세상인 것 같았습니다. 그래서 인석 씨 역시 능력주의에 걸맞게 '잘 해보려고' 주식 투자를 한 것이었는데, 1인 가구로도 불리지 못하는 독서실에서 버텨온 결과가 빚더미라는 데 큰 절망감을 느끼고 있었습니다.

많은 청년들이 미래에 대해 기대감을 품기도 전에 좌절감을 호소합니다. 성실하게 노력하며 공부할 때는 바보같이 뒤처지는 느낌이 든다고 얘기합니다. 빚까지 내서 남들이 다하는 영끌 투자를 한 결과, 속 빈 강정같이 한심하고 무능력한 사람이 되었다고 괴로워하는 청년이 많습니다. 이 세상에서 이들은 어떻게 중심을 잡고 땅에 발을 디뎌야 할까요?

인석 씨와 ○○대교에서 내려와 지구대에서 대화를 하는 사이, 높은 압박감은 다소 진정되는 듯했습니다. 경제적인 여건, 부채의 규모, 주거환경, 가족 갈등 등 산적한 문제들을 살피며 문제의 우선순위를 같이 정했고, 가장 중요한 일의 하나로 밤사이 다시 같은 시도를 하지 않도록 대안을 탐색해보았습니다. 엄두를 내지 못했지만 인석 씨의 동생에게 연락을 취했습니다. 최근까지 형에게 도움을 주었고 회피하는 형으로 인해 실망감이 컸지만, 그나마 지금까지 형과 상의해온 지지 체계로서의 동생이었습니다. 사소하지만 작은 연결을 쌓아가는 것이 중요합니다. 동생으로 시작하였듯이, 전화 상담처럼 자신을 인정하고 도움을 요청하는 일은 하나의 중요한 실천이 됩니다.

인계를 마치고 복귀한 상담사들은 다음 날 인석 씨에게 연락하는 것을 잊지 않았습니다. 전날의 경험 또한 떠올리고 싶지 않은 기억일 수 있어서 다시 전화를 받는 것은 또 하나의 용기입니다. 해결 과정이 막막한 이들에게, 누군가가 밤사이 무사히 자고 일어났는지에 관심을 기울이고, 삶의 터전에서 도움이 될 만한 것을 안내해주는 것이 존중받는 경험이 되길 희망하며, 다시 한번 함께 살아보자고 연락을 돌려봅니다.

사례3

"우울증 약을 먹고 있는데요, 언제 편안해지나요?"

새벽 2시 32분.

미선 씨는 전화를 걸고 "여보세요"를 한 뒤로 한참 말없이 침묵을 이어갔습니다.

여러 차례 상담사가 "여보세요"를 하니, 간신히 "저기요"라고 말을 이었습니다. 미선 씨는 자신이 전화하기까지의 삶을 이야기하기 시작했습니다. 우울증은 10대부터 앓았고, 3년 전부터 치료를 받았습니다. 미선 씨는 무척 작은 소리로 오랜 침묵 끝에 고통받은 기억을 꺼내기 시작했습니다. 정신과에 가고, 약을 처방받고, 습관처럼 약을 먹지만 사는 게 힘들다는 느낌에서 쉽게 헤어 나오지 못하는 중이었습니다.

미선 씨는 사소한 것에 대해 줄곧 부모에게 많은 비난과 핀잔을 들으며 자랐습니다. 지금에 와서 떠올려보니 언어 폭력 수준이었습니다. 초등학교 때부터 친구와 어울리지 못하고 겉돌았는데 그 누구에게도 말하기가 어려웠고, 고등학교 때에는 너무 무기력해서 학교를 갈 수가 없었습니다. 학교에 안 가려고 하니 정신과 상담을 받아야 한다는 안내를 받게 되었고, 부모로부터는 정신병자 운운하는 비난을 또 듣게 되었습니다. 미선 씨에 따르면 부모님은 사회적인 지위도 있고 나름 성공했다고 자부하는 분들이었습니다. 자신이 부모님 기준에 한참 모자라고 창피하다는 비난을 들을 때마다 미선 씨는 가족들이 불행을 자신의 탓으로만 돌리는 것 같아 억울하고 무기력하다고 했습니다.

미선 씨는 "왜 나한테만 이런 일이 일어난 것일까요?"를 상담 중에 열 번이고, 스무 번이고 되뇌었습니다.

미선 씨는 병원에 가서 진료를 받는 일이 그나마 할 수 있는 유일한 노력이어서 지속하려고 애쓰고 있다고 했습니다. 그럼에도 과거의 상황과 상처가 옅어지지 않아 억울하고 분한 마음에 언젠가 한번 가족에게 과거의 일을 따져 물어보기도 했습니다. 그러나 가족 중 어느 누구도 자신이 기억하는 것을 하나도 기억하지 못해 더욱 충격을 받았습니다.

괴로웠던 기억만큼 미선 씨를 더 힘들게 하는 것은 그런데도 살아야 한다는 것이었습니다. 변치 않는 상황에서 희망을 갖고 싶어 하는 자기 자신의 모습도 미선 씨를 더 힘들게 했습니다. 자신이 성장하는 과정에서 힘들어봤기에, 힘든 아이들을 보면 지나칠 수 없었다고 하며 나름 기부도 해오고, 열심히 살면 과거에서 벗어날 수 있지 않을까 싶어 자격증도 따보려고 했지만 대부분 그때뿐이었습니다. 또다시 혼자 남겨질 때 밀려오는 외로움은 우울증 약만으로는 어렵다고 고백했습니다.

"내가 잘못한 것이 없는 거 같은데, 왜 내가 힘드나요?"

상담사로서 경청하는 것은 대부분 모든 어려움을 조급히 해결할 수 없다는 한계를 인정하는 것이기도 합니다. 보통 가족으로부터 시작된 고통은 그 원인을 밝히기가 쉽지 않습니다. 오랫동안 견뎌온 비난과 언어 폭력 등 고통의 경험과 그 원인을 해결해줄 수는 없지만, 미선 씨가 타인에게 자신의 상처를 털어놓을 수 있도록, 고통에서 버텨왔던 미선 씨의 노력을 스스로 발견해가도록 동행하는 일이 상담사가 할 수 있는 것의 전부입니다.

"내가 보기엔 내가 잘못한 것이 아닌데…"라는 이야기는 많은 생각을 떠올리게 합니다. 성장 과정에서 이뤄지는 '잘못'이란 무엇을 의미하는 것일까요? 다르고 부족하고 어려워하는 그 무엇을 "잘 못한다"라고 표현한다면, "잘 못하는" 무수한 것들이 있기에 배우고 알아가고 이해하는 과정들이 존재하는 것일 테고, 그것이 우리를 성장시켜주었을 것입니다.

성장 과정에서 '잘 못하는 것'이 아픔의 원인이라면, 고통을 자신의 실수나 잘못에서 찾는 미선 씨의 질문은 마음을 아프게 합니다.

"내가 착하지 않아서, 실수가 많아서, 공부를 잘하지 못해서, 첫째가 기대에 미치지 못해서… 너 때문에 창피해서…."

수도 없이 갉아먹는 수치심의 꼬리표들은 우울한 감정보다 마음을 더 아프고 괴롭게 만듭니다.

"왜 내가 잘못하지 않았는데, 내가 우울증인가요?"

"왜 내가 힘들어진 거죠?"

이 끝이 없는 질문에 정답을 내놓는 것은 의미가 없어 보입니다. 다만 어떻게 지금까지 버틸 수 있었고, 어떻게 회복할 것이고, 어떻게 의미를 찾아갈 것인가를 물어볼 수는 있습니다.

성장 과정에서 이뤄지는 타인으로부터의 신뢰 관계는 세상과 자신을 의미 있게 바라보는 힘의 토대가 됩니다. 미선 씨의 질문은 자신을 '쓸모없는 나'로 바라보지 않기 위한 절박한 외침이 아닐까 생각해봅니다.

잘못했을 때 부모로부터 받고 싶었던 이해와 도움, 잘하고 싶었을 때 받고 싶었던 인정과 격려, 아플 때 받고 싶었던 걱정 어린 관심, 밤사이 미선 씨의 용기로 이뤄진 위기전화를 통해 부족하나마 채워봅니다.

"내가 잘못한 것이 없지만, 어떻게 하면 나를 조금씩 편안하게 할 수 있을까요?"

"내 잘못이 아니지만, 어떻게 지금까지 버텨오느라 애썼을까요?"

"아픈 것은 내 잘못이 아니지만, 편안해지려면 어떻게 도움을 받을 수 있을까요?"

잘못한 화살을 자신에게 겨누는 수많은 미선 씨에게 다시 일어서는 용기 정도는 세상이 줄 수 있어야 하기에 던지는 질문들입니다.

사례4

"독립을 하라는데, 부모가 하라는 대로 하래요."

저녁 8시 15분.

"가족 때문에 너무 힘들어서 전화했어요." 전화 연결이 되자마자 이같은 토로가 이어졌습니다. 지영 씨는 같은 서울이지만, 부모님과 형제로부터 떨어져 혼자 오피스텔에 거주하고 있는 대학생입니다. 이유인즉, 함께 살면서 잦은 갈등으로 가출이 반복되었고 경찰 신고가 이어졌으며 마침내 합의한 점이 떨어져 지내는 것이었다고 했습니다.

나름의 주거지 독립을 하게 되었지만 학비를 포함한 생활비와 월세를 부모님이 내주시면서 전화와 문자가 수시로 오거나, 바로 응답이 이어지지 않으면 찾아오기까지 하는 일이 생겼습니다. 지영 씨는 이런 가족을 "정상이 아닌 가족"으로 지칭했습니다.

공부 방식, 성적 기준, 도서 선정, 다이어트와 몸매, 심지어 어울리는 친구까지 강요하는 일이 많았고 하라는 대로 했지만 공허한 느낌은 성인이 되어서도 지울 수 없다고 했습니다. 참다못해 의견을 주장하면, 반항하는 나쁜 자녀가 되는 것 같아 부담이 크고, 참고 있자니 내 인생이 아닌 것 같아 한동안 이러지도 저러지도 못하는 긴장된 관계를 유지해온 것으로 보였습니다.

친구나 다른 사람들과 시간을 보내면 에너지도 얻고 힘이 생기는 일이 많은데 남보다 더 가깝다는 가족과 함께 있으면 오히려 기를 빼앗기고 빨리 집에서 나오고 싶어지고 전화만 울려도 부담스러워 안

받고 싶다고 했습니다. 떨어져 있어도 숨이 막힌다는 것이었습니다.

지영 씨는 신체적인 폭력을 당한 적은 없지만, 스스로 할 수 있는 일이 없는 것 같은 느낌, 나 자신이 가치 없는 사람처럼 취급받는 느낌, 제대로 하는 일이 없다는 식의 비난이 사실일까 봐 두려운 느낌, 생활의 전반적인 지원을 받고 있는 자신이 너무 이기적인 것은 아닌지 하는 죄책감 등 복합적인 감정을 갖고 있었고, 부모는 자신을 위한 것이라고 했다지만 오랫동안 정서적 학대를 받았다고 생각했습니다.

심지어 부모님 집에 회사 면접을 가는 심정으로 가서, 지내는 상황에 대해 질의응답을 하고 오는 느낌이라고 했습니다. 잘했는지 못했는지를 평가받는 느낌이라 늘 긴장된다는 것이지요.

지영 씨는 거주지가 분리되었어도 끊임없는 부모의 간섭으로 인해 '의존'의 숙제를 해결하는 데 지쳐 있었고, 독립을 넘어서 자립의 길목으로 가는 데 여러 난관을 만난 것 같았습니다. 지영 씨가 기대하는 회복에는 어떤 이야기가 있을까요.

"불가능할 것 같은데, 미래에 없을 것 같은데… 언젠가는, 먼 훗날 어떻게 잘 풀려서 서로 편안해진다면… 그냥 제가 어떤지에 대해 관심을 갖고 제 이야기를 들어주면 딱 좋겠어요. 저를 있는 그대로 보고, 걱정이 되시더라도 내가 어떻게 느꼈고 의미 있는 경험이었는지 봐주시면 좋겠어요."

독립을 위해 부단히 애쓰는 지영 씨. 같이 있어도 지나친 간섭에

말이 통하지 않아 외로웠고 정작 떨어졌으나 부모님이 자신에게 해 주었던 판단이 맞을까 봐 두려워서 또다시 외로움을 느끼고 있었습니다.

사례5

자해하는 손, 상담 전화 거는 손, "숨 좀 쉬고 싶어요."

새벽 4시 20분.

"손에서 피가 나고 있어요. 살짝 긁었는데요."

익명을 요구하는 여성 청년의 목소리입니다. 처치에 대한 질문과 함께 영문을 물으니 대수롭지 않은 대답이 이어집니다. 병원까지 갈 일은 아니고, 워낙 많이 해온 자해이고 병원에도 많이 가보고 했지만 그냥 내버려두면 알아서 회복하곤 했다는 겁니다. 지혈이 되지 않고 있다는 이야기에 119 안내를 하자, 여러 사람이 나 하나 때문에 민폐가 되는 것 같아 상담사에게도 거듭 죄송하다고 이야기하면서 전화를 끊으려고 했습니다.

혼자 자해를 하고 상담 전화를 걸고 미안해하는, 이름을 밝힐 순 없는 청년의 여정이 너무나 고단해 보여, 조금이라도 이야기를 들어 보려고 해보았습니다.

"오히려 아무 느낌이 없이 나도 모르게 한 거 같아요. 스물아홉 살인데, 자살을 할 목적은 아니지만 10년 전에 스트레스를 풀려고 뭐라도 해야지… 방법이 없다가 작은 상처를 냈는데…."

지방에서 올라와 서울에서 혼자 살면서 공무원 준비를 해왔다고 하는 무명의 청년은 생활비, 치료비를 본인이 다 해결해야 하는데 이 나이 되도록 제대로 모아놓은 저축보다 카드 빚이 많아, 종종 아무 느낌도 없는 상태에서 자해를 한 번씩 하게 된다고 했습니다.

계약직으로 사무 보조일을 하고 있는데 출근을 하자니 오늘의 상처가 신경이 쓰인다고, 익숙한 고통이라 참고 넘기려는데 그래도 걱정이 된다고, 친구나 가족들은 이런 자신의 모습을 모르고 있어 상담 전화를 거는 순간은 나름 숨 쉬는 순간이 된다고 했습니다. 좋아하는 친구도 많고, 월급 타서 한 달에 한두 번 술을 마시고, 맛있는 것을 먹을 때면 나름의 행복도 느끼고, 지방에 있는 가족을 생각하면 애틋해서 죽고 싶은 생각이나 계획은 없다고 했습니다.

다만, 한동안은 느끼지 못하고 참다가 내색할 수 없는 힘든 감정이 올라오면 가까운 지인에게는 털어놓을 수 없는 심정이 되어 자해를 하게 된다고, 자해는 자신만이 아는 비밀이자 안정제라고도 했습니다. 힘든 감정, 나에게도 그늘이 있다는 점이 이상할 리가 없는데, 가족과 주변 사람들에게 자신의 끔찍한 모습이 보여질 것 같아 불안하고 부끄럽다고도 했습니다.

상담을 하는 내내, 새벽까지 자신으로 인해 힘든 하소연을 듣고 있는 상담사에게 몹시도 미안하다고 걱정을 했습니다.

이렇게밖에 털어놓을 수 없는 사정도 힘들고, 얼굴을 마주하고 털어놓을 수 있는 사람이 없다는 외로움도 컸는데, 비단 익명의 이 청년만의 이야기는 아닌 것 같았습니다.

아직은 계약직 일자리와 느슨한 관계가 유지되고 있지만 스스로 짐이 된다는 자괴감과 기회를 향한 갈망만큼이나 깊어지는 좌절감을 자해로 해소하는 청년, 이 유일한 해결 방법조차도 편치만은 않아 보였습니다.

이처럼, 자살의 의도는 높지 않지만, 여러 가지 이유로 '비자살성 자해'를 선택하는 청년들이 많습니다. 자살과 자해를 명확히 구분하는 일은 쉽지 않습니다. 고통을 고통으로 연습하는 청년들의 자해는 여러 가지 의미를 포함하고 있습니다. 분노와 같은 부정적인 감정을 멈추기 위해서, 편안한 마음을 느끼기 위해서, 스스로에게 차라리 벌을 주어 죄책감을 덜고 싶어서, 무기력한 마음에 자극을 주기 위해서 등 삶을 버티기 위한 나름의 이유들을 상담 중에 발견할 수 있었습니다.

스스로에게 고통을 주지 않으면서 자신의 감정을 해소할 수 있게 도와주려면, 비난받지 않는 상황에서 현재의 힘듦을 말할 수 있게 하는 것이 중요합니다.

익명의 청년에게도, 문제 행동을 저지른 사람으로 낙인찍지 않으면서 어떤 어려움이 자해를 하게 만들었는지에 대해 관심을 갖고 물어봐주는 것이 필요했습니다. 자해를 선택하는 청년들의 경우, 자해가 고통을 해소하는 유일한 방법으로 생각하는 경우가 많기 때문에, 자해를 대신할 다른 해소 방법들이 많다는 점을 알게 하는 것이 필요합니다. 특히 누군가와 함께 대화를 나누거나 도움을 요청하게 하는 것이 중요하며, 흥분한 상황에서는 상담사와 심호흡을 통해 심리적

안정을 찾는 경우도 종종 있습니다. 이날 상담은 약 1시간 동안 이어졌습니다. 심호흡을 함께 해보고 대화를 이어가면서 안전 계획도 세우고 당장 실행할 수 있는 계획을 격려해주었습니다. 다행히 위중한 상태는 아니었기에 119에 전화를 걸어 상태를 상의하고, 근처 응급실로 이동하여 접수하고 치료받도록 했는데, 그러는 동안 청년은 전화를 끊지 않았습니다.

여느 때 같으면 자해로 끝났을 상황에서, 병원에서 상처 치료까지 할 수 있었던 이유 중 하나는 고통을 함께 의논하고 상의하는 순간이 관심을 받는 마음의 진통제 역할을 했기 때문인 것 같았습니다.

자해하는 손으로 용기를 내어 전화를 걸기까지, 수많은 불확실함과 갈등 사이에서 존재하는 그 양가감정이라도 털어놓는 것이 한 줄기 희망과도 같아서, 조금이라도 잘해보려고 살아내려고 나아져보려고 하는 그 목소리를 응원하며 숨을 쉬어보자고 오늘도 다독여보았습니다.

사례6

“줄곧 폭력, 따돌림을 견디며 헤쳐 나왔더니 딱 성인이래요.”

“당장 자살할 건 아니지만 지금 상태로 서른 살 넘어서까지 살 자신이 없어요.”

연경 씨는 전화를 걸어 상담기록에 남는지, 이전에 상담했던 상담사가 아닌 새로운 상담사를 연결할 수 있는지를 확인했습니다. 상처가 기록에 남는다는 것이 부담스러우면서도 자신의 이야기를 편견 없이 들어주었으면 하는 바람을 내비쳤습니다.

병원에서는, 정확히 정신과에서는 연경 씨를 우울증이라고 진단했습니다. 우울증 치료를 6년간 해오고 있다는 연경 씨는 언제부터 우울했는지에 대한 질문에 한참을 거슬러 열 살 때부터라고 이야기했습니다. 어릴 적 생각이 너무 많았지만 말은 할 수 없었고, 학교도 자주 빠졌습니다. 연경 씨는 멍했던 어린 시절을 떠올리며 우울했구나라는 것을 다 커서 알게 되었다고 했습니다.

아빠가 술 먹고 들어오는 날이면 자고 있던 연경 씨와 엄마를 자주 때렸고, 신발도 신지 않고 도망쳤던 기억에 밤마다 깨지 않기를 바라고 있었습니다. 다 커서는, 술을 빨리 급히 매일 마시는 습관으로 종종 블랙아웃이 생기고 그 덕에 잠만은 이룬다고, 좋은 건지, 좋지 않은 건지 불분명한 기분을 종종 느낀다고 했습니다. 연경 씨는 이런 복합적인 기분을 '우울증'이라는 한 마디로 설명하는 것에 대해 불편함을 느끼고 있었습니다.

매번 무능하게 맞았던 엄마를 생각하면 불쌍하지만, 엄마 역할을 제대로 못한 채 딸인 연경 씨가 엄마를 걱정하고 보살펴야 한다는 것에 화가 나서 한동안 엄마를 입에 담지 않고 살았다고 했습니다. 아빠는 가정 폭력 가해자이지만 현재 생활비를 대주고 간간히 연락하는 모습에 미워할 수도 좋아할 수도 없는 심정이라고 고백했습니다.

화를 낼 수도 없고 울며 원망할 수도 없는 상황을 이해해줄 남자친구를 만나 동거를 시작했지만 임신이 된 후 낙태를 종용하며 연락두절이 된 요즈음, 친밀하고 싶은 사람들은 고통을 안겨주고, 생애 내내 의지할 만한 사람 없이 살아야 한다는 생각에, 연경 씨는 성인의 출발선에서 너무나 지쳐 있는 모습을 보였습니다.

연경 씨처럼 우울과 자살의 문제를 호소하기까지 어려서부터 시작된 가정 폭력, 학대, 따돌림, 가족의 자살, 낙태 등으로 삶이 상처와 고통뿐인 청년들이 있습니다. 상처가 상처인 줄도 모르고 버텨내기에 급급했던 어린 시절을 지나 사회의 여러 관문 앞에서 뭔가 해보기도 전에 이들은 너무나 지친 상태입니다. 말할 수 없는 고통 중의 하나는 힘든 일이 너무 많았지만, 무엇이 원인인지 밝히기 혼란스럽고, 억울함과 함께 울부짖듯 표출해도 들어줄 대상이 없다는 점이었습니다. 마침내 얽히고 얽힌 심정으로 성인을 시작하는 청년들에게, 잠시의 전화 상담은 그나마 자신을 위한 시간인 것 같았습니다.

연경 씨의 우울증은 원인이기보다 살아온 고통의 결과이자 삶의 의미를 희미하게 하는 배후여서, 치료를 권장하는 것을 떠나 한 사람의 존재에 집중하고 경청한다는 것의 중요성을 느끼게 해주었습니다. 위기전화 상담의 '경청'이 지닌 역할은 공감받지 못한 결핍을 채워준다기보다 연경 씨가 지나온 세상을 함께 보고 경험을 이해해보려는 노력이자 감히 털어놓을 수 있는 안전한 시간이고 공간이 되어주는 것 정도였을 것입니다.

연경 씨가 상담에서 밝혔듯이 서른 살 넘어 살 자신이 없다는 이야기는 고통을 서른 살까지 가지고 가고 싶지 않다는 의미이기도 했습니다. 작으나마, 지금 그리고 여기에서부터, 짧은 통화에서라도 수화기를 놓기 전에 지역사회에서 좀 더 이야기를 나눌 수 있는 누군가를 찾아주고, 고통을 줄이는 계기를 마련하고, 전문가를 만날 용기를 내도록 격려하고, 여러 지원 방안을 제안하고 안내해볼 뿐입니다.

성인이 시작되는 20대 전후로, 연경 씨뿐 아니라 많은 청년들이 우울증, 공황장애, 조울증, 조기 정신증 등 정신질환의 초입에 서 있는 경우가 많습니다. 고통의 원인이 유전적인 정신질환의 증상 때문인지, 고통스러운 삶에서 비롯된 정신질환 때문인지, 그 원인을 분명히 말할 수 없더라도, 정신질환의 증상이 삶에 미치는 지대한 영향은 본인 스스로가 가장 크게 경험합니다. 때때로 자신이 적극적으로 검사도 받고 치료도 받고 있는데, 지인들이 진로와 미래를 생각해서 의지로 극복해보라고 조언할 때면 많이 위축된다고 이야기하곤 합니다.

정신과 질환의 고통을 편견 없이 바라보는 사회적 분위기 형성은 매우 중요하며, 정신과적 문제를 조기에 개입하고 예방하는 데 아주 큰 영향을 미칩니다. 3년 전에 비해 청년 마음건강 정책과 서비스가 많이 확대되었습니다. 상담 끝에 청년 마음건강바우처, 청년 마음건강 상담, 정신건강복지센터를 통한 정신질환 조기 개입 서비스 등 상담 프로그램과 치료비 지원에 대해 좀 더 다양한 안내를 드릴 수 있게 되어 그나마 다행스럽습니다. 향후 청년들의 초발 정신질환을 관리하기 위한 조기중재센터의 확대 설치는 그동안 지역사회 병원으로만 향했던 좁은 선택의 폭을 조금은 넓힐 수 있지 않을까 기대해보게 됩니다.

사례7

"이제야 이야기하는 제가 너무 부끄럽습니다."
말할 수 없는 비밀, 성추행·성폭력 생존자들

효정 씨는 7세 때, 지수 씨는 14세 때, 민정 씨는 직장에서 얼마 전, 시기와 대상은 달라도 성추행을 당하고 한동안 말할 수 없는 고통과 씨름해야 했다고 전화를 했습니다.

어려서 성에 대해 잘 몰랐고, 가족, 직장 상사, 선배 등 가까운 사람이 가해자라 쉽게 이야기하기 어려웠습니다. 무엇보다 자신이 놓쳤을 실수를 되뇌이느라 아픔까지도 비밀리에 묻어놓았다고 했습니다. 참고 있다 보니, 늘 몸과 마음이 아팠고 정신과에서 평가되는 진단명이 자신의 고통을 알아봐주지 않는 것 같아 다니다 말다를 반복했다고 했습니다. 악몽에 시달리느라 잠을 설친 날도 여러 날, 생활하는 동안에도 반복적으로 생각과 소리가 들리는 것 같아 집중할 수 없었다고 했습니다. 결국 주변 지인에게, 경찰에 알리며 도움을 요청했지만, 드러난 진실 앞에 준비된 지인은 없었습니다.

"바보같이 왜 이제야 이야기하니?"
"정말 그 기억이 맞니?"
"너무 연연해하지 말고 정신 차리고 다시 살아야지. 그게 이기는 거야."

주위의 반응은 실망스러웠습니다. 공감받지 못하는 것을 넘어서, 그들은 자신들의 잣대를 함부로 들이댔습니다. 효정 씨, 지수 씨, 민정 씨는 결국 혼자만 아는 아픔으로 정서적 고립을 경험할 수밖에 없었습니다. 성폭력과 같은 위기는 피해자가 갖는 죄책감과 수치심에 문화적 금기까지 얽혀 있어, 밖으로 사건이 드러나기까지는 많은 어려움이 있습니다. 간신히 고백하며 사건을 드러냈다고 해도, 사회의 지지와 수용을 토대로 자신을 온전히 회복하기까지는 오랜 시간이 걸리고 그 여정이 쉽지만은 않습니다.

더 큰 아픔은, 결국 나 자신이 자존감이 낮거나 적절하지 못해 벌어진 사건으로 받아들여야 한다는 점이었습니다. 그런 생각은 고립을 더욱 가속화시켰습니다. 텔레비전이나 라디오에서 나오는 사연이나 노래에서도 쉽게 자극을 받았고, 상관없는 이야기일 텐데도 지인의 말 한마디에 쉽게 무너졌습니다.

여자로 태어나지 않았더라면, 그 순간에 빨리 말했더라면, 거기에 가지 않았더라면…. 효정 씨, 지수 씨, 민정 씨는 수도 없는 죄책감과 존재를 부정하고픈 수치심을 너무 이른 나이에 겪으면서 죽고 싶은 마음을 달래지 못해 전화를 붙들었습니다.

어려운 고통에 맞닥뜨리면 우리는 본능적으로 드라마처럼 신속하게 해결되기를 기대합니다. '사건화'로도 해결하고, 지지 체계도 만들고, 심각한 고통에 대해 전문가를 찾아가기도 해야 할 것입니다.

그러나 무엇보다 보호를 한다는 것은 말할 수 없는 고통으로 지쳐 있는 한 사람의 경험을 알아차려주고 존중해주는 일일 수도 있습니다. 어쩌면 그들에게 가장 필요한 것은 간신히 내뱉은 끔찍한 기억을 있는 그대로 듣고, 얼마나 애써왔는지 묻고, 피해자로서 감당해야 했던 가혹한 세상에 대해 공감해주는 것이 아니었을까요? 효정 씨는 숨을 쉬게 되는 순간이 되었다고, 지수 씨는 좀 더 도움을 받아보려는 용기를 내보게 하는 순간이 되었다고, 민정 씨는 자신만 겪는 일이 아님을 알게 된 순간이었다고 했습니다.

퇴사하지 않고도, 나만 없어지면 깔끔하겠다는 생각을 하지 않고도, 여자로 태어나지 말았어야 한다는 상상을 하지 않고도 위안을 삼을 수 있는 방법은 극복보다는 연결이고 공유일 것 같습니다. 수화기를 내려놓고 연결될 다양한 상담소, 치료기관, 법률기관의 연락처를 문자로 남기면서 한 번만이라도 하루라도 연결되기를 소망해보았습니다.

코로나 시기의 위기전화 상담

코로나가 길어지면서 우리들의 시름과 걱정도 함께 깊어졌습니다.

언론이나 연구자들이 1577-0199 위기전화 상담에 연락해 가장 많이 문의한 내용은 청년의 상담 내용 중 실업, 취업이나 사회적인 문제로 상담을 호소하는 청년이 얼마나 증가되었는가, 하는 것이었습니다. 위기전화 상담에서 청년의 상담이 증가한 것은 분명합니다.

상담 내용을 확인하고 확인을 했지만 흥미롭게도 주된 문제로 실업, 주거, 사회구조 등을 언급한 상담은 찾기 어려웠습니다. 그러나 사회적인 문제가 없는 것은 아닙니다.

어려움을 호소하는 많은 청년들이 문제의 원인을 사회 구조에서 찾기보다는 자기 자신에게 찾았습니다. 가정사에서 비롯한 고통, 성장과정, 자신의 무능력과 부족함 등 개인의 문제를 많이 얘기했습니다. 가정과 사회에서 상처받고, 아프고, 힘들고, 실패했던 것이 자기 탓이라며, 자신들의 맨살을 내보이는 노출 같은 고백을 이어갔습니다.

위기전화 상담에 전화한 청년들은 대부분 오랫동안 아팠지만 어디에도 아프다고 이야기하지 못한 채, 자기 나름의 방법들을 한동안 찾아 헤맸던 분들이었습니다.

우리 사회 청년들 가운데 30세가 되기 전에 자살로 죽음을 선택하는 청년의 비율이 증가하고 있습니다. 청년의 자살 예방은 사회적으로 해결해야 한다는 이야기가 계속 나오고 있지만, 여전히 목소리로 연결된 청년들은 고통과 아픔을 자신에게 겨누고 있었습니다. 자살 예방 상담은 전화를 건 청년들이 극단적인 선택을 잠시나마 유보하기를, 좀 더 버텨보기를 바라는 심정으로 연결하고 또 연결합니다. 24시간 전화 상담은 누군가에게는 작은 사회이기도 하기에 잠시라도 다정하고 친절한 타인을 경험하였기를 소망하며, 청년들이 건강하게 도움을 요청할 수 있게 관계 기관의 지원이 지속적으로 확대되기를 바랄 뿐입니다.

6장

코로나 시대, 통계로 보는 청년 자살

박건우

서울대학교 보건대학원 연구원

한국과학기술원(KAIST)에서 생명과학을, 서울대학교 보건대학원에서 보건사회학과 역학을 공부하였다. 다양한 연구 참여를 통해 사회역학자로서의 정체성을 만들어가고 있다. 연구하는 주제는 정신질환과 자살 행동의 역학적 특성 그리고 이와 연관된 사회 현상이다. 이를 위해 빅데이터를 주로 분석하고 있다. 통계 결과표를 만드는 것을 업으로 삼지만, 숫자 이면의 사연을 놓치지 않기 위해서 노력 중이다.

"오명", "불행", "비극", "1위", "최고" 매년 통계청에서 '사망원인통계'를 발표하는 9월쯤이 되면, 우리는 자살 통계를 보도하는 기사들을 통해서 이러한 단어들을 쉽게 접할 수 있습니다. 안타깝게 세상을 등진 가족이나 친구 또는 고독하게 잊힌 이들의 사망 정보는 모이고 정제되어 이렇게 어울리지 않는 단어의 조합으로 다시 탄생합니다. 숫자와 수사(레토릭)만으로 죽음 안에 담긴 각자의 사연을 치열하게 고민하고 담을 수 없다면, 자살 통계를 비교와 자조의 수단으로만 사용하는 것에서 벗어나야 합니다. 역학•(epidemiology)적 관점에

• 코로나 19 시대에 이제는 너무나 익숙해진 단어, '역학'은 질병 혹은 사망이 인구집단에서 어떻게 분포하는지, 그리고 그 분포에 영향을 미치거나 분포를 결정하는 요인이 무엇인지를 통계적 기법을 활용하여 연구하는 학문을 지칭한다(Gordis, 2009). 모든 질병과 사망의 역학적 특성은 인구집단의 분포를 확인하고, 취약계층을 파악하는 것에서 시작한다.

서 자살 사망과 자살 행동의 분포와 원인을 정확하게 진단하여 그에 맞는 해결책을 준비하는 것이 자살사망률을 낮추고, 우리 사회를 건강하고 풍부하게 만드는 시작점입니다.

코로나 19 팬데믹 시대를 살아가면서 우리는 지금까지 겪어보지 못했던 변화를 겪고 있습니다. 감염병 대유행은 두려움, 불안, 낙인과 같은 부정적 영향을 초래함과 동시에 의료 체계 붕괴로 인한 의료 접근성 하락과 필수적인 처치를 제외한 치료 중단을 발생시킬 수 있습니다. 또한, 경제·사회·정치·과학기술·문화 등 모든 사회적 요소가 관성에서 벗어나 새로운 차원에서 다시 쓰이고 있습니다. 자살도 마찬가지입니다. 후술하겠지만 코로나 19는 자살의 역학적 분포도를 조금 바꿔놓았습니다. 이러한 현상은 코로나 19 바이러스(SARS-CoV-2)가 한국의 방역 정책과 상호작용하면서 만들어낸 사회 변화와 무관하지 않습니다. 그러나 변화의 양상은 인구학적 구성에 따라 다르게 나타납니다. 누군가는 방역 정책으로 인하여 더욱 소외를 당하거나 경제적으로 타격을 받았고, 정신건강 역시 나빠졌습니다. 다른 누군가는 적어도 1년 동안은 버틸 수 있었습니다.

이 장에서는 우리나라 자살 관련 통계를 파악하는 것을 시작으로 고소득 국가(선진국)에서 코로나 19 시대에 자살 행동•의 분포가 어

• 자살 행동(Suicidal Behavior)은 자살 사고(죽고 싶다는 생각을 자주 하는 것), 자살 시도(스스로 목숨을 끊기 위해서 실제로 행동에 옮기는 것), 그리고 자살 사망을 모두 포괄하여 지칭하는 단어이다(Castle, 2007). 자살 행동은 강력한 무력감, 우울감 또는 자기-파괴행위(손목 긋기와 같은 자해, 유사자살행위) 등을 동반하는 것으로 알려져 있다.

떻게 달라졌는지를 파악할 것입니다. 사망 자료는 평균적으로 2~3년이 지난 시점에 일반 대중에게 공개되기 때문에 아직 코로나 19가 자살 행동에 미치는 영향에 대해 섣불리 결론지을 수는 없습니다. 하지만 발표된 논문과 통계 자료를 통해서 일부 국가 간 공통점은 발견할 수 있었습니다. 그리고 '과연 청년 자살 문제가 정말 심각할까?' 그리고 '심각하다면 어느 정도일까?' 등을 확인하고 어떤 정책적 해결책이 있을지 고민해보았습니다.

한국의 자살 문제의 현주소

우리나라 자살사망률은 이미 잘 알려졌다시피 경제협력개발기구(OECD) 국가 중 1위입니다. 발트해에 위치한 리투아니아라는 나라가 OECD에 가입하면서 잠시 2위로 밀려난 적은 있었지만, 감소하던 자살사망률이 2018년에 증가하면서 다시 1위가 되었습니다. 문제는 고소득 국가뿐만 아니라 중·저소득 국가를 포함하더라도 한국의 자살사망률은 매우 높습니다. 질 높은 사망통계를 집계할 수 없는 아프리카와 중남미의 일부 국가를 제외하고는 한국보다 자살사망률이 높은 국가는 러시아와 몇몇 저소득 국가 정도입니다. 국가 간 비교가 가능하도록 WHO가 집계한 연령표준화(age-standardized) 자살사망률은 2019년 기준 인구 십만 명당 한국은 21.2명, 러시아는 21.6명으로 러시아가 한국보다 조금 높았습니다(WHO, 2020).

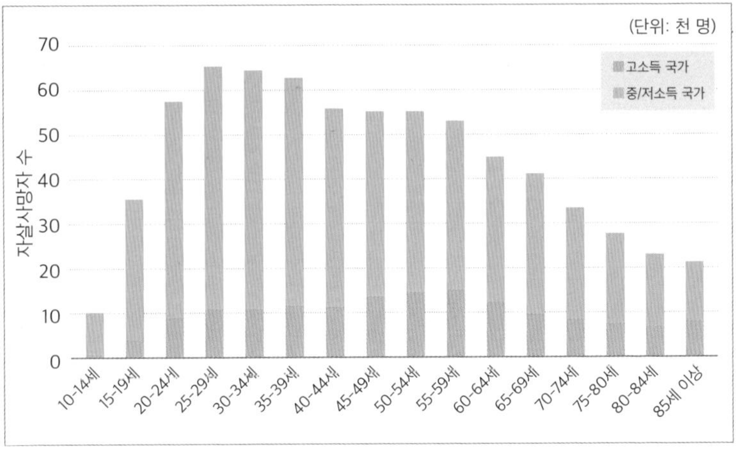

전 세계 연령별 자살사망자 수

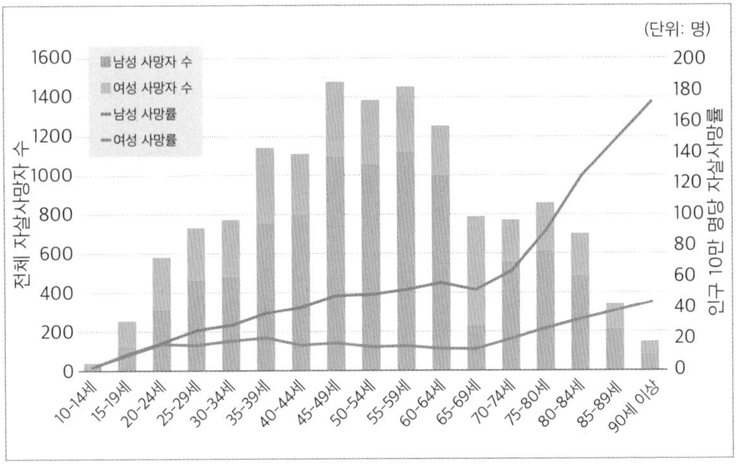

우리나라 연령별 자살사망자 수

* 고소득 국가, 중/저소득 국가 분류는 세계은행(World Bank) 분류를 따랐다.
* 출처: (위) WHO Global Health Esimates 2000-2019, (아래) 통계청.

통계 수치의 국제 비교는 우리의 건강 수준을 간접적으로 파악하는 좋은 방법입니다. 하지만 우리의 현실을 정확하게 직시하기 위해서는 한국의 자살 통계를 조금 더 세부적으로 볼 필요가 있습니다. 242쪽 그림에는 전 세계(위쪽)와 우리나라(아래쪽)의 2019년 연령별 자살사망자 수가 제시되어 있습니다. 2019년 전 세계 자살 중 77%는 저·중소득 국가에서 발생하였고, 58% 이상이 50세 이전에 발생했습니다. 그러나 우리나라를 포함한 고소득 국가에서는 자살 사망이 청년층이 아니라 50세 이후 중년층에서 가장 많이 발생했습니다. 2019년 기준으로 자살사망자 수가 가장 많은 연령층(5세 단위)은 45~49세였습니다. 자살사망자 수가 아니라 사망률의 측면에서는 연령이 증가하면 할수록 자살사망률은 증가합니다. 자살로 사망하는 위험은 연령이 증가할수록 높아집니다.

이와 같은 통계 자료를 활용하면 한국이 단기간에 자살사망률을 낮추기 위해서는 자살예방사업이나 캠페인을 어느 연령층을 대상으로 해야 하는지 도움을 받을 수 있습니다. 2020년 하반기에 배우 손현주 씨가 출연했던 중앙자살예방센터의 자살 예방 공익광고를 보신 적이 있으신가요? 그 광고의 캐치프레이즈는 "중년다움 대신 도움을 말하세요"였습니다. 이 광고는 자살사망자 수가 가장 많으면서 기초·광역 정부의 정신보건 사업에 잘 참여하지 않는 중년 남성을 대상으로 진행되었고 좋은 평가를 얻었습니다. 이와 같은 자료를 보시고 이렇게 반문하시는 분도 계실 것입니다. '데이터는 청년 자살에 관한 책이 아니라 중년이나 노년의 자살 문제를 해결하는 책을 써야 한다고 말

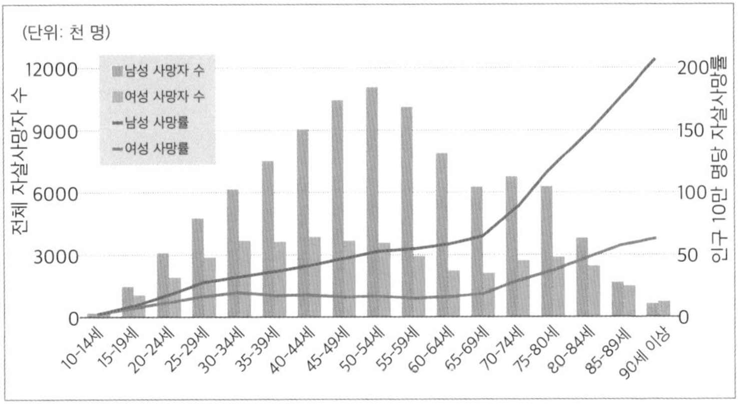

지난 10년간(2010~2019) 성과 연령에 따른 자살사망자 수와 연령별 자살사망률

하지 않는가?' 이 질문에 대한 대답을 위해서는 연령별 자살 사망 자료를 다시 성별로 나누어 보아야 합니다.

위 그림에는 지난 10년간(2010~2019) 성과 연령에 따른 자살사망자 수와 연령별 자살사망률이 제시되어 있습니다. 남성의 경우, 중년의 자살사망자 수가 가장 많고 연령이 증가하면 할수록 자살사망률은 증가하였습니다. 그러나 여성의 경우 자살사망자 수는 40~44세가 가장 많고, 자살사망률은 30대까지 꾸준히 증가했다가 감소 후에 60대에 다시 증가하는 것을 볼 수 있습니다. 자살 예방 사업의 주요 목표 대상은 남성의 경우는 중년, 여성의 경우는 청년이 되어야 합니다. 물론 이러한 기본적인 역학 분포는 코로나 19가 대한민국을 포함한 전 세계를 강타한 이후 달라졌을 수도 있습니다. 그 변화의 유무와 내용을 살펴보는 것이 이 장의 핵심 내용입니다.

코로나 19 이후 자살 현상의 변화는?

코로나 19 대유행 이후 달라진 한국의 자살 사망 변화를 살펴보기에 앞서, 다른 국가와 비교 연구 및 주요 고소득 국가의 상황을 소개하려 합니다. 고소득 국가 자료를 주로 소개하는 이유는 중·저소득 국가에서는 코로나 19 환자 및 사망자 증가가 지속적으로 나타나는 동시에 사회복지 시스템이 불안정해져 팬데믹 이후 현재까지 국가 간 비교가 가능한 수준의 통계 자료가 축적되지 않았기 때문입니다(Knipe et al., 2021). 팬데믹이 가져온 변화로 인하여 자살 사망이 증가했을까요? 국가 간에 차이가 존재할까요? 자살 행동이나 자살에 영향을 미치는 위험 요인은 어떻게 변화했을까요? 이러한 질문에 답이 될 수 있는 자료를 살펴보고, 또한 한국과 비교를 통해서 어떤 집단이 코로나 19 시대에 자살 사망에 가장 취약했는지 알아보고자 합니다.

2021년 4월, 권위 있는 정신의학학술지 중 하나인 〈란셋 정신의학(*The Lancet Psychiatry*)〉에는 21개국의 자료(11개 국가는 전체 자료, 나머지는 일부 지역 자료)를 활용하여 팬데믹 직후인 4월부터 7월 사이의 자살 사망의 경향성을 확인한 논문이 발표되었습니다(Pirkis et al., 2021). 단절적 시계열 분석(interrupted time-series analysis)이라는 기법을 활용하여 코로나 시기의 자살 사망 예측값과 관측값이 얼마나 차이를 보이는지 비교한 논문입니다. 연구 결과, 호주(뉴사우스웨일스), 독일(라이프치히), 일본, 뉴질랜드, 한국, 미국(캘리포니아주, 텍사스

주 그리고 일리노이주 쿡 카운티), 에콰도르 등 12개 국가 혹은 지역에서 자살 사망이 예측값보다 감소한 통계적 근거가 확인되었습니다. 나머지 지역에서는 자살 사망이 예측값보다 증가했지만, 통계적으로 유의한 결과는 아니었습니다. 대만에서 진행된 연구(Chen et al., 2021)에서도 팬데믹 이후로 자살률이 약간 감소하는 경향이 확인되었습니다. 그러나 연령을 분리해서 보면, 중년층(25~64세)에서는 자살률이 감소하였지만, 청년층(25세 미만)에서는 증가하였습니다.

자살 사망의 경우, 단기적으로 코로나 19 대유행의 영향이 없거나 감소한 것으로 나타났습니다. 그렇다면 다른 자살 행동이나 정신건강은 어떻게 되었을까요? 최근에 〈정신의학 연구(*Psychiatry Research*)〉에 발표된 연구에 따르면, 팬데믹 이후 자살 사고는 일부 증가했다고 합니다(Farooq et al., 2021). 메타분석에 포함된 12개의 연구를 종합한 결과, 자살 사고율은 12.1%로 일반 인구의 자살 사고율인 11.5%보다 증가했다고 합니다. 그리고 38편의 연구를 종합한 결과, 자살 사고에 영향을 미치는 주요 위험 요인으로는 낮은 사회적 지지, 신체와 정신건강이 소진되는 경험, 수면 장애, 격리와 피로감, 외로움과 정신건강 문제 그리고 최전선에서 일하는 의료진의 신체적 건강의 악화가 포함되었습니다. 한편, 〈란셋(*The Lancet*)〉의 COVID-19 정신질환팀에서 분석한 바에 따르면 전 세계적으로 팬데믹 이후에 주요우울장애(Major Depressive Disorder)와 불안장애(Anxiety Disorder)가 각각 27.6%와 25.6% 증가하였습니다(Santomauro et al., 2021). 인구 이동이 적고 일일 확진자 수가 많은 지역일수록 우울장애와 불안장애의 유병률 증가는 심해졌습니다. 그리고 여성과 청년층이 남성과 중년·노년보다 팬데믹의 영향을 많이 받았습니다. 이탈리아에서 진행된 연구도 팬데믹 이후에 기분장애(Mood Disorder) 진단이 늘어났고, 자살 사고율은 늘지 않았지만 자살 시도는 증가했다고 보고했습니다(Berardelli et al., 2021). 지금부터는 미국, 영국 그리고 일본의 개별 사례를 조금 더 자세하게 살펴보겠습니다.

미국의 코로나 19는 청년층에게 가혹했다

먼저, 미국입니다. 많이 알려진 바대로, 미국은 코로나 19로 인하여 가장 피해를 많이 본 국가입니다. 2021년 11월 기준으로 미국의 총 확진자 수는 5000만 명에 육박하고 코로나 19로 인한 사망자는 80만 명이 넘었습니다(CDC, 2021). 2020년 우리나라 총 사망자 수가 30만 명이니 미국의 감염병 피해는 우리나라가 경험하는 것과는 다른 차원이라고 생각됩니다. 직접적인 피해뿐만 아니라 사회 전반에 미친 영향도 매우 컸습니다. 이는 고용이나 실업과 관련된 지표만 봐도 심각성을 알 수 있습니다. 미국 노동부가 발표한 자료(DOL, 2020)에 따르면, 실업보험 청구 건이 2020년 5월에 2500만 명으로 정점을 찍었습니다. 같은 해 12월에는 500만 명 규모로 감소했지만, 코로나 19가 본격적으로 유행하기 전인 2019년 12월과 비교해보면 약 4~5배 규모입니다. 그렇다면 자살 행동이나 정신건강 문제는 어떨까요?

미국의 자살 사망 관련 통계 중 전체가 공표된 것은 2019년 자료가 최신입니다. 다만, 2021년 11월 기준 2020년 자료에 대해 임시결과가 도출되었습니다. 미국 질병관리본부(Centers for Disease Control and Prevention, 이하 CDC) 산하 연구팀은 미국의 자살사망자 수와 자살률이 각각 3%씩 감소했다고 발표하였습니다(Curtin et al., 2021). 연령층을 나누어 살펴보면, 45~54세, 55~64세, 65~74세 연령층에서는 자살 사망이 감소하였으나 25~34세 남성의 경우 자살 사망이 5% 증가하였습니다. 여성의 경우에는 통계적으로 유의하지 않았지만 15~24세에서 4% 증가하였고, 35세 이상에서는 적어도 10% 이

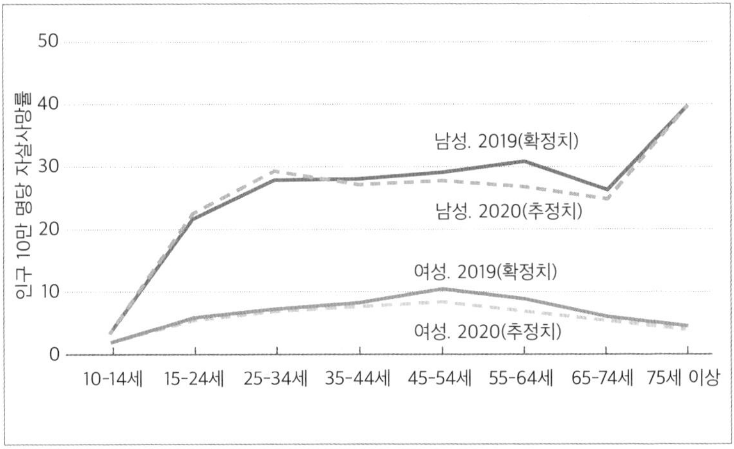

미국의 2019년과 2020년(잠정치) 성별·연령별 자살사망률 비교

* 출처: 미국 국가건강통계센터(National Center for Health Statistics). 남성의 경우, 2019-2020년 사이 25-34세, 45-54세, 55-64세 그리고 65-74세에서 통계적으로 유의한 차이를 보였다. 여성의 경우, 35-44세, 45-54세, 55-64세 그리고 75세 이상에서 유의미한 차이를 보였다.

상 감소하였습니다.

CDC와 관계 기관에서는 코로나 19 유행 이후 정신건강 문제와 관련된 연구도 진행하였는데, 이를 통해서 전염병 대유행과 그로 인한 사회-심리적 변화를 유추해볼 수 있습니다. CDC 조사는 인구집단을 대표할 수 있는 패널을 구축하여 2020년 6월 24일부터 30일까지 온라인 기반 설문을 실시하였고, 총 5,470명을 대상으로 자료를 수집하였습니다(Czeisler et al., 2020). 해당 조사는 인구집단에 대해 대표성을 가진 조사이며, 최종 분석에서 2010 인구총조사(Census)를 바탕으로 가중치를 부여하였습니다. 250쪽의 그림은 주요 내용을 요약한 것으로, 설문조사 결과 미국 내 성인의 40.9%가 정신건강 문제나 물질 사용 장애•를 겪고 있는 것으로 나타났습니다. 구체적으로 불안장애나 우울장애를 겪는 사람은 각각 전체의 25.5%, 24.3%이었으며, 코로나 19와 관련된 트라우마/스트레스 장애(이하 TSRD)는 26.3%가 겪는 것으로 나타났습니다. 무엇보다 응답자의 10.7%가 지난 한 달 간 심각하게 자살을 생각했다고 대답했는데, 이는 2018년 조사에 비해 2배 이상 증가한 수치입니다.

응답자의 특성에 따른 결과는 다음과 같습니다. 먼저, 여성에 비

• 흔히 '중독'으로 알려진 이 정신질환은 알코올(음주), 마약, 진정제, 담배와 같은 물질을 병적으로 사용하는 것을 지칭한다. 이 행동 양상은 물질을 사용하지 않는 것이 자신에게 이롭다는 것을 알고 있지만, 반복적으로 사용하여 신체, 정신 그리고 사회적 건강에 해를 가한다(강웅구 외, 2017). 미국의 경우, 아편유사제(opioid) 중독이 큰 사회적 문제가 되었으며, 최근에는 대마초 흡연 합법화로 인한 대마 중독 증가와 그로 인한 건강 문제가 보건학의 주요 연구 주제로 떠올랐다.

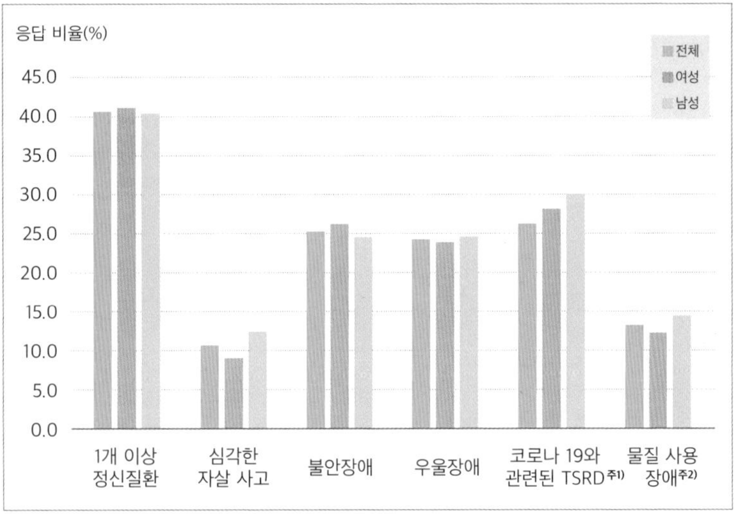

성별 정신건강 문제(CDC 조사 결과)

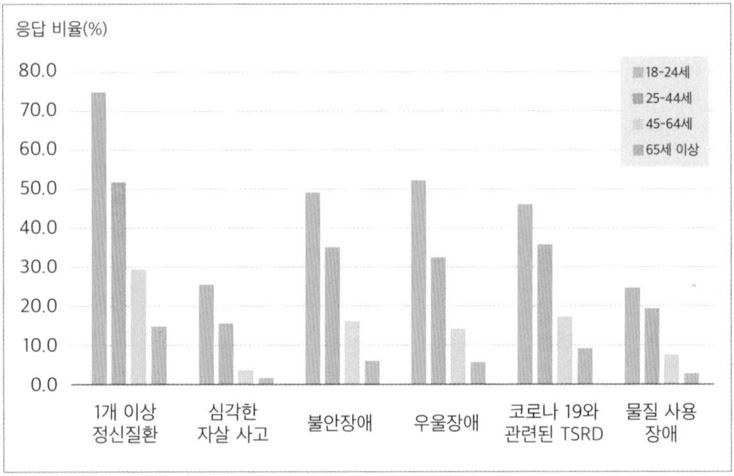

연령별 정신건강 문제(CDC 조사 결과)

주1) TSRD는 외상후스트레스장애(PTSD), 급성스트레스장애(ASD) 또는 적응 장애를 포함한다.
주2) 물질 사용 장애는 팬데믹과 관련된 스트레스나 감정을 해소하기 위해서 물질 사용을 시작하거나 증가시킨 것을 지칭한다.

해서 남성의 자살 위험이 큰 것으로 나타났습니다. 여성은 응답자의 8.9%가 자살을 고려했지만, 남성의 경우 12.6%가 지난 한 달 사이 자살을 심각하게 고려했습니다. 1개 이상의 정신질환을 가진 비율이 남녀 각각 41.4% 및 40.5%인 것을 고려하면 남성들의 자살 위험성이 높은 것으로 확인되었습니다. 다음으로 연령이 낮을수록 자살 생각을 가진 비율이 증가하였습니다. 18~24세, 25~44세, 45~64세, 65세 이상의 응답자들 중 각각 25.5%, 16.0%, 3.8%, 2.0%가 자살을 고려한 것으로 나타났습니다. 이러한 경향은 다른 정신질환이나 물질 사용 장애에서도 반복적으로 나타나는 현상으로 청년 및 장년층의 정신건강이 코로나 19 대유행 이후 심각하게 악화되었음을 확인할 수 있습니다.

정신질환 병력에 따른 자살위험 역시 이 조사를 통해서 발견되었습니다. 응답자들 중 9.8%, 9.9%, 4.6%는 설문조사 이전에 각각 불안장애, 우울장애 및 외상 후 스트레스 장애(PTSD)를 겪었던 것으로 나타났습니다. 이러한 정신질환 병력을 가진 이들은 병력이 없는 집단에 비해 최소 2배 이상의 자살 사고 비율을 가졌습니다. 불안장애와 우울장애를 가졌던 인구 중에서 23.6%(vs. 대조군 9.3%), 22.1%(vs. 대조군 9.4%)가 자살 위험을 가진 것으로 나타났습니다. PTSD를 겪었던 인구에서는 44.8%가 자살 생각을 한 것으로 나타나 대조군에 비해 약 5배가 높았습니다. 코로나 19 대유행 이후에 정신질환 병력을 가졌던 취약계층은 고립감 증가, 정신보건 서비스 접근성 약화 등의 이유로 정신질환이 재발하거나 악화되어 자살 위험이 증가한 것으로 생각됩니다.

CDC 연구자들은 전체 응답자 중에서 4월부터 6월까지 모든 설문에 응답한 1,497명에 대해서 추가적인 분석을 시행하였습니다. 그 결과, 성인 돌봄 제공자에서 대부분의 정신질환 악화가 새롭게 발생하였음을 확인하였습니다. 연구자들은 성별, 연령, 인종 및 사회경제적 수준에 따른 발생 위험도를 보정한 이후에 돌봄 제공 여부가 정신질환 발병에 미친 영향을 살펴보았는데, 성인을 돌보지 않는 집단에 비해서 대가를 받지 않고 성인에게 돌봄을 제공하는 집단이 새롭게 불안장애와 우울장애를 가질 위험이 각각 1.81배와 2.22배 이상인 것으로 나타났습니다. 또한, 물질 사용 장애와 한 달 이내 심각한 자살 생각의 위험도는 각각 3.33배와 3.03배인 것으로 확인되었습니다. TSRD의 상대적 위험도는 돌봄 제공자 집단에서 1.79배이었으나 통계적으로 유의미하지는 않았습니다. 연구자들은 필수 인력의 정신건강 악화에 대한 분석을 하였으나, 통계적으로 유의미한 결론을 얻지는 못하였습니다.

미국에서 실시된 전국 기반 조사 결과, 코로나 19 대유행은 정신건강 악화의 직접적 혹은 간접적 원인으로 밝혀졌습니다. 다만 이것이 2020년까지는 자살 사망으로 이어지지 않았습니다. 물론 청년층에서 코로나 19 유행 후 정신질환 악화와 자살 사망 증가가 확인되었지만, 연관성에 대한 심층적인 분석이 필요하므로 섣불리 결론을 내릴 수는 없습니다. 코로나 19 대유행은 단기간 내에 사회적 고립, 실업 및 경제적 위기를 일으켰습니다. 또한, 전염병 대유행에 대응하기 위해서 인력 및 예산 분배가 평상시와 달라지고, 기존의 건강 문제가 우선순위에서 밀리면서 즉각적이고 적절한 보건 행정이 집행되고 있지 않은 상황입니다. 따라서 보건의료 서비스를 전염병 대유행 시대에 맞추어 바꾸어 적용하는 노력이 필요합니다. 이를 위해서는 기존의 정신질환자들이 격리나 봉쇄 중에도 비대면 서비스를 통해 진료와 처방을 받도록 기술적·제도적 도움이 필요합니다. 또한, 새롭게 위험집단으로 발견되거나 기존의 위험성이 증가할 것으로 판단된 취약계층의 사회적·문화적·언어적 특성을 파악하는 연구와 조사가 필요합니다.

코로나 19의 확산은 자살 사망의 위험과 관련하여 지금까지 나타나지 않았던 위험집단을 노출하는 계기가 되었습니다. 전염병 대유행 전까지 미국의 자살 사망 위험은 백인·중년·남성·총기 사용이라는 특징을 가지고 있었습니다(AFSP, 2020). 하지만 코로나 19 대유행 이후 청년·히스패닉/흑인·돌봄 제공자 등 사회경제적 약자 계층의 자살 사망 위험 증가가 확인되었습니다. 우리나라에서도 코로나 19 종식 후 최소 1년까지는 전국적이고 주기적인 인구기반 조사를 통해 사회경제적 상태와 신체적·정신적 건강 악화를 측정하고, 취약계층을 발굴해야 합니다. 그리고 이를 기반으로 대응 전략을 수정하거나 공중보건 개입 정책을 새롭게 개발해야 합니다.

영국의 청년들도 정신적으로 힘들었다

영국은 2021년 11월 말 기준, 전 세계에서 네 번째로 코로나 19 확진자가 많고, 일곱 번째로 코로나 19로 인한 사망자가 많은 나라입니다(Dong et al., 2020). 코로나 19로 인한 직간접적 피해가 심하다 보니 영국은 고소득 국가 중에서는 미국과 함께 봉쇄령, 적극적인 백신 개발 및 도입, 위드 코로나(With Corona)와 같은 적극적 일상 회복 도입 등 방역 정책을 가장 선제적으로 펼치고 있습니다. 그리고 감염병 대유행으로 인한 인구집단의 정신건강 문제를 가장 치열하게 연구하고 있는 국가 중 하나입니다.

코로나 19가 대유행한 2020년 잉글랜드와 웨일즈(이하 영국•)의 자살사망자 수는 5,224명으로 2019년 대비 467명 감소한 수치입니다. 자살사망률은 인구 십만 명당 10명으로 2018년보다 감소했습니다. 영국은 2018~2019년 자살사망률이 증가하여 2000년 이후 최대 수치를 기록하였습니다(Samaritans, 2020). 영국의 자살 사망 고위험군은 중년 남성으로, 그 중에서도 45~49세 남성의 자살사망률이 전체 인구집단 중에서 가장 높은 것으로 확인되었습니다. 한편, 2019년 여성 자살사망률은 인구 십만 명당 5.3명으로 2004년 이후 최고 수치

• 영국(Great Britain) 내에서 잉글랜드(England)와 웨일즈(Wales)의 자료가 비교적 많이 연구되어 이를 중점적으로 기술하였다. 별도의 언급이 없는 한 본문에서 영국은 잉글랜드와 웨일즈 지역을 지칭한다. 참고로 영국 통계청(Office of National Statistics)에 따르면 2019년 영국(United Kingdom) 인구의 84.27%가 잉글랜드에 거주하고 있으며, 잉글랜드와 웨일즈의 인구는 전체 영국 인구의 88.99%로 대부분을 차지한다.

인 것으로 나타났습니다. 코로나 19 대유행 이전까지 영국 내 자살 사망의 증가는 보건당국은 물론 학계의 관심을 받았습니다. 영국 내 정신보건 전문기관인 왕립 정신의학회(Royal College of Psychiatrists)에서는 잉글랜드와 웨일즈 지역에서 발생하는 특정 집단의 자살 사망 증가 원인에 관한 연구를 요청하기도 하였습니다(Iacobucci, 2020).

그러나 최근 영국 통계청(Office of National Statistics, 이하 ONS)에서 발표한 보고서에 따르면, 코로나 19가 유행한 이후 영국 내에서 자살이 감소하는 경향이 확인되었습니다(ONS, 2020). ONS에서 전염병 대유행으로 인한 행정처리 지연 등의 문제로 인하여 자료 사용 및 해석에 주의를 당부했지만, 적어도 2020년 1분기의 경우 자살사망자 수 및 자살사망률이 소폭 증가하는 것에 그쳤다는 것이 확인되었습니다.

일반적으로 북반구에서는 봄철 자살 사망이 증가하는 경향이 존재하는데, 영국에서도 1분기에 비해서 2분기에 자살사망률이 높았습니다. 2020년 1분기에는 자살사망자 수가 지난해 같은 기간보다 15명 증가하였고(2017년부터 100명씩 증가), 자살사망률은 거의 같았습니다. 그런데 2020년 2분기에는 자살사망자 수가 845명으로 전년 동기 1,326명에 비해서 30% 이상 감소하였습니다. 영국에서 자살 사망 수집에 걸리는 기간이 보통 5개월 안팎인 점을 고려하더라도 2020년 2분기의 자살 사망 감소 혹은 증가 둔화가 관찰되었다고 할 수 있습니다. 2021년에 발표된 자료에서는 2020년 영국의 자살 사망 감소가 성이나 나이와 관계없이 발생한 것도 확인할 수 있습니다.

다음의 표는 지난 20년간 영국의 성과 연령에 따른 자살사망률의

영국의 성별 자살사망률의 변화

연도	전체				남성				여성			
	사망자 수	사망률 (인구 10만 명당)	신뢰 구간 (하한)	신뢰 구간 (상한)	사망자 수	사망률 (인구 10만 명당)	신뢰 구간 (하한)	신뢰 구간 (상한)	사망자 수	사망률 (인구 10만 명당)	신뢰 구간 (하한)	신뢰 구간 (상한)
2020	5,224	10.0	9.8	10.3	3,925	15.4	14.9	15.9	1,299	4.9	4.6	5.2
2019	5,691	11.0	10.7	11.3	4,303	16.9	16.4	17.4	1,388	5.3	5.0	5.5
2018	5,420	10.5	10.2	10.8	4,097	16.2	15.7	16.7	1,323	5.0	4.8	5.3
2017	4,840	9.4	9.2	9.7	3,629	14.4	14.0	14.9	1,211	4.6	4.4	4.9
2016	4,941	9.7	9.4	9.9	3,770	15.1	14.6	15.6	1,171	4.5	4.2	4.8
2015	5,199	10.3	10.0	10.6	3,901	15.8	15.3	16.3	1,298	5.0	4.8	5.3
2014	5,158	10.3	10.0	10.6	3,926	16.0	15.5	16.5	1,232	4.8	4.5	5.1
2013	5,145	10.4	10.1	10.7	4,024	16.6	16.1	17.2	1,121	4.4	4.2	4.7
2012	4,887	9.8	9.6	10.1	3,778	15.6	15.1	16.1	1,109	4.4	4.1	4.6
2011	4,880	9.9	9.6	10.2	3,706	15.4	14.9	15.9	1,174	4.7	4.4	4.9

*출처: 영국 통계청(Office of National Statistics).

변화입니다. 코로나 19가 유행하고 다양한 방역 및 보건 정책이 실행된 2020년 동안 영국의 자살사망자 수는 전년 대비 8% 감소했습니다. 여성보다는 남성의 감소폭이 컸는데, 남성이 전년 대비 9% 감소하는 동안 여성은 6% 감소하는 데 그쳤습니다. 하지만 2020년 기준 영국의 남성 자살사망자 수는 3,925명, 여성 자살사망자 수는 1,299명으로 여전히 남성 자살사망자 수가 여성의 3배를 뛰어넘습니다. 2020년의 자살 사망 감소는 연령이 낮을수록 감소폭이 높았습니다. 전체 연령을 총 5개 군(10~24세, 25~44세, 45~64세, 65~74세, 75세 이상)으로 나누어 분석한 결과, 청소년 및 젊은 청년 층의 자살사망자 수 감소가 전년 대비 15%로 가장 컸고, 75세 이상이 3%로 가장

영국의 연령별 자살사망률의 변화

	10-24세				25-44세				45-64세				65-74세				75세 이상			
연도	사망자 수	사망률 (인구 10만 명당)	신뢰 구간 (하한)	신뢰 구간 (상한)	사망자 수	사망률 (인구 10만 명당)	신뢰 구간 (하한)	신뢰 구간 (상한)	사망자 수	사망률 (인구 10만 명당)	신뢰 구간 (하한)	신뢰 구간 (상한)	사망자 수	사망률 (인구 10만 명당)	신뢰 구간 (하한)	신뢰 구간 (상한)	사망자 수	사망률 (인구 10만 명당)	신뢰 구간 (하한)	신뢰 구간 (상한)
2020	381	7.0	6.3	7.7	1,409	18.0	17.1	19.0	1,507	20.0	19.0	21.0	345	12.0	10.8	13.3	283	12.7	11.2	14.1
2019	422	8.2	7.4	9.0	1,586	20.4	19.4	21.4	1,626	21.7	20.6	22.7	345	12.1	10.8	13.3	304	13.9	12.4	15.5
2018	440	8.2	7.4	9.0	1,439	18.6	17.7	19.6	1,549	20.7	19.7	21.8	313	11.0	9.8	12.2	356	16.9	15.2	18.7
2017	345	6.5	5.8	7.2	1,321	17.1	16.2	18.1	1,412	19.0	18.0	20.0	302	10.7	9.5	11.9	249	12.2	10.7	13.7
2016	385	7.2	6.5	8.0	1,402	18.2	17.3	19.2	1,408	19.2	18.2	20.2	301	10.8	9.6	12.1	274	13.7	12.1	15.3
2015	410	7.7	7.0	8.5	1,396	18.3	17.3	19.2	1,472	20.3	19.3	21.3	328	12.1	10.8	13.4	295	15.0	13.2	16.7
2014	364	6.9	6.1	7.6	1,419	18.7	17.7	19.6	1,543	21.5	20.4	22.6	319	12.0	10.7	13.4	281	14.5	12.8	16.2
2013	374	7.0	6.3	7.7	1,479	19.5	18.5	20.5	1,580	22.2	21.1	23.3	302	11.7	10.4	13.0	289	15.4	13.6	17.2
2012	375	7.0	6.3	7.7	1,500	19.7	18.7	20.7	1,401	19.8	18.8	20.8	266	10.7	9.4	12.0	236	12.9	11.2	14.5
2011	360	6.7	6.0	7.4	1,471	19.2	18.3	20.2	1,366	19.3	18.3	20.4	266	11.3	9.9	12.7	243	13.6	11.9	15.4

* 출처: 영국 통계청(Office of National Statistics).

작았습니다. 성과 연령을 고려하더라도 75세 이상 여성의 자살 사망이 소폭 증가한 것을 제외하면 모든 성·연령에서 자살 사망이 감소하였습니다. 이는 미국에서 청년층 남성의 자살 사망은 증가한 것과는 상반된 결과라고 할 수 있습니다.

영국은 코로나 19 대유행의 영향을 가장 많이 받은 국가이지만, 전염병 대유행이 최근 증가 추세에 있었던 자살 사망 위험을 증가시키지 않은 것으로 나타났습니다. 그리고 이는 거의 모든 성과 연령에서 공통적으로 나타나는 현상이었습니다. 65~69세 및 90세 이상의 고령 남성의 경우 자살 사망이 오히려 증가한 경우를 제외하고는 모든 성과 연령에서 자살 사망은 감소하였습니다. 이러한 경향은 사회적 거리두기나 봉쇄령과 같은 조치들이 본격적으로 시행된 2분기부터 시작되어 2020년 동안 지속되었습니다.

그러나, 자살 사망 위험도는 코로나 19 대유행 이후에 감소한 것으로 나타났지만 정신질환 관련 지표는 전체 인구집단이나 취약계층에서 악화되거나 유지되고 있는 것으로 나타났습니다. 5만 명을 대상으로 조사한 유니버시티 칼리지 런던(UCL)의 COVID-19 사회조사(Social Study)를 바탕으로 분석한 자료에 따르면, 분석에 포함한 4만 4,775명 중에서 약 9%인 4,121명이 심리적·신체적 학대를 경험했고, 봉쇄(lockdown) 첫 달에 18% 정도(7,984명)가 자살 혹은 자해를 생각했다고 답했습니다(Iob et al., 2020). 분석 대상의 5%인 2,174명은 영국의 봉쇄가 시작된 이후에 적어도 한 번 이상 자해를 시도했다고 보고했습니다. 이 조사에서 주목해야 할 점은 심리적 혹은 신체적으로 학대(abuse)를 받은 경우 50% 이상이 자해나 자살을 생각했고, 25% 정도가 자해를 시도한 것으로 나타났다는 사실입니다.

해당 조사는 3만 4,778명을 대상으로 정신건강 지지에 관한 추가 분석을 실시하였습니다. 자해 시도를 하거나 자해/자살 생각을 가진 대상자 중에서 각각 57%, 42%가 전문가나 구조적인 지원을 받았다고 응답했습니다. 두 경우 모두 항우울제와 같은 약을 복용한 경우가 가장 많았으며(자해 시도자의 48%, 자해/자살 생각을 가진 응답자의 37%), 정신보건 전문가나 보건의료 전문가의 도움을 받은 것은 약을 복용한 비율의 절반에 미치지 못했습니다. 반면에 전체 응답자의 32%가 일상적인 지지를 받았다고 응답했습니다. 일상적 지지는 온라인, 책이나 비디오, 명상, 친구나 가족에게 터놓고 이야기하기 등을 포함합니다. 자해 시도자나 자해/자살 생각을 가진 이들은 각각 48%, 47%가 일상적인 도움을 받았다고 응답했습니다.

자살 생각 및 자해 시도가 인구·사회학적 요인에 따라서 불평등하게 발생한다는 사실도 조사를 통해서 밝혀졌습니다. 자살 생각과 자해 시도는 연령이 어릴수록 높아졌으며, 백인보다는 흑인·아시아인·소수인종에서 높았습니다. 장애 때문에 일을 할 수 없거나 구직 활동을 하는 경우 일을 하는 경우보다 2배 이상 자살 행동을 보고했고, 학력 수준이 낮거나 소득이 적은 경우 자살 행동의 비율이 높았습니다. 기존에 정신질환을 가지고 있는 경우에는 그렇지 않은 경우보다 적어도 4배 이상의 자살 행동의 위험이 증가했으며, 코로나 19로 진단받으면 자살 생각은 약 2배, 자해 시도는 약 3배 증가했습니다. 구조화된 설문으로 측정한 우울 증상과 불안 증상이 높을수록 자살 행동이 증가하는 경향 역시 확인이 되었습니다.

영국에서 실시된 다른 조사에서도 자살 행동이나 정신건강이 일부 악화된 것으로 확인되었습니다. 18세 이상 성인을 대상으로 진행된 영국 COVID-19 정신건강과 웰빙 조사(이하 UK COVID-MH)는 비확률표집을 통해서 모집단 특성을 반영하는 조사를 설계하고, 최종적으로 3,077명을 대상으로 종단면 조사를 진행하였습니다(O'Connor et al., 2020). 조사 결과, 1차 조사에서 지난 한 주 동안 자살 생각을 가진 비율이 8.2%로 나타났으며, 시간이 지날수록 그 비율이 증가하였습니다(3차 조사에서 9.8%로 1차 조사에 비해 1.24배 증가했고 2차와 3차 조사 사이에는 통계적 유의성이 없지만 증가했습니다). 반면에 지난 한 주 동안 자살이나 자해를 시도한 경우는 1% 내외로 매우 드물었습니다. 응답자의 21%가 중등도 이상의 불안 증상을 보고했으나 시간이 증가하면서 감소하였고, 응답자의 4분의 1 이상이 중등도 이상의 우울 증상을 보고했습니다. 고립감은 감염병 대유행 기간 동안 변화하지 않았지만, 패배감(Defeat)과 속박감(Entrapment) 같은 부정적인 감정은 감소했습니다.

그러나 UCL 사회조사와 마찬가지로 인구·사회학적 특성 및 정신질환 병력에 따라 정신건강 악화에서 차이가 뚜렷하게 관찰되었습니다. 먼저, 모든 성별에서 자살 생각, 우울 증상 및 불안 증상을 보고한 비율이 연령이 감소할수록 높았습니다. 18~29세 남성과 여성은 3차 조사에서 각각 14%가 넘는 비율이 자살 생각을 보고했으나

60세 이상에서는 남녀 각각 3.2%와 1.9%만 자살 생각을 보고했습니다. 남녀 사이에서는 통계적으로 유의하지 않지만 여성의 자살 생각 비율이 더 높았습니다. 사회경제적 수준에 따른 차이도 관찰되었습니다. 낮은 사회경제적 계층은 높은 사회경제적 계층보다 대부분의 자살 행동 및 정신건강 지표가 좋지 않았습니다. 정신질환을 앓았던 응답자는 그렇지 않은 응답자에 비해서 자살 생각, 중등도 이상의 우울 및 불안 증상을 각각 3배 이상 보고하였습니다. 이러한 경향은 패배감, 고립감 등 부정적인 감정에서도 동일하게 확인되었습니다.

코로나 19 이전에 실시된 최근 조사에서 영국 성인의 자살 생각 비율은 2.8%이며 청년기 성인의 (지난 한 해) 자살 생각 비율은 11%로 나타났습니다. 청년 자살 생각 비율(1~3차 조사)이 12.5%~14.4%이고 모든 성인(1~3차 조사)이 8.2%~9.8%으로 나타난 UK COVID-MH 조사 결과와 비교하면, 감염병 대유행 이후 자살 위험이 증가한 것을 알 수 있습니다. 직접적으로 비교할 수 있는 자료가 부족하지만 중등도 이상의 우울과 불안 증세 역시 적어도 2배 이상 증가했다고 판단할 수 있습니다. 이 조사를 진행한 연구진들은 특히 청년층과 정신질환을 가진 성인의 자살 위험을 지속적으로 관찰하는 동시에 정신건강에서 나타난 불평등을 제거할 수 있는 조치들이 필요하다고 강조했습니다.

이와 같은 자료를 종합할 때, 영국에서는 코로나 19 유행 이후 자살 사망은 감소했으나 다른 자살 행동 및 정신건강은 악화된 것을 확인할 수 있었습니다. 봉쇄령이 내려진 후 단기적으로나 코로나 19 대유행이 1년이 넘는 시간 동안 장기화된 이후 자살 사망은 감소했습니다. 그러나 자살 행동의 증가나 정신건강 악화가 복수의 조사에서 발견되었습니다. 특히, 정신건강 악화의 불평등에 대한 정부 당국의 적절한 개입과 조치가 없으면, 감염병 대유행의 장기화가 자살 사망과 정신건강의 불평등을 심화시킬 수 있습니다. 영국에서 진행된 조사들에서 청년층·낮은 사회경제적 지위·정신질환 병력이 공통적으로 자살 행동의 위험성과 높은 연관성을 가지는 것으로 나타났습니다.

심상치 않은 일본의 자살 문제

일본은 아시아 국가 중에서 한국과 보건의료 분야를 비교할 수 있는 거의 유일한 고소득 국가입니다. 일본과 한국은 유전적·사회경제적·(식이, 여가 등)문화적으로 크게 차이가 나지 않으며, 건강보험 및 장기요양보험 등 건강보험 체계가 유사하여 건강 문제나 보건의료를 비교하기 용이합니다. 일본은 우리나라처럼 1998년 경제 위기를 겪으면서 자살사망률이 급증하였습니다. 우리나라는 IMF 이후 2000년까지 회복했다가 다시 급증하여 아직까지 IMF 이전 수준으로 회복을 못하고 있습니다. 하지만 일본은 2006년 자살예방기본법을 제정하고, 2009년부터는 지역사회 상황에 맞는 예방 전략을 수립할 수 있도록 하는 등(정진욱, 2018) 지속적인 관리를 통해서 자살사망률을 크게 낮추었습니다. 그 결과 2000년대 초반 3만 명을 넘어섰던 자살사

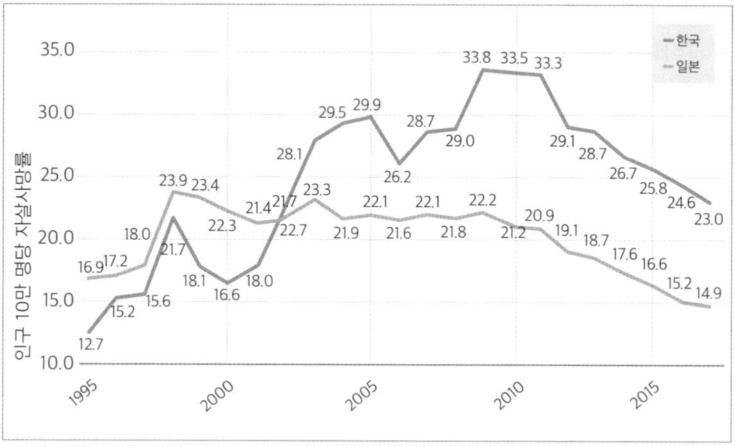

1995-2017년 일본과 한국의 자살사망률 비교

* 출처: OECD(2020). 국가 간 비교가 가능하도록 2010년 OECD 인구로 연령표준화.

망자 수가 2017년 2만 명 수준으로 지속적으로 떨어졌습니다.

일본의 코로나 19 대유행 이후 자살 관련 문제는 최근 보도를 통해서 많이 알려진 바 있습니다. 대유행 초기에는 코로나 블루의 위험성에도 불구하고 자살사망자 수가 감소했다는 보도가 나왔습니다(이건창, 2020). 이러한 원인으로는 국가적 재난 발생 시 자살 사망이 감소하는 경향과 가정에서 보내는 시간이 늘어나 안전함을 느끼는 비율이 높아졌다는 점이 지목되었습니다. 그러나 코로나 19 유행이 6개월 이상 장기화되면서 9월 이후 일본 내 자살 사망 문제가 급증했다는 보도가 국내외에서 증가하였습니다(박세진, 2020). 특히 여성의 자살 사망이 전년 동기에 비해 40% 이상 증가하는 등 특정 집단의 자살 사망이 증가하여 후생노동성 장관이 긴급담화를 발표하기도 하였습니다. 더불어 유명 배우 다케우치 유코가 사망하는 등 연예인의 자살이 2020년 5월부터 이어져 오고 있어 베르테르 효과에 대한 경각심을 가져야 하는 상황입니다(Tomisawa, Katanuma, 2020; 윤설영, 2020).

일본은 고소득 국가 중에서 자살 사망 자료가 연중에 집계되고 발표되는 몇 안 되는 국가 중 하나입니다. 최근 와세다 대학 연구팀이 공개한 자료에 따르면, 감염병 대유행 초기만 하더라도 일본의 자살 사망자 수는 직전 3년(2017~2019) 평균치보다 낮은 것으로 보고되었습니다(Ueda et al., 2021). 그러나 2020년 7월부터 이전 경향에서 벗어나 증가하기 시작하였고, 8~9월에는 20% 이상 증가한 것으로 나타났습니다. 주목할 만한 사실은 남성의 자살사망자 수는 증가하여 8월에 지난 3개년 평균 수치를 넘어섰다가 다시 감소했지만, 여성의 경우 7월부터 증가하여 2017~2019년 대비 100명 가까이 증가한 수치가 유지되고 있다는 점입니다. 2020년 일본의 자살사망자 수는 코로나 19로 인한 비상사태(State of Emergency)를 선포하기 전까지 직전 3년에 비해서 감소하는 추세였습니다. 하지만 약 두 달에 가까운 위기 상황을 거치면서 추세가 꺾여 7월부터는 지난 3개년 평균보다 자살사망자 수가 증가하였고, 40세 이하 여성의 경우 이미 6월부터 전년 동기에 비해 10% 이상 사망자 수가 증가했습니다. 일주일 단위 자료를 분석한 가장 최근 연구에서도 2020년 7월부터 11월까지 모든 연령층의 여성과 20대 및 80대 이상 남성의 자살 사망이 증가했다고 보고되었습니다(Eguchi et al., 2021).

일본의 비상사태가 해제된 후 6~7월부터 비경제활동 집단(학생 및 주부), 은퇴자, 미분류자, 고용된 근로자 등 모든 집단에서 여성의 자살 사망이 3개년 평균보다 증가했습니다. 남성의 경우, 경제활동을 하지 않는 학생의 자살 사망이 8월에 지난 3개년 대비 75% 이상 증가한 것을 제외하면 다른 직업군에서는 평년보다 약간 증가하거나 평년 수준에 그치고 있습니다. 일본의 최근 자살 사망 위기는 유명인 사망 이후 여성, 그중에서도 40대 미만의 젊은 여성의 자살 사망의 증가가 지속되고 있는 것이 원인이라고 추정할 수 있습니다. 더불어 이 연구를 진행한 와세다 연구진들에 의하면, 4월 이후 매월 측정하는 정신건강 지표가 비상사태 선포 이후에 악화된 것으로 나타났습니다. 전체 인구집단 중에서 40대 미만 청년층의 우울(자가보고, PHQ-9로 측정) 및 불안(자가보고, GAD-7로 측정)은 다른 연령층에 비해 심각한 수준으로 비상사태 직후 조사인 6월 조사에서 40대 미만 남녀 각각 30% 이상이 중등도 이상의 우울감을 가졌고, 중등도 이상의 불안감을 가지는 청년 남성이 20%를 넘어섰습니다.

한편, 도쿄의과치과대학(Tokyo Medical and Dental University) 연구팀이 연구한 바에 따르면, 학교 폐쇄(school closure)가 일어난 지난 5월의 소아·청소년의 자살 사망은 3월 대비 소폭 증가(발생률비(IRR): 1.34(95% 신뢰수준, 1.01~1.78))했으나 학교 폐쇄와의 연관성은 없는 것으로 나타났습니다(Isumi et al., 2020). 감염병 유행과 학교 폐쇄는 불안과 스트레스 증가를 일으킬 수 있고, 부모의 양육 부담이 부모-자녀 관계 악화 및 갈등으로 이어질 수 있어서 청소년의 자살 위험을 증가시킬 가능성이 있습니다. 반대로 집에 오랜 시간 머무르면서 학업이나 또래 문제로 인한 스트레스 완화 그리고 가정 혹은 사회의 연대와 지지 강화로 인하여 자살 위험이 감소할 수도 있습니다. 일본 연구팀은 학교 폐쇄가 단기간으로는 자살 위험을 증가시키지 않는다고 결론을 지었지만, Childline Japan(일본 내 아동·청소년 핫라인)에 접수된 문의를 분석해보았을 때 청소년들은 거시적인 정책 혹은 사회 변화보다 온라인에서 접하게 되는 유명인의 자살 소식에 더 영향을 받기 때문에 지속적인 관찰이 요구된다고 지적하였습니다.

비슷한 기간 조사된 다른 조사에서도 코로나 19 대유행 이후 단기간 내에는 자살 사고율이 감소한 것으로 나타났습니다. 수에키 하지메와 우에다 미치코(2021)는 일본 내 성인 6,683명을 대상으로 진행한 전향적 연구에서 팬데믹 이전보다 자살 생각이 소폭 감소한 것을 확인하였습니다. 이들은 1월과 4월 말 각각 조사를 진행하였고, 1차 조사(자살 사고 점수 평균: 1.71)에 비해 2차 조사(자살 사고 점수 평균: 1.59)에서 자살 사고가 소폭 감소한 것으로 나타났습니다. 특히 기존에 자살 생각을 했던 집단에서 자살 사고 점수가 감소하였습니다. 그러나 청년층(주로 30대), 불안정한 일자리(파트타임 혹은 임시직), 저소득, 정신질환 치료를 받는 집단이 다른 집단보다 자살 생각 점수가 증가하는 경향이 나타났습니다. 한편, 자녀와 함께 지내는 경우 자살 사고가 감소하는 것으로 나타났는데, 이는 앞선 학교 폐쇄 기간에 아동·청소년의 자살 사망이 유의미하지 않게 증가한 현상과 관련이 있을 것으로 생각됩니다.

일본의 자료 및 선행연구를 종합하면, 코로나 19가 심화되어 비상사태를 선포하기 직전까지 일본에서는 자살 사망이 감소하고 정신건강 악화가 관찰되지 않았던 것으로 생각할 수 있습니다. 그러나 유명인의 연이은 자살 사망 이후 자살의 보도량 증가와 소셜미디어(SNS) 노출 증가는 베르테르 효과를 일으켰고, 이것이 최근 자살 사망의 급증 현상으로 이어진 것이라 생각됩니다. 그 결과, 2019년 대비 912건의 자살 사망이 증가하여 11년 만에 자살사망률이 다시 증가했습니다. 감염병 유행으로 대면 정신건강 및 심리적 지원이 어려워진 상황에서 유명인의 자살 사망이 계속되자 정부가 제대로 대처하기 어려워졌으며, 코로나 19 대유행 장기화에 따른 개인과 지역사회의 경제위기가 이러한 정신보건 위기를 가속화하고 있는 것으로 생각됩니다. 일본 역시 다른 고소득 국가와 마찬가지로 사회경제적 위치가 낮은 계층일수록 감염병 유행 이후에 정신건강 악화가 발생하였는데, 한국에서도 감염병 유행 장기화에 대비하여 저소득, 불안정한 일자리, 청년층을 대상으로 한 정신보건 대책이 필요할 것으로 생각됩니다.

우리의 자살 문제는 코로나 19를 거치면서 어떻게 그리고 얼마나 변화하였을까?

지금까지 살펴본 바에 따르면, 코로나 19로 인해 바뀐 삶을 살아가는 동안 대체로 자살 사망은 줄었고, 다른 자살 행동과 정신건강 악화는 증가했음을 확인했습니다. 지금까지 연구자 혹은 대중에게 공개된 자살 사망 감소는 비교적 단기간에 측정된 것이기 때문에, 1년 단위로 집계되는 자살 통계가 전 세계적으로 모이게 되면 다른 결론이 도출될 수도 있습니다. 영국과 일본만 비교해봐도 그렇습니다. 정신건강 악화가 반복된 자살 사고와 시도로 이어지면 단기간에 감소했던 자살 사망은 1~2년 사이에 다시 증가할 수 있습니다.

그렇다면 한국은 어떻게 변했을까요? 결론부터 말씀드리면, 코로나 19로 힘든 시기를 보냈던 2020년 자살 사망은 감소했습니다. 2018~2019년 자살사망률은 지속해서 증가하고 있었는데, 2020년에는 2018년 이전 수준으로 회복했습니다. 2019년 1만 3,799명이었던 자살사망자 수는 2020년 1만 3,195명으로 600명 넘게 감소했고, 자살사망조율은 2019년 (인구 십만 명당) 26.9명에서 25.7명으로 떨어졌습니다. 그러나 이러한 경향은 성과 연령을 구분해서 보면 조금은 달라집니다.

다음 그림은 2019~2020년 성별·연령별 자살사망률을 나타낸 그래프입니다. 남성과 여성을 나눠서 보면, 남성의 자살 사망은 600명 넘게 감소했지만, 여성은 오히려 증가했습니다. 여성 중에서도 20대, 60대 그리고 80대 이상의 자살 사망이 증가하였습니다. 한편, 남성의 자살 사망은 전체적으로 감소했지만, 청년의 자살 사망은 증가했습니다. 10대, 20대 그리고 30~34세 남성의 자살사망자 수는 최소 8% 이상 증가했는데, 나머지 연령층에서는 자살 사망이 모두 감소했습니다.

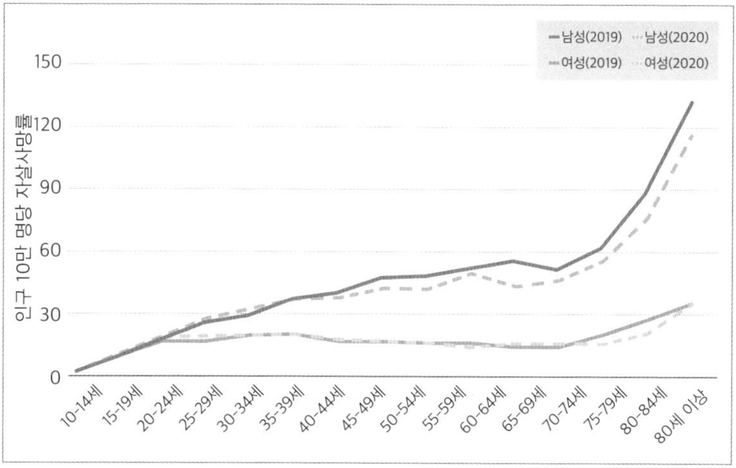

2019~2020년 성별·연령별 자살사망률

그렇다면 2021년에는 어떻게 되었을까요? 통계청은 2019년부터 월별 자살사망 통계를 발표하고 있습니다. 이 자료를 바탕으로 2021년 9월까지 월별 자살사망률의 변화를 분석하였습니다. 일반적으로 자살사망조율은 자살사망자 수를 주민등록연양인구로 나누어 계산합니다. 또한 매해 인구학적 구성이 바뀌기 때문에 성별·연령별로 표준화하여 계산하기도 합니다. 그러나 통계청에서 집계되는 월별 자살 사망 통계는 연령별 정보를 제공하지 않아서 표준화를 진행할 수 없기 때문에 다음과 같이 월별 자살사망률•을 계산하였습니다.

• 연도별 자살사망조율을 구하는 방식을 활용하여 월별 일수를 보정하여 계산하였다. m은 해당 월이고, d_m은 해당 월의 날짜이다.

$$(\text{월별})\text{자살사망률}_m = \frac{\text{자살사망자 수}_m}{\text{주민등록인구}_m \times \frac{d_m}{365}}$$

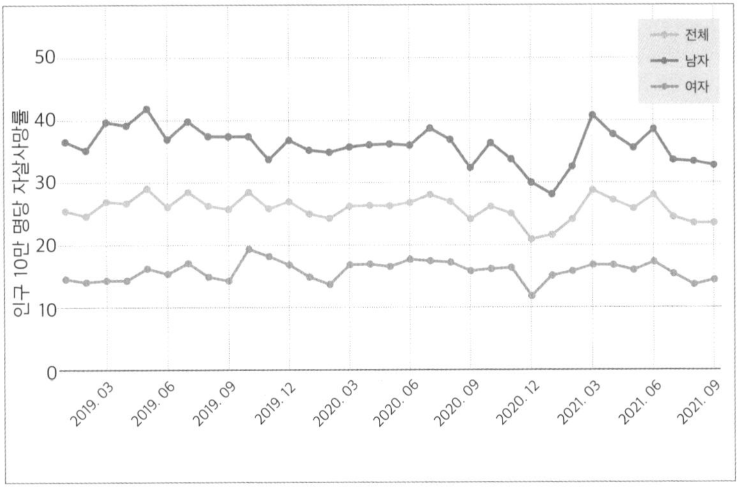

2019~2021년 월별 자살사망조율의 변화

2020년에는 자살사망률이 가장 높았던 7월을 제외하면 대부분 인구 10만 명당 25명 이하로 자살사망률이 감소하였습니다. 반면 2019년에는 2월을 제외하고는 자살사망률이 모두 25명 이상을 기록하였습니다. 2020년의 자살사망률 특징은 지금까지 관찰되었던 봄철 자살사망 증가 현상이 완화되었다는 것입니다. 2019년에는 봄철인 3~5월에 자살사망률이 증가한 것을 확인할 수 있습니다. 그러나 팬데믹 이후에 2020년에는 봄철 자살 사망이 급격하게 증가하지 않음을 확인할 수 있습니다. 대신 여름철인 7월에 자살사망조율이 가장 높았고 이후 9월까지 감소했습니다. 하지만 2021년에는 봄철 자살이 다시 증가했습니다.

한국의 자살사망률 자료는 코로나 19 확산 이후에 자살 사망이 증가하지 않았다는 사실을 보여줍니다. 우리가 방역을 일상으로 끌어들인 지난 20개월 동안 코로나 19는 자살 사망에 큰 영향은 주지 않은 것으로 판단됩니다. 그러나 성별 자살 사망 자료를 추가적으로 분석하면 다른 경향성이 확인됩니다. 270쪽 그림에서 성별로 나누어 자살사망률을 비교하면 성별로 자살 사망이 증가하는 시기가 일치하지 않는다는 것을 확인할 수 있습니다. 성별에 따라 그리고 연령층에 따라 감염병 대유행에 따른 반응, 감염병 확산에 따른 사회경제적 변화에 적응하는 방식에 차이가 있기 때문에 추가적인 자료 분석이 필요할 것으로 생각됩니다.

앞으로 우리는 무엇을 준비해야 하는가?

자살 사망 현황 파악은 자료의 특성상 단기간에 이루어지기 힘듭니다. 그래서 코로나 19 대유행이 자살 사망에 어떤 영향을 미쳤는지에 대한 종합적인 연구는 적어도 1~2년 이후에 확인할 수 있을 것으로 생각됩니다. 또한, 자살이라는 현상이 유전학적 변이부터 개인적 특성, 사회문화적 요소, 경제 정책과 보건의료 체계 등 다층적, 다차원적 요인에 의해서 영향을 받으므로 코로나 19 대유행이 자살과 어떤 연관성을 가질 것인지는 예단할 수 없습니다. 감염병 대유행 그 자체로 정신건강이나 자살 행동에 영향을 줄 수 있지만(혹은 영향을 주지 않을 수도 있지만), 자살의 다양한 위험요인과 상호작용을 일으킬 수 있기 때문입니다.

우리는 여러 자료와 연구를 통해서 코로나 19 확산 이후에 단기간에는 자살 사망이 증가하지 않았다고 확인할 수 있었습니다. 그러나 1년 이상 관찰을 해본 결과, 일부 국가에서 여성과 청년의 자살 사망이 증가했습니다. 한편, 팬데믹 이후 자살 사망은 단기간에 감소한 것으로 보이지만 정신건강 악화는 조사한 모든 국가에서 공통적으로 확인되었습니다. 먼저, 미국의 경우 전체 성인의 약 40%가 정신건강 악화나 물질 사용 장애를 보고했습니다. 영국과 일본에서 진행된 조사에서도 자살 사고를 포함한 자살 행동의 증가와 우울증상 및 불안 증상 악화가 보고되었습니다. 코로나 19 대유행 이후에 대다수 영미권 국가들이 봉쇄 정책을 통해서 국내외 출입 및 통행을 금지했습니다. 일본이나 한국처럼 봉쇄 정책을 펼치지 않은 국가도 존재하지만, 팬데믹 이후에 사회적 거리두기를 포함한 다양한 방역 정책으로 인하여 세계 인구의 대부분에게서 사회관계망이 느슨해지는 등 사회자본(Social Capita)이 감소하거나 경제적 자원에 타격을 입었고, 이것이 정신건강 악화로 이어졌을 것으로 보입니다.

감염병 대유행은 기존에 존재하던 사회경제적 불평등을 더욱 심화시키는 방향으로 세계 사회에 영향을 미쳤으며, 그로 인한 정신건강 불평등을 양산했습니다. 미국·영국·일본에서 진행된 모든 조사에서 공통적으로 세대와 계층 사이에 불평등이 관찰되었습니다. 인구학적인 측면에서는 소수인종·청년층·여성층의 정신건강 악화가 다른 인구학적 집단보다 뚜렷하게 나타났습니다. 특히 일본에서는 청년 여성의 경우, 정신건강 악화뿐만 아니라 다른 집단에 비해서 자살 사망이 일부 증가하는 경향성도 확인되었습니다. 한국도 20~30대 여성의 자살 사망 증가는 주의해야 할 정신보건 문제로 생각됩니다. 사회경제적 측면에서는 저소득 계층 및 실업 계층의 정신건강 악화가 관찰되었습니다. 이러한 정신건강 불평등 현상은 기존에 정신질환을 앓고 있는 경우 심화되었는데, 팬데믹 상황에서 대부분의 보건의료 자원이 감염병에 투입되거나 전염 우려로 인하여 대면 서비스를 받지 못하는 상황 때문으로 생각됩니다.

세계 사회는 스페인 독감 이후 처음으로 전지구적 보건의료 위기에 봉착했습니다. 감염병 그 자체는 생물학적으로 자살 행동 혹은 정신건강에 영향을 거의 미치지 않는 것으로 생각됩니다. 그러나 초연결사회의 단절, 그로 인한 경제난 심화, 지역사회(단순하게 지리적으로 묶인 사회부터 다양한 사회문화적 관심사를 공유하는 커뮤니티까지를 모두 포함)에서의 관계망 끊김, 감염병 확산에 따른 불안과 스트레스, 전염된 이후에 받는 사회적 낙인, 외부적 변화로 인한 기존 관계 속 갈등 발생 등 감염병이 사회와 상호작용하면서 일으킨 수많은 변화로 인하여 정신건강 악화와 불평등 현상이 일어나고 있습니다. 단기적으로 자살 사망이 감소했다고 할지라도 이를 체계적이고 선제적으로 관리 및 예방하지 않으면 일본이 현재 겪고 있는 자살 사망 위기는 어느 국가에서든 반복될 수 있습니다.

통계적으로 잘 설계된 정신건강 및 사회실태 조사와 자살 행동 관련 연구를 통해서 일상 회복 전까지 현재 상태를 정확하게 파악하고, 이를 바탕으로 기존의 자원이 재분배되고 추가 자원이 설정되어야 합니다. 또한, 취약계층의 수요를 적극 반영한 정신건강 복지를 제공함으로써 정신건강 불평등을 줄이는 것을 중요한 정책 목표로 삼아야 할 것입니다.

참고 문헌

강웅구, 김성곤, 김양태, 신영철, & 이상규(2017), 「물질 관련 및 중독성 장애」, 대한신경정신의학회(편), 신경정신의학(제3판, pp. 513~567). 서울: 아이엠이즈컴퍼니.

박세진(2020), ''코로나 확산' 日 8월 자살 급증…정부 긴급 메시지 발표', 연합뉴스, Retrieved from https://www.yna.co.kr/view/AKR20200911072700073

윤설영(2020), '톱배우 다케우치 충격의 죽음…日 연예인 이달만 3명 극단선택', 중앙일보, Retrieved from https://news.joins.com/article/23882116

이건창(2020), ''코로나 블루'라는데 日은 자살 감소', 조선일보, Retrieved from

정진욱(2018), 「일본의 자살예방 대책」, 국제사회보장리뷰, 4, 16~26.

American Foundation for Suicide Prevention(AFSP)(2020)., *Suicide Statistics*. Retrieved from https://afsp.org/suicide-statistics/

Berardelli, I., Sarubbi, S., Rogante, E., Cifrodelli, M., Erbuto, D., Innamorati, M., ... & Pompili, M.(2021), The impact of the COVID-19 pandemic on suicide ideation and suicide attempts in a sample of psychiatric inpatients. *Psychiatry research*, 303, 114072.

Castle, K. & Kreipe, R.(2007), Suicidal Behavior. In Garfunkel, L. C., Kaczorowski, J. M. & Christy, C. (Eds.), Pediatric Clinical Advisor(pp. 544~545). PA: Mosby.

Centers for Disease Control and Prevention(CDC). (2021, December 31). COVID DATA TRACKER WEEKLY REVIEW.

Chen, Y. Y., Yang, C. T., Pinkney, E., & Yip, P.(2021), Suicide trends varied by age-subgroups during the COVID-19 pandemic in 2020 in Taiwan. Journal of the Formosan Medical Association = Taiwan yi zhi, S0929-6646(21)00462-9. Advance online publication. https://doi.org/10.1016/j.jfma.2021.09.021

Curtin, S. C.(2020), Provisional Numbers and Rates of Suicide by Month and Demographic Characteristics: United States, 2020. In *Vital Statistics Rapid Release* (Vol. 16). https://doi.org/10.15620/cdc:110369

Czeisler et al.(2020), *Mental Health, Substance Use, and Suicidal Ideation During the COVID-19 Pandemic: United States, June 24-30, 2020*, Morbidity and Mortality Weekly Report, 69(32), 1049~1057

Dong, E., Du, H., & Gardner, L.(2020), An interactive web-based dashboard to track COVID-19 in real time. *The Lancet Infectious Diseases*, 20(5), 533~534. https://doi.org/10.1016/S1473-3099(20)30120-1

Eguchi, A., Nomura, S., Gilmour, S., Harada, N., Sakamoto, H., Ueda, P., Yoneoka, D., Tanoue, Y., Kawashima, T., Hayashi, T. I., Arima, Y., Suzuki, M., & Hashizume, M.(2021), Suicide by gender and 10-year age groups during the COVID-19 pandemic vs previous five years in Japan: An analysis of national vital statistics. *Psychiatry Research*, 305, 114173. https://doi.org/10.1016/j.psychres.2021.114173

Farooq, S., Tunmore, J., Ali, W., & Ayub, M.(2021), Suicide, self-harm and suicidal ideation during COVID-19: A systematic review. *Psychiatry research*, 114228.

Gordis, L.(2009), 역학. 서울:이퍼블릭.

https://doi.org/10.1192/bjp.2020.212

https://www.cdc.gov/coronavirus/2019-ncov/covid-data/covidview/index.html

Iacobucci, G.(2020), Suicide rates continue to rise in England and Wales. BMJ (Clinical Research Ed.), 370, m3431. https://doi.org/10.1136/bmj.m3431

Iob, E., Steptoe, A., & Fancourt, D.(2020). Abuse, self-harm and suicidal ideation in the UK during the COVID-19 pandemic, *The British Journal of Psychiatry*, 217(4), 543~546

Isumi A., Doi S., Yamaoka Y., Takahashi K., Fujiwara T.(2020), Do suicide rates in children and adolescents change during school closure in Japan? The acute effect of the first wave of COVID-19 pandemic on child and adolescent mental health, *Child Abuse & Neglect*, In Press. https://doi.org/10.1016/j.chiabu.2020.104680

Knipe, D., John, A., Padmanathan, P., Eyles, E., Dekel, D., Higgins, J. P., ... & Gunnell, D.(2021), Suicide and self-harm in low-and middle-income

countries during the COVID-19 pandemic: *A systematic review*. medRxiv.
Ministry of Health Labour and Welfare(2019), Trends in deaths and percent distribution from suicide by sex and external causes: Japan. Retrieved from https://www.e-stat.go.jp/en/stat-search/files?page=1&layout=datalist&toukei=00450011&tstat=000001028897&cycle=7&year=20180&month=0&tclass1=000001053058&tclass2=000001053061&tclass3=000001053065&stat_infid=000031883958&result_back=1&tclass4val=0
O'Connor, R. C., Wetherall, K., Cleare, S., McClelland, H., Melson, A. J., Niedzwiedz, C. L., ..., & Robb, K. A.(2020), Mental health and well-being during the COVID-19 pandemic: longitudinal analyses of adults in the UK COVID-19 Mental Health & Wellbeing study, *The British Journal of Psychiatry*, Advance online publication.
OECD(2020), Suicide rates. Retrieved from https://data.oecd.org/healthstat/suicide-rates.htm
Office of National Statistics. (2020). *Estimates of the population for the UK, England and Wales, Scotland and Northern Ireland*. Retrieved December 31, 2021, from https://www.ons.gov.uk/peoplepopulationandcommunity/populationandmigration/populationestimates/datasets/populationestimatesforukenglandandwalesscotlandandnorthernireland
Office of National Statistics.(2020), *Quarterly suicide death registrations in England: 2001 to 2019 registrations and Quarter 1 (Jan to Mar) to Quarter 2 (Apr to June) 2020 provisional data*. Retrieved from https://www.ons.gov.uk/releases/suicidesintheuk2019registrations
Pirkis, J., John, A., Shin, S., DelPozo-Banos, M., Arya, V., Analuisa-Aguilar, P., ... & Spittal, M. J.(2021), Suicide trends in the early months of the COVID-19 pandemic: an interrupted time-series analysis of preliminary data from 21 countries. *The Lancet Psychiatry*, 8(7), 579~588.
Samaritans(2020), Suicide facts and figures. Retrieved from https://www.samaritans.org/about-samaritans/research-policy/suicide-facts-and-figures/
Santomauro, D. F., Herrera, A. M. M., Shadid, J., Zheng, P., Ashbaugh, C., Pigott, D. M., ... & Ferrari, A. J.(2021), Global prevalence and burden of depressive and anxiety disorders in 204 countries and territories in 2020 due to the COVID-19 pandemic. *The Lancet*, 398(10312), 1700~1712.

Sueki, H., & Ueda, M.(2021), Short-Term Effect of the COVID-19 Pandemic on Suicidal Ideation: A Prospective Cohort Study. *Crisis*. https://doi.org/10.1027/0227-5910/a000797

Tomisawa, A & Katanuma, M.(2020), Suicide spike in Japan shows mental health toll of COVID-19. *The Japan Times*. Retrieved from https://www.japantimes.co.jp/news/2020/10/09/national/social-issues/suicide-mental-health-coronavirus

U.S, Department of Labor(DoL).(2020, December 31), Unemployment Insurance Weekly Claims Report [Press release]. https://www.dol.gov/newsroom/releases/eta/eta20201231

Ueda, M., Nordstrom, R., & Matsubayashi, T.(2021), Suicide and mental health during the COVID-19 pandemic in Japan. *Journal of Public Health*. https://doi.org/10.1093/pubmed/fdab113

WHO (2020). *Global Health Estimates 2019 Deaths by Cause, Age, Sex, by Country and by Region*, 2000-2019. Geneva: World Health Organization.

www.chosun.com/site/data/html_dir/2020/05/14/2020051403633.html

가장 외로운 선택
청년 자살, 무엇이 그들을 죽음으로 내몰았는가

1판 1쇄 2022년 4월 15일
1판 2쇄 2022년 5월 20일

지은이 김현수 이현정 장숙랑 이기연 주지영 박건우
펴낸이 김정순
편집 허영수 장준오
디자인 김진영
마케팅 이보민 양혜림 이다영

펴낸곳 (주)북하우스 퍼블리셔스
출판등록 1997년 9월 23일 (제406-2003-055호)
주소 04043 서울시 마포구 양화로 12길 16-9(서교동 북앤빌딩)
전자우편 editor@bookhouse.co.kr
홈페이지 www.bookhouse.co.kr
전화번호 02-3144-3123
팩스 02-3144-3121

ISBN 979-11-6405-161-8 03300